Die Welt des Peter Drucker

C(

Jack Beatty

DIE WELT DES PETER DRUCKER

Aus dem Englischen von Friedrich Mader

Campus Verlag
Frankfurt/New York

Die Originalausgabe erschien 1998 unter dem Titel »The world according to Peter Drucker« bei The Free Press, a division of Simon & Schuster Inc. Copyright © 1998 Jack Beatty.

Die Deutsche Bibliothek – CIP-Einheitsaufnahme

Beatty, Jack:
Die Welt des Peter Drucker / Jack Beatty. Aus dem Engl. von
Friedrich Mader. – Frankfurt/Main ; New York : Campus Verlag, 1998
    Einheitssacht.: The world according to Peter Drucker <dt.>
    ISBN 3-593-36020-9

Copyright © 1998 Campus Verlag GmbH, Frankfurt/Main
Umschlaggestaltung: Guido Klütsch, Köln.
Umschlagfoto: © Eric Milette, San Francisco, CA, USA
Satz: Leingärtner, Nabburg
Druck und Bindung: Druckhaus »Thomas Müntzer«, Bad Langensalza
Gedruckt auf säurefreiem und chlorfrei gebleichtem Papier.
Printed in Germany

Für Lois, in Liebe

Drei der elf Produktkategorien:
1. Die Schlager von heute
2. Die Schlager von morgen
3. Die Schlager von gestern
– *Managing for Results* (1964)

INHALT

VORWORT

Der Präsident wußte, daß der Mann nicht vorgestellt werden mußte. Ohne weitere Erklärung sagte er zu anwesenden Mitarbeitern der Ministerien für Gesundheit, Bildung und Wohlfahrt: »Peter Drucker meint, daß moderne Regierungen nur zwei Dinge gut beherrschen: Krieg führen und die Währung durch Inflation entwerten. Es ist das Ziel meiner Regierung, Mr. Drucker zu widerlegen.« Wenn Richard Nixon schon vor dreißig Jahren der Ansicht war, daß man Peter Drucker nicht vorstellen muß, soll ich es dann heute tun? Drucker ist auf der ganzen Welt berühmt. (Die Nagelprobe für weltweiten Ruhm besteht darin, mit einem Roman einen Bestseller in Brasilien zu landen.) Nach Auffassung eines jüngst erschienenen Buches über Managementgurus ist Peter Drucker »einer der wenigen Denker, gleich welcher Disziplin, der für sich in Anspruch nehmen kann, die Welt verändert zu haben: Er ist der Erfinder der Privatisierung, der Anwalt einer neuen Klasse von Wissensarbeitern und der Verfechter des Managements als seriöse Fachdisziplin«. Über Drucker wurde schon viel gesagt, die Palette reicht vom »Vater des Managements« über den »Mann, der das Gesicht der amerikanischen Industrie verändert hat« bis hin zum »einzigen Denker, den die Managementtheorie hervorgebracht hat«. Und bei genauerem Hinsehen erweist es sich, daß all diese Lobeshymnen der Wahrheit ziemlich nahekommen. Dieses Buch versucht, die Gründe dafür aufzuzeigen.

1
EINE AUSSERGEWÖHNLICHE ERZIEHUNG

Peter Druckers früheste Erinnerung bezieht sich auf einen der schlimmsten Augenblicke des 20. Jahrhunderts. Er war im Kinderbadezimmer direkt über dem Büro seines Vaters und konnte durch die Heizklappe drei Stimmen hören. Eine davon gehörte seinem Vater, einem leitenden Beamten im Wirtschaftsministerium der österreichisch-ungarischen Regierung; die zweite gehörte seinem Onkel, einem bekannten Juristen aus Wien; und die dritte gehörte Thomas Masaryk, dem zukünftigen Präsidenten der Tschechoslowakei. Peter war noch keine fünf Jahre alt und war sich deshalb nicht sicher, wer von ihnen mit deutlich vernehmbarer Stimme sagte: »Das ist nicht nur das Ende Österreichs, sondern der Zivilisation.«* Es war der August des Jahres 1914. Der Erste Weltkrieg hatte gerade begonnen.[1]

Einige Wochen davor waren die Druckers – sein Vater Adolph, seine Mutter Caroline und sein jüngerer Bruder Gerhart – in den lange geplanten Urlaub an die Adriaküste gefahren. Kaum hatten sie sich zum erstenmal am Strand niedergelassen, erfuhren sie von der Ermordung Erzherzog Ferdinands in Sarajewo. Der Attentäter war ein Terrorist, der von Serbien aus, aber nicht (wie sich herausstellen sollte) *fur* dieses unabhängige Land, an der Grenze zu Bosnien operierte, das seit 1908 eine österreichisch-

---

* Alle Zitate aus Texten von Drucker wurden für das vorliegende Buch neu übersetzt (Anm. d. Ü.).

ungarische Provinz war. Serbien stand unter dem Schutz Rußlands, das vertraglich an Frankreich gebunden war. Frankreich
wiederum war mit England verbündet, so wie Österreich-
Ungarn mit Deutschland. Die Kriegsbefürworter in Wien machten Serbien für das Attentat verantwortlich und nahmen es zum
Vorwand, um ein seit langem bestehendes Ziel des Kaiserreichs
zu erreichen: die Unterwerfung Serbiens. Aber die komplexe
Verflechtung von Bündnissen stand einer Begrenzung des Kon-
flikts auf den Balkan im Wege. Jeder österreichische Vergel-
tungsschlag barg die Gefahr einer Ausdehnung des Krieges auf
ganz Europa.[2]

Ein Kollege schickte Adolph Drucker ein Telegramm mit der
dringenden Aufforderung, sofort nach Wien zurückzukehren, um
die Kriegshysterie zu bremsen. (Das erzählte Adolph seinem Sohn
später, der von diesem Urlaub nur die Erinnerung an den komi-
schen Badeanzug seiner Mutter behielt.) Die »bekannten Liberalen und Pazifisten« in den Reihen der leitenden Beamten hatten es
sich zur Aufgabe gemacht, so Adolph, »unsere Minister zu be-
arbeiten, sich die Politiker vorzuknöpfen und durch die Mauer
uralter Höflinge zum greisen Kaiser durchzudringen«, um die Kata-
strophe abzuwenden. Ihre Mission scheiterte. Durch die Kriegs-
erklärung an Serbien und den Granatenbeschuß der serbischen
Hauptstadt Belgrad setzte Österreich-Ungarn die verhängnisvolle
Lunte in Brand.[3]

Peter Druckers Kindheit wurde durch den Krieg geprägt, der
aber auch, wie wir sehen werden, seine Karriere als Schriftsteller
beschleunigte. Er und seine Freunde lernten das Lesen »beim
Durchgehen der Gefallenenlisten und Todesanzeigen mit dem
dicken Trauerrand, auf der Suche nach Namen, die wir kannten,
Namen von Menschen, die wir liebten und vermißten«. Für sie
war der Krieg ein Dauerzustand der Welt. »Keiner von uns konnte
sich vorstellen, daß der Krieg jemals aufhören würde«, erinnert
sich Drucker. »Jeder Junge in meinem Alter *wußte* ganz einfach,
daß ›Wenn ich groß werde‹ hieß: ›Wenn ich eingezogen und an
die Front geschickt werde‹.«[4]

Einige Jahre später, als Drucker die letzte Klasse des Gymnasiums besuchte, bekamen er und seine Mitschüler die Aufgabe, die erste Welle von Büchern über den Krieg zu besprechen. »Als wir in der Klasse darüber diskutierten, fragte einer meiner Mitschüler: ›In jedem dieser Bücher steht, daß der Erste Weltkrieg ein Krieg vollkommener militärischer Inkompetenz war. Warum?‹ Unser Lehrer zögerte keine Sekunde mit seiner Antwort: ›Weil nicht genügend Generäle getötet wurden; sie sind weit hinter den Frontlinien geblieben und haben andere für sich kämpfen und sterben lassen.‹« In dieser Hinsicht hatte Druckers Generation etwas mit den Generälen gemeinsam. Sie blieb verschont. Drucker ist sich durchaus bewußt, daß er Glück hatte. Er war zu jung, um von diesen Generälen in ihrer mörderischen Unfähigkeit als Kanonenfutter mißbraucht zu werden. »Wir, denen die besonderen Schrecken unserer Ära erspart geblieben sind«, so schrieb er in *Landmarks of Tomorrow* (1959), »wir, die nie unter einem totalen Krieg, in einem Sklaven-Arbeitslager oder unter Polizeiterror gelitten haben, sind nicht nur zu Dank verpflichtet, sondern zu Wohltätigkeit und Mitleid.«[5]

Hatte der Krieg Angst verbreitet, so brachte der Frieden Hunger. Der Winter 1919-1920 war hart. »Wie praktisch alle Kinder in Wien«, schreibt Drucker in seiner beeindruckenden Autobiographie *Zaungast der Zeit* (*Adventures of a Bystander*, 1979), »wurde ich von Herbert Hoover gerettet, dessen Organisation Schulspeisen verteilte. Seither habe ich zwar eine Aversion gegen Haferbrei und Kakao, aber diese Organisation hat mir und Millionen anderer Kinder auf dem europäischen Kontinent bestimmt das Leben gerettet.« Eine »Organisation« war der Wohltäter. Man erkennt die biographischen Wurzeln von Druckers Auffassung der Organisation als Instrument menschlicher Kreativität.

Die Hoover-Mission war zudem auch ein Triumph des Managements, auch wenn das Wort in seinem heutigen Sinne damals noch gar nicht bekannt war. Wie wir sehen werden, erforschte Drucker später eine der größten Organisationen der Welt – General Motors. Damit legte er den Grundstein zu seiner lebenslangen Beschäftigung mit der ersten »Gesellschaft der Organisationen« der Menschheit und gab dem Begriff Management seine heutige Bedeutung. Mehr noch, er entdeckte im »Manager« einen bis dato vernachlässigten Urheber modernen Lebens, einen Kulturheroen, der der archetypischen Gestalt des Künstlers Konkurrenz machen sollte.

Die Druckers lebten in einem Vorort von Wien in einem modischen Haus, das nach den Plänen eines prominenten Wiener Architekten für sie erbaut worden war. Durch das Mansardenfenster seines ersten Erwachsenenzimmers unter dem Dach konnte Peter jenseits der örtlichen Weinberge die Hügel des Wienerwaldes erkennen. Die Druckers gehörten der wohlhabenden Akademikerschicht an. Adolph war Ökonom und Anwalt; Caroline hatte Medizin studiert – im damaligen Österreich eine ziemliche Seltenheit für eine Frau. Beide sprachen über ihre akademischen Interessen mit ihren Kindern. »Mein Vater veranstaltete jeden Montag eine Abendgesellschaft«, erzählt Drucker. »Oft waren Ökonomen da, hochrangige Beamte, sogar ein führender internationaler Anwalt.« An einem späteren Wochentag folgte das Mediziner-Diner seiner Mutter. Aber es gab auch musikalische Diners (seine Großmutter war Solistin bei den Wiener Philharmonikern unter der Leitung von Gustav Mahler) und literarische Diners. Sogar mathematische Diners fanden statt: »Mein Vater und meine Mutter interessierten sich sehr für Mathematik und Philosophie.« Man stelle sich nur vor: eine Abendgesellschaft zum Thema Infinitesimalrechnung![6]

Bei einem Diner hörte er, wie ein angesehener Mediziner Freud, den damals berühmtesten Mann Wiens, wegen seiner gefühllosen Distanz zu seinen leidenden Patienten angriff. Er sah darin einen Verstoß gegen die »heilige Pflicht« des Arztes, ein mitfühlender Heiler zu sein. Bei einer anderen Gesellschaft diskutierten ein »gemäßigt profreudianischer« Psychologe und der junge Oskar Morgenstern, der später in Princeton zur »führenden Autorität auf dem Gebiet der Statistik« wurde, über eine Untersuchung zur therapeutischen Wirksamkeit der Psychoanalyse. Der Psychologe sprach von vielversprechenden Resultaten, wogegen Morgenstern einen statistischen Einwand vorbrachte: »Nicht unbedingt. Wenn man von den Zahlen ausgeht, dann gibt es entweder überhaupt keine Gemütskrankheiten, oder das Vertrauen des Patienten in die Methode führt bei jeder Methode zur Besserung.« Worauf ein anderer Gast, ein Chirurg (natürlich), erwiderte: »Wie auch immer, es gibt bisher noch keine wirklich begründete Freudsche Psychotherapie, die ein Arzt guten Gewissens empfehlen oder anwenden kann.« Für Druckers Leser, die sich über seine Neigung zu wissenschaftlichen und vor allem medizinischen Metaphern gewundert haben, dürften diese Abendgesellschaften als Erklärung genügen.

Seine literarischen Anspielungen – wenn in einer Erörterung der Entwicklung der Militärtechnik ein kurzer Verweis auf Jane Austen auftaucht oder wenn beim Thema der industriellen Arbeiterklasse ausgerechnet Henry James ins Spiel gebracht wird – entspringen einem ähnlichen soziokulturellen Hintergrund. Neben dem anspruchsvollen Standard zu Hause war Peter auch Stammgast eines Salons, den einer seiner engsten Freunde unterhielt. Dort hörte er die amerikanische Journalistin Dorothy Thompson über aktuelle Themen sprechen, erkannte an Graf Helmuth Moltke, der später »im Zentrum des Widerstands gegen Hitler« stehen sollte, den »Magnetismus der geborenen Führungspersönlichkeit« und hörte gelangweilt zu, als Thomas Mann seine Erzählung »Unordnung und frühes Leid« vorlas. Kultur wurde auch an Weihnachten und Silvester großgeschrieben. Einmal zum Beispiel dinierte die führende Wiener Schauspielerin Maria Müller mit den Druckers und rezitierte aus dem Gedächtnis Szenen aus der griechischen Tragödie, von Goethe und Schiller sowie auf englisch von Shakespeare: »*King Lear*, *The Tempest* und – ihr Lieblingsstück und meines – *Cymbeline*«.

Selbst unter seinen Spielkameraden stieß Drucker auf geistige Distinktion. »Eines Tages spielten wir ›Was wirst du, wenn du erwachsen bist?‹ Und alle sagten ›Polizist‹ oder ›Feuerwehrmann‹ –

außer Gustav, der meinte: ›Ich werde Professor für Islamstudien an der Universität.‹ Das hat mir ziemlich Angst eingejagt, weil ich irgendwie wußte, daß Gustav das schaffen würde.« Tatsächlich wurde Gustav später zum Dozenten für Islamstudien an der University of Chicago.[8]

Selbst wenn Drucker keinen einzigen Tag in der Schule gewesen wäre, er hätte doch durch die polyglotten Gespräche, die er ständig aufschnappte, eine hervorragende Bildung mitbekommen. Neben entlegenem Wissen verliehen ihm diese Anlässe auch einen Stil nonchalanter Überlegenheit, der sein Schreiben auszeichnet. Lernen und Wissen sind für ihn kein Anlaß zur Prahlerei, sondern ein geistiges Vergnügen, eine Gabe, die es mit den Lesern zu teilen gilt. Er wurde zum Intellektuellen erzogen, nicht zum Akademiker.

Seit sechzig Jahren hat sich Drucker alle drei oder vier Jahre einem neuen Thema zugewandt und sich darin eingelesen, bis seine schier unerschöpfliche Neugier befriedigt war. In einem Jahr war es japanische Kunst, in der er am Pomona College sechs Jahre lang nebenbei Unterricht erteilte; in einem anderen Jahr richtete sich sein Interesse auf das Finanzwesen des 16. Jahrhunderts; dann befaßte er sich mit der Geschichte der Technik oder der Arbeit – oder amerikanischer Staatsmänner oder der britischen Herrschaft in Indien. Er empfiehlt unersättlichen Wissensdrang als eine Form der Selbsterneuerung. Bei ihm hat diese Methode mit Sicherheit funktioniert. Vor kurzem erschien eine Ausgabe des Magazins *Forbes* mit Druckers Bild auf der Titelseite und dem gar nicht so abwegigen Titel: »Still the YOUNGEST MIND« (»GEISTIG immer noch der JÜNGSTE«). Druckers Belesenheit zahlt sich auch in seinen Texten aus. Wenige andere »Managementgurus« können einen Absatz mit einer Prise Wissen garnieren wie dieser: »Es ist kein Zufall, daß das Wort ›Risiko‹ im Arabischen ursprünglich bedeutete, ›das tägliche Brot zu verdienen‹.« (Hätten Sie's gewußt?) »Nur bei Drucker«, stellt der *Economist* fest, »erfährt man, daß die erste Managementkonferenz 1882 von der deutschen Post organisiert wurde – und daß niemand erschien.« Noch charakteristischer für Drucker ist sein Gebrauch historischer Analogien, die häufig sehr glücklich gewählt sind. Bei der Erörterung von Möglichkeiten zur Eindämmung »transnationaler Umweltverschmutzung« bemerkt er: »Im 19. Jahrhundert wurden durch transnationale Maßnahmen zwei der ältesten Geißeln der Menschheit beseitigt: der Sklavenhandel und die Piraterie auf hoher See.« So wie im 19. Jahrhundert mit der Piraterie kann im 21. Jahrhundert mit der Umweltverschmutzung verfahren werden. Druckers Bücher sind lehrreich, denn vor allem anderen ist er ein Lehrer.[9]

Mit »dem Lehrbazillus« wurde er »unheilbar infiziert« in der vierten Klasse als Schüler von »Fräulein Elsa« und »Fräulein Sophie«, zwei Schwestern, die an einer fortschrittlichen Privatschule unterrichteten, an die er von der staatlichen Schule wechselte, weil Peters Eltern etwas gegen seine unleserliche Handschrift unternehmen wollten. Fräulein Sophie, die herzlichere der beiden, war eine pädagogische Reformerin. Sie brachte den Jungen Kochen und Nähen bei und den Mädchen Hämmern und Sägen, eine damals »revolutionäre Lehre«, die auch bei den Druckers zu Hause galt, wo Caroline die Reparaturarbeiten einschließlich Klempnern und Dachdecken erledigte. Während Fräulein Elsa höchstens ein knappes Lob über die Lippen kam (»Besser als letzte Woche«), lächelte Fräulein Sophie – »das einzige Lob, das je von ihr kam, aber für den Betrachter war es die reine Glückseligkeit.«[10]

In groben schwarzen Stoff gekleidet, der ihr das Aussehen eines »großen Käfers« verlieh, mit Zwicker und hochgeknöpften Schuhen, war Fräulein Elsa mitunter sehr streng. Aber »… wir verehrten sie«, erinnert sich Drucker. »Als 50 Jahre später die Frauenbewegung verkündete, daß Gott in Wirklichkeit eine Frau ist, hat mich das nicht im geringsten überrascht.«[11]

Fräulein Elsa fand einen Weg, um Peter die Verantwortung für seine Lernfortschritte zu übertragen. Am Wochenanfang mußte er in ein Notizbuch eintragen, was er lernen wollte, und am Wochenende seine Erwartungen mit den tatsächlichen Ergebnissen vergleichen. (Fräulein Elsa, so scheint es, ist die Erfinderin des für Drucker so wesentlichen »Management by Objectives«.) Schon in

der vierten Klasse zeigte sich Peters schriftstellerische Begabung.
»Ich wußte schon ziemlich früh im Leben«, erzählt er, »daß
Schreiben eine Sache war, die ich wahrscheinlich gut konnte –
vielleicht sogar die einzige Sache.« Um diese Stärke zu fördern,
ließ ihn Fräulein Elsa jede Woche zwei Aufsätze schreiben, einen
zu einem von ihr gestellten, den anderen zu einem von ihm selbst
gewählten Thema. Damit unterstützte sie ihn in seinen Fähigkeiten und formte ein Credo, das Drucker seit fünfzig Jahren
an Manager weitergibt: sich auf das konzentrieren, was die Menschen *können*, und nicht auf das, was sie *nicht können*. Schulen
orientieren sich zu sehr auf Probleme und zu wenig auf Stärken. »Die Leute wissen nicht, was sie gut können, weil sie nicht
zu dieser Art des Denkens ermuntert werden«, bemerkt er. »Das ist
wahrscheinlich meine größte Stärke als Lehrer und als Berater – ich halte sofort nach diesem Aspekt Ausschau.« Damit überträgt er seine Lernmethode auf andere. »Ich erkannte, daß *ich*
zumindest nicht aus Fehlern lerne. Ich kann nur aus Erfolgen
lernen.«[12]

Drucker war der erste, der dem »Wissensarbeiter« seinen
Namen gab, der erste, der das Terrain der entstehenden »Wissens-
gesellschaft« absteckte. Aber er warnt auch vor einer neuen
»Mandarinenherrschaft« einer akademischen Kaste. »Wenn das
Management zum Schulfach gemacht wird«, so schrieb er schon
1950 in *The New Society*, als dieser Trend noch kaum sichtbar war,
»wird das Unternehmen genau jener Leute beraubt, die es am dringendsten braucht: die innovativen Unternehmer mit Mut zum
Risiko.« Vierzig Jahre später verdeutlichte er in *Neue Realitäten*
(*The New Realities*) diese mittlerweile gängige These anhand von
Beispielen aus der Unternehmensgeschichte: »Weder Gottlieb
Daimler noch Henry Ford hätten eine Chance gehabt, ohne Inge-
nieursdiplom oder MBA-Abschluß an die Unternehmensspitze zu
gelangen. Und kein angesehenes Finanzinstitut würde heutzutage
den Collegeabbrecher J. P. Morgan einstellen.«

Der einzig faire Maßstab für einen Mitarbeiter ist nicht, wie
lange oder wo er zur Schule gegangen ist, sondern welche *Leistung*

er erbringt. Doch immer mehr verstärkt sich der Trend, daß man ohne eine kostspielige akademische Absegnung des eigenen Werdegangs überhaupt keine Anstellung mehr bekommt. Die Geschäftswelt war lange Zeit die demokratischste Bühne der USA. Ganz gewöhnliche Menschen bekamen die Chance, Außergewöhnliches zu tun. Um im Geschäftsleben Erfolg zu haben, mußte man nicht in Harvard studieren. Im Gegenteil, das konnte sogar schaden. Noch Mitte der fünfziger Jahre hörte Drucker von einem Manager bei Sears: »Er wurde befördert, obwohl er in Harvard Jura studiert hatte.« Aber diese egalitäre Tradition der amerikanischen Geschäftswelt wird durch das Wachstum einer »Verdienstgesellschaft von Mandarinen« immer mehr zurückgedrängt – ein Trend, der Drucker große Sorge bereitet.[13]

Peters Handschrift hatte sich zwar nicht verbessert, aber ansonsten verzeichnete er so große Fortschritte, daß Fräulein Elsa die Druckers drängte, ihn die fünfte Klasse überspringen zu lassen und direkt aufs staatliche Gymnasium zu schicken. Das Gymnasium erwies sich nur für Peters Gedächtnis als eine Herausforderung. »Ich habe mich acht Jahre mit unregelmäßigen lateinischen Verben herumgeschlagen … Keiner der Lehrer gab uns zu verstehen, daß man Horaz und Tacitus auch lesen konnte, statt nur nach ihren Grammatikfehlern zu suchen.« Drucker vertrieb sich die Zeit durch »das Lesen von Geschichtsbüchern und klassischer Weltliteratur unter der Schulbank«.[14]

Doch zumindest ein Lehrer machte in diesen Jahren einen bleibenden Eindruck auf Drucker. Als er dreizehn war, erteilte ihm ein »inspirierender Religionslehrer« eine unschätzbare Lektion fürs Leben. Er fragte alle Schüler, welche Erinnerung sie einmal hinterlassen wollten. Natürlich waren sie zu jung, um eine Antwort geben zu können. »Also lachte er und sagte: ›Ich habe keine Antwort von euch erwartet. Aber wenn ihr mit fünfzig Jahren immer noch keine Antwort wißt, dann habt ihr euer Leben verschwendet.‹« Seither hat Drucker versucht, sich an diesen existentiellen Imperativ zu halten. »Ich stelle mir immer diese Frage … Es ist eine Frage, die einen zur Selbsterneuerung führt, weil sie einen dazu zwingt, sich als einen anderen Menschen zu sehen – der Mensch, der man *werden* kann.«[15]

Drucker hegte schon seit Jahren den Wunsch, Wien den Rücken zu kehren. Und sobald er konnte, das heißt nach Abschluß des Gymnasiums, verließ er die Stadt. Die einstige Hauptstadt eines riesigen und vielgestaltigen Kaiserreichs mit 50 Millionen Einwohnern, das sich von den Alpen bis zur Grenze Rußlands erstreckte, war nach dem Krieg, so A. J. P. Taylor, zur »aufgeblähten Hauptstadt eines kleinen Alpenlandes« mit 6,5 Millionen Einwohnern geworden, das für den Verlust des von seinen kaiserlichen Machthabern begonnenen Krieges einen hohen Preis bezahlen mußte. Die Stadt lebte in der Vergangenheit, in einem rührseligen Dunst von Sehnsucht nach den Vorkriegszeiten, in denen, so Taylor, »Wien ein deutschsprachiges Paris mit noch größeren Cafés und einem noch fröhlicheren Leben war«. »Sie redeten nur über das Leben vor 1914«, berichtet Drucker. »Ich war umgeben von erloschenen Vulkanen ...« Statt direkt an die Universität zu gehen und vielleicht, wie man das auch von seinem Bruder erwartete, ein Medizinstudium zu absolvieren, trat Peter zum Leidwesen seines Vaters eine Lehrstelle in Hamburg an. »Ich hatte lange genug (in der Schule) gesessen. Ich wollte ein Erwachsener unter Erwachsenen sein – jung zu sein, hatte mir nie gefallen, und ich hatte immer eine Abneigung gegen die Gesellschaft von zaudernden Jünglingen, für die ich die meisten Studenten hielt. Ich wollte meinen Lebensunterhalt verdienen und finanziell unabhängig sein.« Damals war er siebzehn.[16]

In Hamburg arbeitete er als Lehrling für eine Exportfirma, die Eisenwaren nach Indien verkaufte. An Wochentagen arbeitete er von 7.30 Uhr bis 16.00 Uhr und am Samstag bis Mittag. Am Wochenende fanden er und zwei andere Lehrlinge Zeit, die Gegend um Hamburg zu durchwandern. »Um meinen Vater zu versöhnen«, erzählt er, »aber ohne ernste Absichten, schrieb ich mich an der Universität Hamburg für das Jurastudium ein.« Er verstand sich als Teilzeitstudent. »Vollzeit-Jurastudenten verbrachten nicht vier Jahre gleichzeitig mit harter Arbeit und dem Studium. Sie verbrachten vier Jahre in einem angenehmen Nebel, der zu zwei Dritteln aus Bier und zu einem Drittel aus Sex bestand.« Auch ohne Vollzeitstudium war er sich sicher, »aus beidem das Beste zu machen«. Aber es ergab sich eine kafkaeske Komplikation. Die Universität hielt keine Abendkurse, und tagsüber mußte er arbeiten. Wie sollte er da studieren? In diesen Tagen der akademischen Bummelei reichte es jedoch, sich für einen Kurs anzumelden und am Ende des Semesters eine Prüfung abzulegen, um das erwünschte Zeugnis zu erhalten. »Während der eineinhalb Jahre in Hamburg habe ich deshalb keinen einzigen Kurs besucht.«[17]

Statt dessen ging er jede Woche an fünf Abenden zum Lesen in die Hamburger Stadtbibliothek. »Fünfzehn Monate lang las ich und las ich und las ich – auf deutsch, englisch und französisch.« Einmal pro Woche besuchte er die Hamburger Oper, und dort machte er eine Entdeckung, die sein Leben veränderte. Nach einer Vorstellung von Verdis letzter Oper *Falstaff* war er überrascht und tief bewegt, als er erfuhr, daß Verdi dieses temperamentvolle Werk mit 80 Jahren geschrieben hatte. Auf die Frage, weshalb er sich in seinem Alter an eine so anspruchsvolle Oper gewagt hatte, hatte Verdi geantwortet: »Mein ganzes Leben als Komponist habe ich nach Vollkommenheit gestrebt. Ich habe sie nie erreicht. Da habe ich einfach die Verpflichtung, es noch einmal zu versuchen.« Diese Worte hinterließen bei Drucker einen »unauslöschlichen Eindruck«. Obwohl er erst achtzehn war, schwor er sich, sein Lebenswerk in diesem Geiste anzupacken. Er beschloß, »wenn ich je ein hohes Alter erreichen sollte, niemals aufzugeben, sondern weiterzumachen«. Und mit vier Büchern seit seinem achtzigsten Geburtstag ist er seinem Vorbild Verdi treu geblieben. »Immer wenn mich die Leute fragen, welches meiner Bücher ich für das beste halten, sage ich: ›das nächste.‹«[18]

Er blieb über ein Jahr in Hamburg und legte dort mit zwei wissenschaftlichen Aufsätzen den Grundstein für seine Karriere als Schriftsteller. Beide Arbeiten befaßten sich mit ökonomischen

Themen – die bei den Druckers Tischgespräch waren. In der ersten schrieb er über die Rolle des Panamakanals für den Welthandel, in der anderen erstellte er eine ökonometrische Analyse der New Yorker Börse. Dieser im August oder September 1929 in einem angesehenen Wirtschaftsmagazin veröffentlichte Aufsatz sagte voller Überzeugung einen weiteren Anstieg der Aktienkurse voraus. Einige Wochen später, im Oktober, kam es zum Börsenkrach. Drucker meint, dies sei die letzte Vorhersage gewesen, die er je gemacht hat. »Gott sei Dank gibt es keine Ausgabe der Zeitschrift mehr.«[19]

Zu seinem Glück war sein Aufsatz über die Börse noch nicht veröffentlicht, als er bei der Frankfurter Filiale eines Wall-Street-Unternehmens eine Ausbildung zum Anlagenberater begann. Er blieb, bis die Firma infolge des Börsenkrachs bankrott ging. Er hatte eine wertvolle Lektion über die undurchdringliche Launenhaftigkeit von Märkten erhalten.

Drucker verlegte sein Jurastudium an die Universität Frankfurt und schrieb sich auch in Statistik ein, »weil ich bis über beide Ohren in die Frau meines Chefs verliebt war – und sie studierte Statistik.« Nach dem Börsenkrach akzeptierte er das Angebot, in Frankfurts größter Tageszeitung, dem *Frankfurter Generalanzeiger* über Finanzfragen zu schreiben. Bald wurde er zum leitenden Redakteur befördert. Er war für alle Auslands- und Wirtschaftsnachrichten zuständig, mußte pro Woche sechs bis acht Leitartikel schreiben, und falls der verantwortliche Redakteur krank war, auch noch die Frauenseiten übernehmen. Leitender Redakteur einer führenden Tageszeitung mit zwanzig? Der Krieg hatte die Generation vor Drucker dahingerafft. Die deutschen und österreichischen Fünfunddreißigjährigen, die eigentlich als leitende Redakteure in den Zeitungen hätten arbeiten sollen, waren tot. »Die Situation war so ähnlich wie in Japan«, bemerkt Drucker in einem Gedankensprung zwischen Kriegen und Kontinenten, »als ich Mitte und Ende der fünfziger Jahre – zehn Jahre nach dem Pazifikkrieg – zum erstenmal dorthin kam.«[20]

Sein neuer Chef Erich Dombrowski, einer der führenden liberalen Zeitungsverleger in Deutschland, war Druckers dritter großer Lehrer. Preußisch pünktlich wies er Drucker an seinem ersten Tag zurecht, weil er erst um 6.10 Uhr erschienen war. Daß die Straßenbahn nicht rechtzeitig losfuhr, war keine Entschuldigung. Er hätte doch gehen können! »Wir fingen um 6.00 Uhr morgens an und hörten kurz nach 14.00 Uhr auf, wenn die letzte Ausgabe zum Druck ging«, erzählt Drucker. »Also zwang ich mich, am Nachmittag und Abend zu studieren: internationale Beziehungen und internationales Recht, die Geschichte sozialer und rechtlicher Institutionen, Finanzwesen und so weiter.« »Ein Journalist muß über viele Themen schreiben«, deshalb erarbeitete er sich so viele wie möglich.

Zweimal im Jahr bat Dombrowski zu einer Besprechung, die am Samstag nachmittag begann und den ganzen Sonntag fortdauerte. Zweck der Veranstaltung: die Überprüfung der Arbeit seiner kleinen Belegschaft im vergangenen halben Jahr. Was hatten sie gut gemacht? Was hatten sie versucht, gut zu machen? Wo hatten sie sich nicht genügend Mühe gegeben? Dann kam Dombrowskis »schonungslose Kritik« all dessen, was sie schlecht gemacht hatten. Danach sagte jeder Mitarbeiter, worauf er sich im nächsten Halbjahr konzentrieren, was er verbessern und was er lernen sollte – exakt die Methode von Fräulein Elsa. Drucker übernahm sie später auch für sich selbst. Jedes Jahr im Sommer überprüft er nach dem Vorbild Dombrowskis seine Arbeit des letzten Jahres. »Sich auf dem neuesten Stand zu halten ist die Hauptvoraussetzung für Selbstentwicklung ... Dadurch kann ich meine Anstrengungen auf Bereiche konzentrieren, in denen ich etwas bewirke, und aus Projekten aussteigen, bei denen nichts vorwärtsgeht.« So anspruchsvoll Dombrowski war, er hörte auf Peter und übertrug ihm Verantwortung – ein Schlüsselbegriff in Druckers Wörterbuch.[21]

Die Universität Frankfurt bestach genau wie Hamburg durch akademische Langeweile. Aber Drucker besuchte zumindest einen Kurs, der ihn nachhaltig beeinflußte. Hier fand er nämlich ein

Modell für das Management als *Fachdisziplin*. Dabei handelte es sich ausgerechnet um einen Kurs über Admiralitätsrecht. Ein auf den ersten Blick sehr begrenztes Thema, aber der Lehrer präsentierte das Admiralitätsrecht als einen Mikrokosmos der abendländischen Geschichte, Gesellschaft, Technologie, Rechtstheorie und Ökonomie. Drucker sieht dies als »die allgemeinste Erziehung, die ich je bekommen habe ...« Fünfzehn Jahre später verwendete er diesen Kurs als Muster für seinen Unterricht im Management. Wie das Admiralitätsrecht kann auch Management als ein sehr enges Spezialgebiet erscheinen. Drucker jedoch vermittelte Management als »ein Fach, das menschliche Werte und Verhaltensweisen, gesellschaftliche Ordnung und geistige Nachforschungen miteinander verbindet und sich aus Ökonomie, Psychologie, Mathematik, Politikwissenschaft, Geschichte und Philosophie speist. Kurz gesagt, Management ist eine *Geisteswissenschaft*.«[22]

Da er kein deutscher Staatsbürger war, durfte er das Staatsexamen für eine Promotion im Fach Jura nicht ablegen. Durch Pauken und Geschick bei Prüfungen erhielt er schließlich einen ziemlich nutzlosen Doktortitel für Öffentliches Recht und Internationale Beziehungen. Sein Thema: Der Status von »Beinah-Regierungen« – Aufstände, Exilregierungen, Kolonien vor der Unabhängigkeit – im internationalen Recht. »Etwas brachte mir das Jurastudium auf jeden Fall«, erinnert sich Drucker. »Ich traf Doris – nicht beim Besuch einer Vorlesung (ich ging zu keinen Vorlesungen), sondern bei einer, die ich als Vertretung für den unpäßlichen Professor für Internationales Recht hielt.« Doris Schmitz, eine junge Deutsche aus Mainz, wurde später seine Frau und ist seit sechzig Jahren mit ihm verheiratet.[23]

Die dreißiger Jahre waren herangebrochen. Das Straßenbild wurde von Nazis im braunen Hemd bestimmt. »Um mich herum brach alles zusammen – Gesellschaft, Wirtschaft, Regierung und sogar die Zivilisation.« In dieser schlimmen Zeit fühlte sich Drucker zu drei deutschen Denkern hingezogen, die inmitten der Unruhen ihrer eigenen Zeit versucht hatten, Ordnung zu stiften. »Ich begann mit der Arbeit an einem Buch, das es den Nazis unmöglich machen sollte, etwas mit mir zu tun zu haben.« Es sollte eine Biographie über Wilhelm von Humboldt (1767-1835) werden, der unter anderem Gründer der Universität Berlin war; über Joseph von Radowitz (1797-1853), der Pate der katholischen Parteien in Europa; und Friedrich Julius Stahl (1802-1861), ein Rechtsphilosoph, fähiger Parlamentarier – und Jude.[24]

Drucker vollendete nur den Aufsatz über Stahl, »der diesen im Namen des Konservativismus und Patriotismus als vorbildlichen Lehrer für die Turbulenzen der dreißiger Jahre darstellte.« Wie nicht anders zu erwarten, war das für die Nazis unerträglich. Der im April 1933, zwei Monate nach Hitlers Machtergreifung, veröffentlichte Aufsatz wurde umgehend verboten und sogar verbrannt. Drucker wußte, daß man ihn bald »hinauswerfen oder einsperren« würde und nahm sich vor, Deutschland zu verlassen. Aber er »bummelte und wartete«.[25]

Schon in der Zeit vor Hitlers Machtergreifung hatte Drucker begonnen, die komplexe Struktur des Faschismus zu erfassen. In seinem ersten, 1939 veröffentlichten Buch *The End of Economic Man: The Origins of Totalitarianism* ergründete er dessen Irrationalismus und Nihilismus. »Er ist antiliberal, aber auch antikonservativ; antireligiös und antiatheistisch; antikapitalistisch und antisozialistisch; gegen Krieg und gegen Pazifismus; gegen Großunternehmen, aber auch gegen kleine Handwerker und Kaufleute ...« Er war Zeuge einer »wild johlenden« Versammlung von Bauern, bei der ein Nazipropagandist mit folgender Eruption von Irrationalität eine lebhafte Demonstration für »das Abrakadabra des Faschismus« lieferte: »Wir wollen keine niedrigeren Brotpreise, wir wollen keine höheren Brotpreise, wir wollen keine unveränderten Brotpreise – wir wollen nationalsozialistische Brotpreise.« Er bekam auch eine Ahnung vom nackten Zynismus der Naziführer, als Goebbels bei einer Versammlung nach einer »besonders ausgesuchten Lüge«, die das Publikum zu Begeisterungsstürmen hinriß, hinzufügte: »Sie wissen ja, das alles ist nur Propaganda« und damit rasenden Jubel auslöste.[26]

Den letzten Anstoß zum Verlassen Deutschlands gab eine Fakul-
tätsversammlung der Universität unter der Leitung des neuer-
nannten »Nazikommissars«. Drucker ging zu dieser Versammlung
in der Hoffnung, daß die Fakultätsmitglieder der für ihren »selbst-
bewußten Liberalismus« berühmten Universität die geistige Freiheit verteidigen würden. Der Nazi begann mit der Ankündigung,
daß die jüdischen Fakultätsmitglieder fristlos entlassen waren.
Dann beschimpfte er die Fakultät aufs übelste – »es tönte nur noch
›Scheiße‹, ›Schweine‹ und ›Saukerle‹«. Als er zum Ende kam,
richteten sich alle Augen auf den nobelpreisverdächtigen Bioche-
miker, einen berühmten Liberalen. Er würde diesen Nazitrottel
schon in die Schranken weisen. »Der große Liberale stand auf,
räusperte sich und sagte: ›Sehr interessant, Herr Kommissar, und
in mancher Hinsicht auch sehr lehrreich. Aber eines habe ich nicht
so recht verstanden: Wird es mehr Forschungsgelder für die Phy-
siologie geben?‹«

»Einige der nichtjüdischen Fakultätsmitglieder kündigten aus
Solidarität mit ihren jüdischen Kollegen, aber die meisten blieben.
Als ich den Raum verließ, fühlte ich mich zum Sterben elend und
ich wußte, daß ich Deutschland in den nächsten achtundvierzig
Stunden verlassen würde.« [27]

Ohne dort eine Menschenseele zu kennen, übersiedelte Drucker
nach London und nahm eine Stelle als Anlageberater bei einer Versicherungsgesellschaft an. Eines Tages fuhr er die lange Rolltreppe
der U-Bahnstation Piccadilly Circus hoch und sah auf einmal Doris
Schmitz, die gerade nach unten fuhr. Wild mit den Armen rudernd
winkten sie sich zu, und Peter nahm sofort die Rolltreppe nach
unten, als er oben angelangt war. Auch Doris wechselte, unten ange-
kommen, die Fahrtrichtung. Nachdem sie noch einmal aneinander
vorbeigefahren waren, schafften sie es doch noch irgendwie, sich
von Angesicht zu Angesicht gegenüberzutreten. Doris besuchte
Kurse an der London School of Economics. In London begann die
Beziehung zwischen Peter und Doris. [28]

Die Stelle bei der Versicherungsgesellschaft wurde kurz vor
Weihnachten 1933 gekündigt, und Peter fuhr ziemlich entmutigt

nach Wien, um die Feiertage mit seinen Eltern zu verbringen. Die Atmosphäre Wiens bestärkte ihn jedoch in seinem Entschluß, in London einen wie auch immer gearteten neuen Karrierestart zu versuchen, auch wenn es wegen der dort herrschenden Depression nur wenige Arbeitsstellen gab. Ein weit stärkerer Grund für seine Rückkehr war jedoch Doris. »Mit jedem Tag, den ich nicht in ihrer Nähe verbringen konnte, wurde mir klarer, daß ich bei ihr sein wollte und mußte.«[29]

Sein Vater bat ihn, eine Kuckucksuhr für einen alten Freund in London mitzunehmen. Drucker brachte diesem die Uhr vorbei und wurde sogleich zum Mittagessen eingeladen. Als der Mann von Druckers Arbeitssituation hörte, bot er ihm einen Job als Ökonom, Anlagenverwalter und Sekretär bei einer kleinen Handelsbank an. Drucker arbeitete fast vier Jahre für die Bank, bis er es vor Langeweile nicht mehr aushielt und nach Amerika übersiedelte.[30]

Während dieser Zeit in England erkannte Drucker, daß er kein Wirtschaftswissenschaftler war. Jede Woche nahm er den Zug nach Cambridge, um John Maynard Keynes' Seminar zu besuchen. Während er buchstäblich zu Füßen dieses großen Mannes saß wurde ihm »plötzlich klar, daß sich Keynes und all die anderen brillanten Wirtschaftsstudenten im Raum für das Verhalten von Waren interessierten, während ich mich für das Verhalten von Menschen interessierte«. Sein Interesse für Menschen führte ihn später zum Studium des Managements, das sich nur vordergründig um Waren, aber für Drucker ausschließlich um Menschen drehte. Es führte ihn auch zu seiner Karriere als Unternehmensberater. »Das ist ein Geschäft, bei dem es um Menschen geht«, sagte er über das Beraten. »Wir sind keine Gemüsehändler, die Waren verkaufen.« Was die Ökonomie angeht: »Es gibt nur einen Punkt, in dem die Wirtschaftswissenschaftler und ich übereinstimmen – ich bin KEIN Ökonom.« Und was die Keynessche Ökonomie und besonders ihren Rat an Regierungen angeht, mit erhöhten Ausgaben den Ausweg aus Depressionen zu suchen: »Das kam mir vor, wie ein Doktor, der bei seinem Patienten einen inoperablen Leberkrebs feststellt und ihm Heilung verspricht, wenn er mit einer Siebzehnjährigen ins Bett geht.«[31]

Schon 1935 hatte Drucker begonnen, in amerikanischen Zeitschriften zu veröffentlichen, die von der *Virginia Quarterly Review* bis hin zur *Saturday Evening Post* reichten. London hatte seinen Reiz für ihn verloren. Wie in Wien waren die Menschen besessen vom Gedanken an die Zeit vor dem Krieg, obwohl der nächste Krieg bereits unaufhaltsam näherrückte. Drucker fühlte das tiefe Bedürfnis, die Vergangenheit abzuschütteln und – um es mit einer bemerkenswerten Wendung zu formulieren, die er in einem seiner Bücher für die Gründerväter gebraucht – »die Zukunft zu lösen«. Das zukunftsorientierte Amerika lockte ihn. Dort begann er seine Karriere als Politologe, aber sein Interesse am Verhalten der Menschen fand keine Erfüllung in den Abstraktionen politischer Theorie, und so wandte er sich dem Studium von Organisationen zu. Den Anfang machte er mit einer sozialen Innovation Amerikas, dem Großunternehmen. Im Januar 1937 heirateten Doris und er. Wenige Tage später brachen sie nach Amerika auf, Peter als Vertreter mehrerer großer britischer Zeitungen wie der *Financial Times*, die damals noch *Financial News* hieß. Er kam jedoch nicht als Korrespondent in die USA. Nein, »ich kam als Schriftsteller«.[32]

Es folgt nun ein Kapitel über Druckers meisterhafte Beherrschung moderner englischer Prosa. Danach beginnt der lange Marsch durch seine Bücher. Dabei werden wir chronologisch voranschreiten, aber daneben auch immer wieder auf sein Gesamtwerk zurückgreifen, um einzelne Teile davon zu beleuchten.

2
»ICH SCHREIBE«

»Seit meinem zwanzigsten Lebensjahr«, schrieb Drucker mit zweiundachtzig, »ist das Schreiben die Grundlage von allem, was ich mache, wie Unterrichten und Beraten.« In seiner sechzigjährigen Karriere hat Drucker neunundzwanzig Bücher veröffentlicht, ein Schnitt von einem Buch alle zwei Jahre. Sein Werk fällt in drei Kategorien: Bücher zur sozialen und politischen Analyse, wie *The Future of Industrial Man* (1942) und *Weltwirtschaftswende: Tendenzen für die Zukunft* (*The Age of Discontinuity*, 1969); Bücher zum Management, wie *The Practice of Management* (1954) und *Neue Management-Praxis* (*Management: Tasks, Responsibilities, Practices*, 1974); und Bücher mit praktischen Ratschlägen für Manager, wie *Managing for Results* (1964) und *Die ideale Führungskraft* (*The Effective Executive* (1966). Darüber hinaus sammelt er seine Aufsätze regelmäßig in Büchern wie *Die Chance des Unternehmers* (*The Frontiers of Management*, 1986) und *The Ecological Vision* (1993). Auf die Frage nach der Gesamtverkaufszahl seiner Bücher antwortet Drucker mit einer Nonchalance, die jeden Autor zum Weinen bringen könnte: »Fünf oder sechs Millionen.«[1]

Aber Bücher sind bei weitem nicht alles. Seit Jahren produziert Drucker eine Flut von Artikeln. Von 1975 bis 1995 schrieb er eine vielzitierte monatliche Kolumne für die Leitartikelseite des *Wall Street Journal*. In diesen Jahren – »der Zeitraum meiner größten Produktivität«, wie er es nennt – schrieb er zweiundzwanzig lange Artikel von jeweils 3500 bis 6500 Wörtern: acht für die *Harvard*

Business Review, drei für *Public Interest*, drei für den *Atlantic Monthly*, zwei für *Foreign Affairs*, zwei für den *Economist*, und jeweils einen für *New Perspectives, Inc.*, *Forbes* und *Esquire*. Seine besten Aufsätze aus fünfzig Jahren hat er in *The Ecological Vision* zusammengetragen. Arbeiten aus zwanzig Jahren gruppierte er zu »geplanten« Aufsatzsammlungen, für die er die Hauptthemen auswählt, ehe er den ersten Artikel schreibt. Und er schrieb auch zwei Romane. Außerdem verfaßte er drei Managementbücher und vier Bücher über »Gesellschaft, Wirtschaft und Politik«. Dazu gehört auch sein letztes Buch *Drucker on Asia*, das ursprünglich für den japanischen Markt geplant war und 1997 auf englisch erschien. Es wird zur Zeit ins Koreanische, Portugiesische, Deutsche, Französische, Spanische und Thailändische übersetzt.

All dies schreibt Drucker in einem kleinen, luftigen Arbeitszimmer in seinem behaglichen Ranchhaus, das an einer ganz gewöhnlichen Straße in einem Vorort von Claremont, Kalifornien, liegt. Er benutzt eine elektrische Schreibmaschine. »Ich arbeite nicht am Computer, weil ich sonst zu geschwätzig werde«, erklärt er. Auf die Frage nach seiner Tätigkeit antwortet er vollkommen wahrheitsgemäß: »Ich schreibe.«

Und er hält Vorträge – inzwischen meistens über Satellit; und er berät. 1997 hielt er innerhalb von vier Monaten an vierzehn Tagen Vorträge und Seminare. Die meisten davon erstreckten sich über den ganzen Tag, und wie immer in seiner fünfzigjährigen Praxis war eine Hälfte bezahlt und die andere gratis. Zudem hatte er fünf ganztägige Beratungsverpflichtungen, drei bezahlt, zwei gratis. Zwei bei großen multinationalen Herstellern, zwei bei gemeinnützigen Organisationen (gratis), die eine in Amerika, die andere in Argentinien. Außerdem drehte er wie jedes Jahr eine Serie mit fünf 35minütigen Ausbildungsvideos, die überwiegend in Europa, Lateinamerika und Ostasien verkauft werden. Darüber hinaus gab er fünf dreistündige Interviews – drei für US-Publikationen (von denen eine, *Forbes*, das Interview als Titelgeschichte brachte), und je eines für eine brasilianische und eine französische Zeitschrift.

Und er unterrichtet. Er hat zwei große (»Ich mag sie groß«) Kurse. Einen im Rahmen des Executive Management Program der Claremont Graduate School, und den anderen innerhalb des MBA-Programms dieses Graduiertenstudiengangs. Die Kursteilnehmer sind vorwiegend aus dem Ausland und verfügen über jahrelange Arbeitserfahrung und -verantwortung in ihren Ländern. »Ich unterrichte am liebsten Studenten mit Managementerfahrung«, sagt er. Vor vielen Jahren lehnte er ein Lehrangebot der Harvard Business School ab, weil diese damals nur von Collegeabgängern besucht wurde. »Studenten ohne größere Berufserfahrung lernen nichts von mir«, erklärt er, »weil ich nichts von ihnen lerne.«[2]

Angesichts dieser schier unglaublichen Produktivität kann man sich über Druckers Antwort auf die Frage eines Journalisten von *Inc.* nicht mehr wundern:

Frage: Was machen Sie in Ihrer Freizeit?
Antwort: Welche Freizeit?[3]

»Erkenne deine Zeit«, rät Drucker Managern. Und er hält sich an seinen eigenen Rat. Wenn Sie ihm (so wie ich) schreiben und ihn fragen, ob er sich mit Ihrer Gruppe treffen oder ein Buch für Ihre Zeitschrift besprechen kann, dann wird Ihnen Drucker, der keine Sekretärin hat, eine Postkarte schicken, auf der folgendes gedruckt steht:

Mr. Peter F. Drucker
    ist sehr erfreut über Ihr freundliches Interesse, sieht sich aber leider außerstande:
    Artikel oder Vorworte zu schreiben; sich zu Manuskripten oder Büchern zu äußern; an Diskussionsrunden oder Symposien teilzunehmen; in Komitees oder Ausschüssen irgendwelcher Art mitzuwirken; Fragebögen zu beantworten; Interviews zu geben; und im Radio oder Fernsehen aufzutreten.

John Tarrant berichtet in seinem Buch *Drucker: The Man Who Invented Corporate Society* (1976), daß ein Journalist, der um ein Interview gebeten hatte, die Postkarte nach Erhalt erbost mit folgendem handschriftlichen Kommentar zurückschickte: »Und

Mr. – erklärt hiermit voller Bedauern, daß er nie wieder ein Buch von Peter Drucker besprechen oder einen Artikel von Peter Drucker erwähnen oder sonst auf irgendeine Weise oder Form auf Peter Drucker verweisen wird.«[4]

Drucker schreibt für Fachkräfte, Manager und Menschen mit breitgefächerter Bildung aus allen Weltgegenden. Seine Bücher sind in mindestens fünfundzwanzig Sprachen übersetzt worden. In Whit Stillmans Film *Barcelona* von 1994 rezitiert der von Taylor Nichols gespielte smarte junge Manager Drucker wie das Evangelium, und sein Chef hört ihm andächtig zu. Drucker speist seine Leser nicht mit rhetorischen Floskeln ab. Dazu respektiert er sein Publikum zu sehr und behandelt es als geistig ebenbürtig. Sein einladendes »wir« schließt den Leser in das Buch mit ein. In seinem Aufsatz »Reflections of a Social Ecologist«, in dem er sich und seine Tätigkeit mit der unerwarteten Bezeichnung »Sozialökologe« versieht, nimmt Drucker zu seinem Schreiben Stellung:

> Für den Sozialökologen ist die Sprache doppelt wichtig. Denn die Sprache ist selbst schon Sozialökologie. Die sozialökologische Sprache ist nicht nur »Kommunikation«. Sie ist nicht nur eine »Botschaft«. Sie ist Substanz. Sie ist der Zement, der die Menschheit zusammenhält. Sie schafft Gemeinschaft und Gemeinsamkeit … Sozialökologen müssen keine »großen« Schriftsteller sein, aber sie müssen respektvolle, mitfühlende Schriftsteller sein.

Respektvoll und mitfühlend, ja, aber auch elegant. Das Geheimnis von Druckers Überzeugungskraft – ein offenes Geheimnis – ist sein eleganter Stil, seine unnachahmliche Verschmelzung von Belehrung mit literarischem Vergnügen.[5]

Seine Anfangssätze bieten ein gutes Beispiel. Augenzwinkernd führt er uns in seinen Roman *The Last of All Possible Worlds* (1982) ein: »Dies ist das erste meiner 19 Bücher, das zugegebenermaßen Fiktion ist.« *The Practice of Management* wird im passenden geschäftsmäßigen Ton eröffnet: »Der Manager ist das dynamische, lebensspendende Element in jedem Unternehmen.« An den Anfang von *Weltwirtschaftswende: Tendenzen für die Zukunft* stellt

er einen Akt geschichtlicher Phantasie: »Niemand, der nur die
ökonomischen Fakten der Jahre 1913 und 1968 kennt und nichts
über die Jahre dazwischen weiß, könnte die verheerenden Umwälzungen dieses Jahrhunderts erahnen, die Revolutionen in Rußland
und China oder das Hitlerregime.« *Die ideale Führungskraft* kommt
ohne Umschweife zur Sache: »Effektiv zu sein ist die Aufgabe der
Führungskraft.« *Managing for Results* gießt neuen Wein in alte
Schläuche: »In diesem Buch geht es darum, was zu tun ist.« Und
der Anfang eines Unternehmensprofils bricht einen Streit vom
Zaun: »Jeder weiß, daß Thomas Watson, Sr. (1874-1956) IBM zu
einem großen Computerunternehmen aufgebaut hat und daß er
ein Wirtschaftsführer war. Aber ›jeder‹ hat unrecht.«[6]
    Um den Schwung dieser ersten Sätze für den weiteren Text zu
bewahren, greift Drucker – sparsam, aber mit viel Geschick – auf
das Homerische Epitheton zurück, das Adjektiv oder Adverb, das
einem Substantiv oder Verb zusätzliche Würze verleiht. So
schreibt er zum Beispiel, daß »eine unheilbare Ungewißheit« alle
menschlichen Entscheidungen überschattet; daß »der gelehrte
Barbar« ein lebensuntüchtiger Narr ist; daß in einem betriebsamen
Büro »das schwirrende Chaos der Assistenten« herrscht; daß Dr.
William Dodd (Roosevelts erster Botschafter im Hitlerdeutsch-
land) mit »ungläubigem Abscheu« in sein Tagebuch einträgt, daß
Goebbels einen Doktorgrad hat; daß Buckminster Fuller zu-
zuhören ist wie das Planschen in einem »verbalen Whirlpool«;
daß Los Angeles eine »sonnenüberflutete Vorhölle« ist – »zerzau-
ste Palmen und blätternder Stuck«; daß J.P. Morgan im Ruhestand
in »betuchte Vergessenheit« versinkt; und daß Auftaktrednern
»leidenschaftliches Geschwätz« zugestanden wird.
    Drucker dehnt seine Sätze im Vierertakt: »Jedes Produkt, jeder
Prozeß, jede Technologie, jeder Markt wird irgendwann alt.« Und
im Dreiertakt: »Das Topmanagement muß ihnen bekannt sein, von
ihnen respektiert werden und von ihnen akzeptiert werden.« Dieses enorme Selbstbewußtsein treibt manchmal sogar epigrammati-
sche Blüten: »Es liegt in der Natur des Wissens, daß es sich schnell
verändert und daß die Gewißheiten von heute immer zu den

Absurditäten von morgen werden«; »Gemeinnützige Organisationen geben viel weniger für Ergebnisse aus als Regierungen für Mißerfolge«; und »Mindestens einmal alle fünf Jahre sollte jede Form auf ihre Tauglichkeit hin überprüft werden«. Er kann einen sardonischen Ton anschlagen: »Das einzige Profit-Center ist ein Kunde, dessen Scheck nicht geplatzt ist.« Einen ironischen Ton: »Soziologie ist wie Akne. Die Zivilisation stirbt nicht an der Krankheit, aber es juckt«; und »Schon aus ästhetischen Gründen kann ich mich nicht besonders für den Ausdruck ›Bottom-Up-Management‹ erwärmen.« Und sogar einen poetischen Ton: Die Welt seiner Großmutter »roch nach Kanalisation und ertrank in ihrem eigenen Klatsch«; und Innovation »erfaßt sozusagen den Blitz individueller Einsicht, der über den Horizont fährt, und verwandelt ihn in permanentes Licht.«

Was kann Prosa dieser Qualität seinen Büchern hinzufügen? Drucker sagt es uns selbst in *The Practice of Management*: »Der Manager muß die Bedeutung der alten Definition verstehen, die die Rhetorik als die Kunst bezeichnet, ›die die Herzen der Menschen zur Liebe der wahren Erkenntnis hinzieht‹.« Mit einem Wort: Peter Druckers Kunst des Belehrens durch Vergnügen.[7]

Aber selbst Homer ist manchmal eingenickt. Der Kulturhistoriker Alan M. Kantrow bemerkte 1980 in einem scharfsinnigen Aufsatz über Druckers Werk in der *Harvard Business Review*, daß sich Druckers Stärke gelegentlich zu einer Schwäche verkehrt. Druckers Neigung zum lebhaften Ausdruck – zum Beispiel der Vergleich der Wall-Street-Händler der achtziger Jahre mit »Balkanbauern, die einander die Schafe stehlen« – kann seiner erklärten Absicht entgegenstehen, seinen Lesern nicht nur zu klarem Denken, sondern zu neuen *Einsichten* zu verhelfen. »Natürlich«, schreibt Kantrow, »ist es rhetorisch eindrucksvoll, festzustellen, daß ›Verkaufsausbildung meistens völlig zwecklos ist. Bestenfalls macht sie aus einem Trottel einen inkompetenten Verkäufer.‹ Aber andererseits leistet er damit jenen Vorschub, die über dieses immer wiederkehrende heikle Problem unbekümmert hinweggehen« – abgesehen von der völlig überflüssigen Beleidigung der Verkäufer. Der mitfühlende Sozialökologe zieht manchmal den kürzeren gegen den Autor mit der scharfen Zunge.[8]

Mit zunehmendem Alter ihres Verfassers gewinnen Druckers Sätze eine knappe Bestimmtheit: Wissen »... ist an kein Land gebunden. Es ist transnational. Es ist tragbar. Es kann überall geschaffen werden, schnell und billig. Und es verändert sich per definitionem.« Auch die Anordnung seiner Absätze ist nachahmenswert. Der erste Absatz formuliert eine unbelastete Verallgemeinerung. Der zweite Absatz entkräftet Einwände gegen den ersten und präsentiert Einschränkungen und Ausnahmen. Entsprechend abgemildert nimmt der dritte Absatz die allgemeine Aussage aus dem ersten wieder auf, aber erst nachdem die Skepsis des Lesers im zweiten Absatz widerlegt worden ist. Das Schema lautet also ABA. Bei einer AAB-Anordnung käme der skeptische Teil zuletzt und würde die positiven Teile A und A weitgehend aufheben. Das bei Akademikern beliebte BAA-Schema verrät mangelndes Selbstvertrauen. Der Autor will seinem Leser den Eindruck vermitteln, daß er an jeden möglichen Einwand gegen die Argumentation gedacht hat, die vorzubringen dieser noch nicht einmal den Mut aufgebracht hat.[9]

Druckers Gewohnheit der Verallgemeinerung führt uns zu einem weiteren Charakteristikum seiner Schreibweise: der Hang zu dem, was die von ihm verehrte Jane Austen als »das *Nie* der Konversation« bezeichnet hat. Beispiele:

»Kein totalitäres Regime könnte *irgend etwas* gegen den Willen der Massen ausrichten.« Es wäre sicherlich sachlicher, »*irgend etwas*« durch »*viel*« zu ersetzen.[10]

»Bei *jedem* Unternehmenszusammenbruch der letzten Jahrzehnte erkannte der Vorstand als letzter, daß etwas schiefging.« Ein »fast« vor »jedem« würde die Glaubwürdigkeit des Satzes retten.[11]

»Kein einziger«, »niemand«, »jede Stadtverwaltung« – wer ein Buch von Drucker aufschlägt, muß auf Übertreibungen gefaßt sein.[12]

Ein weiteres Stilmittel ist die willkürliche Präzision schemati-
scher Aufstellungen, die fast ein wenig nach kommunistischer
Agitprop aus China klingen:

Die zehn Regeln effektiver Forschung
Die fünf unfehlbaren Tests der Unternehmensleistung
Die fünf tödlichen Geschäftssünden
Die drei populären Erklärungen
Die zwei Kerne der Einheit
Die fünf Regeln erfolgreicher Akquisitionen

> Die vier verschiedenen menschlichen Typen, die für die Aufga-
> ben des Topmanagements benötigt werden:
>
> > der »Gedankenmensch«,
> > der »Tatmensch«,
> > der »Kontaktmensch«,
> > der »Frontmensch«.
>
> »Aber diese vier Temperamente sind fast nie in einer Person ver-
> eint ... Die Ein-Mann-Unternehmensführung ist einer der
> Hauptgründe für das fehlende Wachstum von Unternehmen.«
> – *Neue Management-Praxis*

Eines von Druckers Büchern enthält: fünf eigene Organisations-
strukturen, fünf Designprinzipien, drei Arten von Arbeit, vier
Grundmerkmale, vier Fragen, drei Formen und drei verschiedene
Aufgaben. Sein Vertrauen in schematische Aufstellungen reicht
sogar bis über die Grenzen menschlicher Geschichtsschreibung
hinaus: »Die urzeitliche Jagdgruppe bestand aus sieben bis fünfzehn Mitgliedern.«[13]
Einige Beispiele für seine medizinischen Metaphern:
»Ökonomische Befriedigung läßt sich mit Vitaminen vergleichen: Ihr Fehlen führt zu äußerst bedrohlichen Mangelkrankhei-

ten, aber trotzdem kann sie allein keine Kalorien bereitstellen.«
(Eines von Druckers Hauptthemen übrigens.)

»Keynesianische Medizinmänner, die die Rezepte ihres Meisters geerbt haben, aber nicht über sein diagnostisches Geschick verfügen, sind eine echte Gefahr.«

»Um die Metapher zu variieren: Die Masse moderner Politik gleicht einem massiven Krebs, der den menschlichen Körper überwältigt, obwohl er nur ein Pfund wiegt.« Was für eine *Variante*!

Die Gewerkschaft »... ist eine Antiorganisation, ein Antikörper gegen soziale Gifte«. So lautet der Anfang eines Absatzes, der so endet: Die Gewerkschaftsbewegung »... ist eine Stütze für einen gesellschaftlichen Körper, der unter Rückgratsverkrümmung leidet«. In einem Absatz verwandeln sich die Gewerkschaften vom Antikörper zur Stütze. Kleinere Absurditäten können Dr. Drucker nicht von seinen Pointen abhalten.[14]

Das Buch mit den numerischen Aufstellungen liest sich an anderen Stellen wie eine medizinische Zeitschrift. Gruppenleiter sind die »Bänder und Sehnen einer Organisation«; konkrete Probleme sind »die degenerativen Krankheiten ... der Gesellschaft«; IBM machte »die soziale Krankheit der Depression zu einer Chance«; der Manager an der Basis ist »das Gen des Unternehmens, das auf alle höheren Organe verweist«; der effektive Manager macht keine halben Sachen, im Gegensatz zum Chirurgen, »der nur die Hälfte der Mandeln oder den halben Blinddarm herausnimmt«.[15]

Diese Ausflüge in die Medizin geben dem Leser ein Gefühl der Vorfreude. Immerzu hofft man auf seltene Gebrechen oder physiologisch ausgefallene Kombinationen. Zum Beispiel bei einer nichtmedizinischen Ausgangslage wie dieser:

»Sowohl klassische als auch moderne Ökonomen stimmen darin überein, daß ein adäquates monetäres System vonnöten ist, um zu verhindern, daß wirtschaftliche Schwankungen in ernste Krisen umschlagen.«

Man kann sich darauf verlassen, daß die medizinische Wissenschaft Drucker nicht im Stich lassen wird: *»Andernfalls führt* *die geringste wirtschaftliche Störung, ein kleiner Kratzer sozusagen oder eine laufende Nase, zum weltweiten Wirtschaftszusammenbruch, zur weltweiten ökonomischen Sepsis oder gallopierenden Schwindsucht.«*[16]

Eine Besonderheit von Druckers Büchern sollte nicht unerwähnt bleiben, allein schon weil sich manche Rezensenten darüber beklagen: ihr Mangel an Fußnoten. Drucker, der einem Interviewer einmal gesagt hat, daß eine Seifenblase nach genau 25 Sekunden zerplatzt, ist ein Meister intellektueller Improvisation. Am Rande eines Vortrags von Drucker, in dem er statistische Zahlen zur Verpackung zitiert hatte, interviewte John Tarrant einen Mann aus der Verpackungsindustrie. »Diese Zahlen liegen total daneben«, teilte der Mann Tarrant mit. Er fügte hinzu, daß Drucker in einem seiner Bücher auch über sein Unternehmen geschrieben hatte. »Es war sehr interessant, aber was nach seiner Version passiert ist, ist genau das Gegenteil von dem, was wirklich passiert ist.« Beim Umblättern seiner vielen Seiten ohne Quellenangaben kann sich der Leser nur kopfschüttelnd fragen: »Woher weiß er das alles?« In ganz seltenen Fällen gibt er mit einer Fußnote, die jede Skepsis verstummen läßt, die passende Antwort. So stoßen wir in *Die postkapitalistische Gesellschaft* (*Post-Capitalist Society*, 1993) auf folgenden Satz: »Aber allmählich erscheinen die ersten Untersuchungen zum ökonomischen Verhalten des Wissens.«[17] Die ausführliche Fußnote zu diesem Satz lautet folgendermaßen:

Beispiele sind die Arbeiten von Paul Romer von der University of California, Berkeley, wie etwa seine zwei Artikel »Endogenous Technical Change« in *Journal of Political Economy* (1990) und »Are Nonconvexities Important for Understanding Growth?« in *American Economic Review* (1990), die Arbeiten von Maurice Scott aus Oxford, vor allem sein Buch *A New View of Economic Growth* (Oxford 1989) und der Artikel des Mathematikers und Computerwissenschaftlers Jacob J. Schwartz von der New York University, »America's Technological Agenda for the 1990's« in *Daedalus*, der

Zeitschrift der American Academy of Arts and Sciences (Winter 1992) – eine strenge, aber jargonfreie Darstellung der Ökonomie wissensgestützter Innovation.

Diese Gründlichkeit und Belesenheit in entlegensten Bereichen würde man vielleicht von einem jungen außerordentlichen Professor erwarten. Daß sich Drucker über die neuesten Untersuchungen der Wirtschaftswissenschaften auf dem laufenden hält, ist irgendwie bewegend. Es bekundet einen zähen Willen, zu lernen und zu wachsen und nicht aufzugeben.

Wie bereits geschildert, hat Drucker 1929 nach seinem zur Unzeit angestimmten Lobgesang auf die New Yorker Börse allen Vorhersagen abgeschworen. Aber manchmal vergißt er diesen Schwur. Auch wenn der Inhalt seiner Bücher weit entfernt ist von Futurologie, legen die Titel doch etwas ganz anderes nahe: *The Future of Industrial Man*; *Landmarks of Tomorrow*; *America's Next Twenty Years*; *Die Chance des Unternehmers*; und *Die Zukunft managen* (*Managing for the Future*).

Die Realität hat vielen seiner prophetischen Einsichten und Wortschöpfungen Recht gegeben. In den Anfang der neunziger Jahre geschriebenen Vorworten für die Neuauflagen seiner Bücher über die Gesellschaft aus den dreißiger bis sechziger Jahren legt Drucker jede falsche Bescheidenheit ab. Er war der erste, so teilt er uns mit, der die Begriffe »Privatisierung« und »Wissensgesellschaft« verwendet hat; »einer der ersten«, Anfang der fünfziger Jahre, der über die gesellschaftlichen Auswirkungen des Computers nachdachte; »der erste Beobachter – im Jahre 1961«, der den Aufstieg der japanischen Wirtschaft erkannte; »der erste, der über das japanische Management schrieb, der »erste, der den Begriff ›postmodern‹ verwendet hat« (1959); der erste, der über Geschäftsstrategie geschrieben hat; der erste, der von »der Gesellschaft der Organisationen« gesprochen hat; und der erste, der das Management als zentrales Organ dieser Gesellschaft gesehen hat.[18]

Aber in erster Linie ist Drucker kein Seher, sondern ein Moralist. Das Bemerkenswerte an ihm ist seine soziale Vorstellungskraft. Seine Gabe liegt nicht darin, das Mögliche zu erahnen, sondern das Existierende zu erklären.

Druckers Bücher entfalten keine Argumente, Dogmen, Thesen, keine umspannende Melodie, nach der die Kapitel tanzen. Sie untersuchen breit angelegte Themen in Kapiteln, die oft keine logisch notwendige Verknüpfung untereinander besitzen. Deshalb lesen sich auch diejenigen seiner Bücher wie Aufsatzsammlungen, die nicht ausdrücklich als solche ausgewiesen sind.

Drucker versucht, kausale Ketten mit ihrem Zwang zur scheinbaren Unvermeidlichkeit und zum Denkverzicht hinter sich zu lassen. Das integrierende Konzept der Kausalität, so schreibt er in *Landmarks of Tomorrow*, weicht in der Postmoderne dem Begriff der Konfiguration. Von »Gestalt« bis »Kultur«, von »Ökologie« bis »Syndrom« etabliert und sucht die Wissenschaft Muster, Formen, Konfigurationen – »Konzepte des Ganzen«. Er schreibt: »Wir benötigen eine Fachdisziplin, die Ereignisse und Phänomene im Sinne ihrer Entwicklung und ihres zukünftigen Zustands erklärt, und nicht im Sinne ihrer Ursachen – eine Potentialrechnung sozusagen statt einer Wahrscheinlichkeitsrechnung.« Diese Fachdisziplin haben wir noch nicht gefunden. Schon seit vierzig Jahren wartet Drucker darauf, daß wir ihn einholen. Er sieht Teile nicht als Dinge, die eins ums andere ein Ganzes ergeben, sondern als Dinge, die »in der Betrachtung des Ganzen« existieren. Dieser wunderbare, wenngleich verwirrende Ausdruck bedeutet wohl: Sucht nach dem Muster im Teppich; analysiert nicht seine chemische Zusammensetzung.

Drucker möchte, daß die Leser mit einem »Natürlich!« auf die Mischung aus Neuem und Vertrautem in seinen Büchern reagieren. Diese Reaktion versteht er als Bestätigung seiner Art von Gesellschaftsanalyse, die sich auf dem schmalen Grat zwischen dem Bekannten und dem Unbekannten bewegt. »Wenn die Analyse zu einem Ergebnis kommt, das die Leute bereits kennen, dann handelt es sich wahrscheinlich um einen Bericht über die Vergangenheit. Wenn sie auf etwas stößt, was die Leute nicht wiedererkennen und wahrnehmen, dann ist sie wahrscheinlich in die Zukunft gerichtet, und das ist eigentlich nur ein Euphemismus für Märchen und Wunschdenken.« Max Weber und Thorstein Veblen, »um zwei der sakrosankten Namen zu nennen«, hatten diese »Qualität des Brandneuen und zugleich Natürlichen« – ein deutlicher Hinweis auf die Gesellschaft, in der sich Drucker auf dem Olymp bewegen will.[19]

In seinem Aufsatz in der *Harvard Business Review* schreibt Alan Kantrow: »Druckers eigentlicher Beitrag zum Managementwissen liegt weniger in der Nützlichkeit seiner Ideen als in der rigorosen geistigen Aktivität, mit der sie formuliert werden.« Druckers nach Mustern suchendes Denken bezieht seine Inspirationen aus Geschichte, Philosophie, Moralpsychologie, Soziologie, Politik, Wissenschaft, Literatur – und natürlich Medizin. Dadurch wird es zum Modell für die Erkennung »von bedeutsamen Konstellationen in einem ansonsten chaotischen Strom von Informationen«. Seine Bücher »entfalten ein Schauspiel variierender Perspektiven«. Und dieses Schauspiel beruht auf der Offenheit und dem Variantenreichtum »schreibenden Denkens«. Er behauptet, »nie etwas aus einem Buch gelernt« zu haben – das »Nie der Konversation« von Jane Austen. Er muß schreiben (oder unterrichten), um herauszufinden, was er denkt. Daher besitzen seine Bücher die Spontaneität von Aufführungen.[20]

Und diese Aufführungen tendieren zur Hoffnung. Drucker hat einen großen Teil seines Lebens mit dem Studium des einzigen Teils der amerikanischen Gesellschaft zugebracht, der funktionieren muß: Wirtschaftsunternehmen und Dienstleistungsorganisationen. Deshalb ist ihm jeder schwermütige Pessimismus fern. Schonungslos, skeptisch gegenüber Patentlösungen, immun gegenuber Moden, weiß er, daß man anstehende Probleme bewältigen kann. Dabei vertraut er auf die Innovationen, die im Laufe der Geschichte als neue gesellschaftliche Energien im Geschäftsleben und im gemeinnützigen Bereich immer wieder eingetreten sind und immer wieder eintreten werden.

»Im 20. Jahrhundert drückt sich das Schicksal des Menschen in politischen Begriffen aus«, schrieb Thomas Mann angesichts der schlimmsten Entwicklungen des Jahrhunderts. Drucker meint zwar, »man soll nie ›nie‹ zur Zukunft sagen«, aber es scheint so, als würde Thomas Manns Aussage für das 21. Jahrhundert nicht mehr zutreffen – zumindest für den postrevolutionären, postsozialistischen und sogar postpolitischen Westen. Dies zeigen auch die Meinungsumfragen des Instituts Robert Teeter zur Innenpolitik der USA. »Jeder Mensch«, sagte Teeter jüngst zur *New York Times*, »kann nur eine bestimmte Menge an Aufmerksamkeit aufbringen, und für Politik und Regierung bleibt heute nur noch ein Bruchteil der Aufmerksamkeit übrig, die sie vor fünfundzwanzig Jahren auf sich zogen. Die sinkenden Sendezeiten im Fernsehen und die sinkende Wahlbeteiligung sind ein deutlicher Beleg dafür. Was die Menschen heute bewegt, sind Wirtschaft und Wirtschaftsnachrichten.« Diese Politikverdrossenheit äußert sich am deutlichsten bei den Jüngeren. Eine Befragung von 333 000 College-Anfängern ergab 1994 ein geringeres Interesse und geringere Beteiligung an der Politik als die Umfragen der neunundzwanzig vorausgehenden Jahre. Natürlich läßt sich eine Reformbewegung zur Überwindung der Mißstände in Washington nicht ausschließen – auch die Ära der Progressives und des New Deal folgten auf eine Zeit der Korruption und der Privatinteressen. Aber zum jetzigen Zeitpunkt kann man wohl kaum davon sprechen, daß das Schicksal der Menschen von der Politik bestimmt wird.

Viel wahrscheinlicher ist es, daß ihr Schicksal von ökonomischen Kräften gestaltet wird – vom Glücksspiel des Weltmarktes für Güter, Dienstleistungen und Arbeitsplätze, von den Gezeiten der Geldströme, die durch die Finanzmärkte der Welt fließen, vom technologischen Fortschritt und ganz allgemein vom rasanten Tempo des Wandels im Informationszeitalter. Druckers Bücher sind Navigationshilfen für eine neue Wirtschaft.

So als wolle er damit stillschweigend die programmatische Hoffnungslosigkeit der modernen von Einzelinteressen und Geld dominierten Politik bestätigen, stellt Drucker in seinen jüngsten

Büchern weder Politik noch Verwaltung als wahrscheinliche Träger der Erneuerung dar. Drucker ist kein Befürworter eines Laisser-faire, aber er nimmt im Einklang mit der Stimmung in der Öffentlichkeit eine postpolitische Haltung ein. Die wirklich wichtigen Dinge geschehen unterhalb der politischen Ebene. Wenn er zurückblickt auf das Jahrhundert, das neun Jahre älter ist als er, sind es nicht die politischen Revolutionen und Konvulsionen, die ihm herausragend erscheinen.

> Wir haben in jedes Jahrzehnt soviel »Geschichte« gepackt, wie man es normalerweise in einem Jahrhundert findet; und nur wenig davon war »günstig«. Aber irgendwie hat sich der größte Teil der Welt, und vor allem die entwickelte Welt, nicht nur immer wieder von den Katastrophen erholt, sondern sich – wirtschaftlich, gesellschaftlich, sogar politisch – neu orientiert und neuen Elan gefunden. Der Hauptgrund dafür war, daß die gewöhnlichen Durchschnittsmenschen, die für die alltäglichen Dinge in Unternehmen und Institutionen zuständig sind, Verantwortung übernommen und weiter an der Welt von morgen gebaut haben, während alles um sie herum zusammmbrach.[21]

Dies ist das Gesicht, das das 20. Jahrhundert dem 21. Jahrhundert zuwendet. Peter Druckers Werk wird Bestand haben, weil es auch der kommenden Welt etwas zu sagen hat.

3
AUF DER SUCHE NACH DER NEUEN GESELLSCHAFT

Druckers erste Jahre in Amerika gaben den entscheidenden Anstoß für die Orientierung seiner Karriere und für die Konturen seines Denkens. Zwischen 1937 und 1950 veröffentlichte Drucker vier bedeutende Bücher: 1939 *The End of Economic Man*, 1942 *The Future of Industrial Man*, 1945 *The Concept of the Corporation* und 1950 *The New Society*. Er begann als Politologe und endete als Peter Drucker. In diesen Jahren entdeckte er die »Gesellschaft der Organisationen«. Er wurde zum Unternehmensberater. General Motors bat ihn, das Management des Unternehmens aus interner Sicht sorgfältig unter die Lupe zu nehmen. Henry Luce machte ihn zum Chefredakteur von *Fortune*. Er und Doris gründeten eine Familie. Seine lebenslange Berufung zum Lehren zeigte sich. Man bot ihm Fakultätspositionen in Harvard und Columbia an und zog ihn für das Dekansamt an der Emory University in Atlanta in die engere Wahl. (Er lehnte ab, weil im Süden noch Rassentrennung praktiziert wurde.) Glücklich und zunehmend erfolgreich, hochangesehen als Autor, umworben von Unternehmen, Universitäten und Verwaltungen sah sich Peter Drucker am Ende dieser Jahre dennoch gescheitert. Sein Aufruf an Unternehmen und Gewerkschaften zum Aufbau einer *Industriegesellschaft* stieß auf taube Ohren. Doch in Japan wurde seine in Amerika ignorierte Vision mit offenen Armen aufgenommen. Er wurde zu einem der hochgeschätzten Lehrmeister für die Nachkriegsentwicklung in Japan. Jahre später übernahmen dann japanische Unternehmen, die im großen und ganzen nach Druckers Vorgaben strukturiert waren, die amerikanischen Firmen, die ihn ignoriert hatten.[1]

Doch bevor er die neue Welt entdecken konnte, mußte er mit der alten abschließen. Das noch in Europa skizzierte, aber erst in den USA fertiggestellte Buch *The End of Economic Man* ist eine protoexistentialistische Untersuchung zu den geistigen und gesellschaftlichen Ursprüngen des Faschismus. Genauer gesagt zeichnet es eine Krise des Glaubens an den Kapitalismus (und Sozialismus) nach, deren Ursachen auch heute noch nicht behoben sind. Drucker geht nicht auf die spezifisch deutschen oder italienischen Wurzeln des Faschismus ein, sondern betont Ursachen, die in unserer Zivilisation begründet sind.

»Dies ist ein politisches Buch«, beginnt Drucker. »Es verfolgt ein politisches Ziel: Es will den Willen stärken, die Freiheit gegen die Bedrohung ihrer Aufgabe zugunsten des Totalitarismus zu bewahren.« Winston Churchill schrieb im Frühjahr 1939 eine lobende Besprechung des Buches – die erste überhaupt – und ordnete 1940 nach seiner Ernennung zum Premierminister an, es in die »Buchausrüstung« aufzunehmen, die jeder Abgänger der British Officers' Candidate School erhielt. »Passenderweise«, merkt Drucker trocken an, »wurde das Buch von einem humorvollen Menschen im War Department mit Lewis Carrolls *Alice im Wunderland* zusammengepackt.«[2]

Drucker beginnt mit unverhohlener Kritik an konventionellen Erklärungen des Faschismus: Faschismus sei ein Rückfall in die Barbarei; ein kapitalistischer Trick zur Vernichtung des Sozialismus; oder das Ergebnis von Propaganda, die »die Leichtgläubigkeit und die niederen Instinkte der Massen« ausnutzt. Das Propagandaargument hält Drucker für »die dümmste Erklärung«, denn »alle Mittel der Propaganda waren in den Händen der kompromißlosen Gegner des Faschismus, als dieser seinen unaufhaltsamen Aufstieg erlebte«. Zum kapitalistischen Trick meint er: »Es ist einfach lächerlich zu behaupten, daß die Kapitalisten im präfaschistischen Italien und Deutschland Grund zur Angst vor einem Sieg der Arbeiterklassen hatten.« Rückfall in die Barbarei? Ein Symptom des Faschismus, nicht seine Ursache. Mit unerschütterlicher Sicherheit enthüllt

Drucker die wahre Antwort: »Faschismus ist die Folge des Zusam-
menbruchs der geistigen und sozialen Ordnung in Europa.« »Die
Verzweiflung der Massen ist der Schlüssel zum Verständnis des
Faschismus«, betont er. »Keine ›Revolte des Pöbels‹, kein ›Triumph
skrupelloser Propaganda‹, sondern die schiere Verzweiflung über den
Zusammenbruch der alten und das Fehlen einer neuen Ordnung.«[3]

Die alte Ordnung, die zusammengebrochen ist, war die Herrschaft des *Ökonomischen Menschen* – die Personifizierung einer auf
der Grundlage des Marktes organisierten merkantilen Gesellschaft.
Diese wichtigste »soziale Institution des 19. Jahrhunderts« ist eine
Wirtschaft von Marktstädten, die zum Beispiel den Hintergrund
der Wessex-Romane von Thomas Hardy bildet. Das Ziel dieser Ge-
sellschaft war »die Durchsetzung von Freiheit und Gerechtigkeit
durch wirtschaftliche Entwicklung«, wie es Drucker an anderer
Stelle formuliert. Aber die wirtschaftliche Freiheit unter Marktver-
hältnissen führte nicht zu sozialer Gerechtigkeit und Gleichheit.
Ganz im Gegenteil. Somit hat die Tatsache, daß die wirtschaftliche
Freiheit nicht zur Gleichheit geführt hat, »den Glauben an den
Kapitalismus als soziales System zerstört«. Und an den kulturellen
Eckpfeilern Freiheit und Gleichheit ist nicht zu rütteln. »Mit dem
Christentum wurden Freiheit und Gleichheit die Grundkonzepte
Europas; sie *sind* Europa.« Im Zeitalter des *Ökonomischen Menschen*
gab es immer weniger Gleichheit, je mehr Freiheit es gab. Dieser
Bruch zwischen gesellschaftlicher Verheißung und Realität be-
schwor die Krise der alten Ordnung herauf.[4]

War der Kapitalismus nicht mehr glaubwürdig, so war der Sozialismus ideologisch bankrott. Das sozialistische Arkadien einer universellen Brüderlichkeit endete am gleichen Augusttag des Jahres
1914, an dem der junge Peter Drucker die europäische Geschichte
belauschte. »An diesem Tag erwies es sich, daß die Solidarität der
Interessen und Überzeugungen zwischen der Gewerkschaftsbewegung und der kapitalistischen Gesellschaft jedes einzelnen Landes
stärker ist als die internationale Solidarität der Arbeiterklasse …
Die proletarischen Massen, die große mächtige Kraft des Friedens
und der Brüderlichkeit, ließ sich wie Zunder vom patriotischen

Die nichtökonomische Gesellschaft des Faschismus

»Da die Massen den Glauben an den wirtschaftlichen Fortschritt verloren hatten, wären sie nicht bereit gewesen, die nötigen Opfer im Konsum zugunsten ökonomisch produktiver Investitionen zu bringen. Sie hätten sich nicht dazu überreden oder zwingen lassen, auf gegenwärtige Befriedigungen zu verzichten, um in ferner Zukunft größere *wirtschaftliche* Befriedigungen zu erhalten. Die Opfer mußten ihnen im Namen eines nichtökonomischen Zieles auferlegt werden. Die faschistische Gesellschaft muß nichtökonomisch sein, sie muß das Ziel militärischer Autarkie durch eine *Wehrwirtschaft* verfolgen.«

– *The End of Economic Man*

Feuersturm entfachen.« Nachdem sein Traum einer klassenlosen und staatenlosen Welt in Flammen aufgegangen war, stellte der Sozialismus kein alternatives Wirtschaftssystem mehr dar, sondern »nur noch einen Gegensatz innerhalb des Kapitalismus«.[5]

Über den Kapitalismus

»Der Kapitalismus ist eine Gesellschaftsordnung und als Credo Ausdruck des Glaubens an einen ökonomischen Fortschritt, der zur Freiheit und Gleichheit der Individuen in einer freien und gleichen Gesellschaft führt. Der Marxismus erwartet, daß diese Gesellschaft aus der Abschaffung des privaten Gewinns hervorgeht. Der Kapitalismus erwartet, daß die freie und gleiche Gesellschaft aus der Einsetzung des privaten Gewinns zum höchsten Herrscher über das Verhalten der Gesellschaft hervorgeht ...

Es gibt eine durchgängige Kette des Widerstands gegen die Einführung wirtschaftlicher Freiheit und die kapitalistische Autonomie innerhalb der wirtschaftlichen Sphäre ... In allen Fällen konnte der Widerstand – friedlich oder durch Zwang – nur mit dem Versprechen des Kapitalismus überwunden werden, Gleichheit durchzusetzen ... Daß sich dieses Versprechen als Illusion erwiesen hat, wissen wir alle.«

– *The End of Economic Man*

Der Erste Weltkrieg und die große Depression machten diese allumfassende Krise für Millionen zu einer fühlbaren Realität. »Diese Katastrophen durchbrachen die Alltagsroutine, die Voraussetzung dafür ist, daß die Menschen existierende Formen, Institutionen und Glaubenssätze als unveränderliche Naturgesetze akzeptieren. Mit einem Schlag enthüllten sie die Leere hinter der Fassade der Gesellschaft.« Der Faschismus füllte diese Leere mit Magie. Ihres Glaubens an die Gerechtigkeit und Vernünftigkeit der Gesellschaftsordnung beraubt, müssen die Massen

> … auf ein Wunder hoffen. In ihrer tiefen Verzweiflung können sie nicht mehr an die Vernunft glauben, die Wahrheit muß falsch sein, und Lügen müssen die Wahrheit sein. »Höhere Brotpreise«, »niedrigere Brotpreise«, »unveränderte Brotpreise« sind allesamt gescheitert. Die einzige Hoffnung ruht auf einem Brotpreis, der nichts von alledem ist, den noch kein Mensch gesehen hat und der die eigene Vernunft Lügen straft.

Das längste Kapitel von *The End of Economic Man* führt ein Thema ein, auf das Drucker in all seinen folgenden Bücher immer wieder zurückkommen wird: der Versuch des Faschismus, eine »nichtökonomische Gesellschaft« zu schaffen. Er spricht vom »sozialen Wunder des Faschismus«.

Der Faschismus benötigte ein Wunder, um sein wirtschaftliches Versagen zu verschleiern. In einer Reihe von Artikeln für das Handelsblatt *The Banker*, die später in Buchform unter dem Pseudonym »Germanicus« und mit dem Titel *Germany – The Last Four Years* erschienen, legte Drucker eine kompetente Analyse der staatlich kontrollierten deutschen Wirtschaft vor. Zur Finanzierung des »gigantischsten Rüstungsprogramms aller Zeiten« war die Wirtschaft zugrunde gerichtet worden. Die sechs Ebenen starke Nazibürokratie gab pro Woche 700 bis 1000 Weisungen an die Wirtschaft heraus und schrieb für den Abschluß von Außenhandelsverträgen das Ausfüllen von bis zu 600 Formularen vor. Die Naziplaner schwächten die deutsche Landwirtschaft so sehr, daß schon im Januar 1937 eine Rationierung eingeführt werden mußte. Angesichts der sinkenden täglichen Kalorienaufnahme und einer Arbeitslosenrate, die nur durch die »Wehrwirtschaft«

keine katastrophalen Ausmaße annahm, ersannen die Nazis ein System nichtökonomischer Befriedigungen und Anreize. Zum Beispiel wurden die unteren Schichten mit »nichtökonomischem Beiwerk wirtschaftlicher Privilegien« versorgt, wie etwa Theaterkarten, Ausflüge, Kuraufenthalte. Während seines Arbeitstags war Hans vielleicht ein bescheidener Hausmeister, aber nach der Arbeit war er eine Größe in der Nazipartei. »Der Sohn des ›Chefs‹ oder der Chef selbst wird absichtlich einem der ungelernten Arbeiter unterstellt, der schon länger bei der Partei ist.« Nichtökonomische Motive und Befriedigungen sollten in Druckers späterem Werk zu einem wichtigen Thema werden. So seltsam es klingen mag, aber er hat die sozialen Anreize des Faschismus im Hinterkopf, wenn er die amerikanische Gesellschaft beurteilt.[6]

Trotz seiner reichen Einsichten braucht man doch eine hohe Toleranz für den blutleeren Tanz von Abstraktionen, um *The End of Economic Man* uneingeschränkt zu bewundern. Es ist typisch für Drucker, einen Gegenstand ohne empirisch wahrnehmbare Existenz mit einem Namen zu versehen: Spiritueller Mensch, Intellektueller Mensch, Ökonomischer Mensch, Heroischer Mensch, Freier und Gleicher Mensch. Dann behandelt er diese lexikalischen Triumphe mit all der Höflichkeit, die realen Dingen zukommen. *The End of Economic Man* ist brillant, originell und unerschrocken, aber es ist dennoch das Buch eines jungen Mannes, der seiner eigenen Beobachtungsgabe noch nicht vertraut. Statt Realitäten zu interpretieren, setzt er sie. Erst Amerika wird die Stärke seines Geistes zum Vorschein bringen – pragmatische, aber dennoch wertorientierte Intelligenz.

Mit William James stellt der späte Drucker die Frage nach dem »Barwert« einer Idee: Zu welchen Ergebnissen führt sie? Verächtlich äußert er sich in seinen Büchern über die gefälligen Schöntuer, die nur mit dem Mund stark sind. Die Leistung ist die einzige echte Nagelprobe. Sein Pragmatismus äußert sich immer weniger als Lehre, sondern als Temperament. Instinktiv wendet er sich gegen feststehende Weltanschauungen, philosophische Systeme, politische Ideologien, Visionen der Vollkommenheit und utopische Pläne »zur Errettung der Gesellschaft«. Mit zunehmendem Alter

werden seine Anschauungen bunter. Er kommt besser zurecht mit
einer von Ideen unerlösten Welt, mit den gemischten Urteilen der
Erfahrung, mit Mehrdeutigkeit und »machbarer Unvollkommen-
heit«. Im Hinblick auf die Parteipolitik bezeichnet sich Drucker als
»Mugwump«, der seine Stimme »mindestens einmal – und oft
sogar in vier verschiedene Richtungen« splittet. »Wie [Walter]
Bagehot«, so schreibt er über einen Geistesverwandten, »betrachte
ich die Spannung zwischen der notwendigen Kontinuität (Bagehot
nennt das ›den Gewohnheitskuchen‹) und der notwendigen Innovation und Veränderung als zentral für die Gesellschaft und die
Zivilisation.« Das macht ihn zum Mann der politischen Mitte.
»Deshalb verstehe ich Bagehots Äußerung, er sehe sich als liberalen Konservativen und manchmal als konservativen Liberalen,
aber nie als ›konservativen Konservativen‹ oder als ›liberalen Liberalen‹.« Drucker, der nie auch nur einen Augenblick an den Marxismus geglaubt hat und den russischen Kommunismus für moralisch ununterscheidbar vom Faschismus hält (wie es George
Orwell in einem Essay formuliert hat), muß seine Verbundenheit
mit dem demokratischen Kapitalismus nicht unter Beweis stellen.
Er ist allerdings nicht aus Neigung zu einer säkularen Theologie
dafür, wie viele Konservative von heute, sondern weil der Kapitalismus trotz aller sozialen Ungerechtigkeiten und Verheerungen
der Umwelt funktioniert. Und dies gilt innerhalb vorgegebener
Grenzen auch für die Regierung. »Wie sehr man sich dem System
freier Wirtschaft auch verpflichtet fühlt (und ich fühle mich ihm
für mein ganzes Leben verpflichtet)«, schrieb er 1957, »man muß
die Unerläßlichkeit einer positiven Regierung akzeptieren; man
sollte staatliches Handeln in beträchtlichem Umfang nicht als not-
wendiges, sondern als wünschenswertes Übel betrachten.« Den
gleichen Grundgedanken brachte er 1994 in einem Aufsatz für den
Atlantic Monthly zum Ausdruck. Dabei verdient weniger Druckers
Stimmigkeit Bewunderung als die Stetigkeit, mit der er für diese
Anschauung eintritt. Wenn John Kenneth Galbraith staatliches
Handeln für wünschenswert erklärt, dann ist das etwas ganz anderes als bei Peter Drucker, dessen Stammleser Unternehmensmana-

ger sind. Zu allen Zeiten die Wahrheit zu sagen, wie man sie sieht, das ist intellektuelle Integrität, und vom ersten bis zum letzten Wort bezeugt Peter Druckers Werk diese seltene Eigenschaft.[7]

Seine erste Stelle in den USA bekam Drucker als Teilzeitprofessor für Ökonomie am Sarah Lawrence College in Bronxville, New York, wo die Druckers ihr erstes Zuhause in Amerika fanden. Aber heimisch wurden sie dort nicht. Die Sarah-Lawrence-Fakultät war voll von Gesinnungsgenossen der Sowjetunion, wie Drucker zu seinem Leidwesen feststellen mußte. »Ich war damals (Frühjahr '41) das einzige Mitglied der Fakultät, das sich weigerte, ein kommunistisches Pamphlet zu unterzeichnen, das auf gemeine und verleumderische Weise den liberalen Präsidenten des Brooklyn College, Harry Gideonse, attackierte«, schreibt Drucker in »Political Correctness and American Academe«. Zu einer Zeit, als die Parteilinie Hitler unterstützte, hatte es Gideonse gewagt, zur Hilfe für Großbritannien aufzurufen, das im Krieg gegen Hitler ganz auf sich allein gestellt war. Darüber hinaus hatte er die Übernahme seiner Fakultät durch »eine kommunistische Frontorganisation« verhindert. Wegen der Verweigerung seiner Unterschrift unter den Bannfluch der Fakultät gegen Gideonse wurde Drucker entlassen. Diese Intoleranz gegenüber geistiger Unabhängigkeit hatte er schon einmal erlebt – in Frankfurt unter der Herrschaft der Nazis.[8]

Er fand bald eine neue Stelle als Professor am Bennington College in Vermont. Während des Krieges wurde er auch, wie er in *Zaungast der Zeit* berichtet, zum Teilzeitberater für internationale Wirtschaftspolitik des Board of Economic Warfare (Ausschuß für ökonomische Kriegsführung). Früher hatte man ihn wegen seiner schlechten Augen nicht zum Militärdienst zugelassen. Über seinen Beitrag während der Kriegszeit schreibt er: »Ich wurde von Fall zu Fall eingesetzt … man holte mich für Dinge, bei denen ich vollkommen überflüssig war.« Inmitten militärischer Feierlichkeit bewahrte er sich seinen trockenen Humor. Kurz nach Pearl Harbor lebte und arbeitete er zusammen mit anderen zivilen Wissensarbeitern in einem umfunktionierten Apartmenthotel. Eines Tages erschien unter Beachtung des militärischen Protokolls ein Colonel mit einem Paket, auf dem »Top Secret« stand. »Nachdem er gegangen war, öffneten wir beklommen das Paket und fanden ein Buch darin: die erste nachrichtendienstliche Studie eines europäischen Landes. Dann lasen wir den ersten Satz: ›Die Esten sind von Natur aus monogam‹, und brachen in schallendes Gelächter aus.«[9]

Das Bennington College hatte in den frühen vierziger Jahren eine erlesene Fakultät. Unter anderem gehörten ihr der Autor und Psychoanalytiker Erich Fromm an, (dank Drucker) der berühmte Wirtschaftshistoriker Karl Polanyi und die für ihre Impulsivität berüchtigte Lehrerin für modernen Tanz Martha Graham.[10]

In der Zeit zwischen dem Sarah-Lawrence-College und dem Bennington-College begann Drucker über sein neues Buch zu sprechen. Er lehrt, so sagt er selbst, um herauszufinden, was er denkt. Obwohl wesentliche Kapitel »im Sommer 1940, als das Radio jeden Tag Nachrichten über Nazisiege herausplärrte«, geschrieben wurden, reicht *The Future of Industrial Man* weit über die Schlagzeilen hinaus und skizziert die Vision einer neuen Gesellschaft für die Welt nach dem Krieg. Das nach dem Kriegsbeginn in Europa begonnene und vor Pearl Harbor abgeschlossene Buch erschien Anfang 1942. Sein dramatischer Inhalt läßt sich an diesen kompromißlosen Thesen erkennen:

> »Keine gesellschaftliche Macht kann sich halten, wenn sie keine legitime Macht ist.«

> »Wenn die Macht im Großunternehmen nicht auf der Grundlage eines akzeptierten Legitimitätsprinzips beruht, wird sie … von einer zentralen Regierung übernommen werden …«

> »Wenn die Mitglieder des industriellen Systems nicht den sozialen Status und die soziale Funktion erhalten, die ihnen heute fehlen, wird unsere Gesellschaft zerfallen.«

> »Wir haben nur eine Alternative: entweder eine funktionierende Industriegesellschaft aufzubauen oder zu erleben, wie sich auch die Freiheit in Anarchie und Tyrannei auflöst.«[11]

Die Besprechungen reichten von Lobeshymnen bis zu Verrissen. In der *New Republic* schrieb der angesehene Kulturhistoriker Jacques Barzun: »Dieses Buch ist so perfekt geplant und so transparent geschrieben, daß es sich mit fast unanständiger Leichtigkeit liest … Jede Seite ist die Frucht eines großen Wissens und langen Nachdenkens. Und dementsprechend sollte es auch Wort für Wort studiert, erwogen und analysiert werden.« In der *Yale Review* bekannte Henry Hazlitt, Leitartikelautor der *New York Times*, seine Ratlosigkeit angesichts des »spezialisierten, privaten Vokabulars« von Drucker. »Mr. Drucker mag präzise Vorstellungen mit Begriffen wie ›merkantil‹, ›industriell‹, ›Status‹, ›Funktion‹, ›Freiheit‹ oder ›totalitär‹ verbinden, aber er macht nirgends deutlich, wie diese Vorstellungen aussehen. Er verleiht den Wörtern seine eigene Bedeutung.«[12]

»Die Rezensenten von Mr. Druckers Arbeiten bezeichnen diese gerne als brillant. Und zugegeben: Mr. Drucker ist ›brillant‹.« Aber:

> Sein Stil weist eine seltsame Mischung aus »germanischem« Mystizismus und der Unklarheit von populären Magazinen auf, die sich fatal auf die gedankliche Genauigkeit auswirkt. Mr. Drucker zu lesen ist, wie wenn man mit hell strahlenden Scheinwerfern durch Nebelschwaden fährt. Einen Augenblick lang scheint die Straße gut sichtbar. Dann kommt das nächste Nebelfeld und wird von den Scheinwerfern angestrahlt. Alles ist hell erleuchtet, aber es ist nur brillanter Dunst.

Diese Einschätzung tut Drucker sicherlich unrecht. Aber Drucker schrieb hier immer noch als Politologe, und das erklärt einen Großteil der begrifflichen Verschwommenheiten. Außerdem hatte er damals noch nicht die Millionen Menschen vertraute weise Stimme seiner späteren Bücher gefunden.

In *The End of Economic Man* warnt Drucker davor, die dortigen Schlußfolgerungen auf die USA zu übertragen. »Welche Kräfte die Entwicklungen in den Vereinigten Staaten auch bestimmen werden, sie unterscheiden sich auf jeden Fall von denen in Europa.« In *The Future of Industrial Man* läßt er diesen Vorbehalt fallen. Mitten im Krieg mit Deutschland, als es einer außerordentlichen geistigen Freiheit bedurfte, um über die Schwarzweißmalerei der Propaganda hinauszusehen, mahnt er, daß auch die USA nicht unbedingt gefeit sind vor den Kräften, die zur Entstehung des Faschismus geführt haben:

> Solange wir nicht erkennen, daß die Essenz des Nazismus auch den Lösungs-versuch eines universellen Problems der westlichen Zivilisation – das der Industriegesellschaft nämlich – darstellt und daß die Grundprinzipien, von denen die Nazis bei diesem Versuch ausgehen, keineswegs auf Deutschland beschränkt sind, wissen wir auch nicht, wofür oder wogegen wir kämpfen … Der Krieg wird für die Struktur der Industriegesellschaft geführt – für ihre Grundprinzipien, ihre Ziele und ihre Institutionen.[13]

Wir gehören derselben Zivilisation an. »Der Totalitarismus ent-stand aus einem Zusammenbruch der Werte, Überzeugungen und Institutionen, der allen westlichen Ländern gemeinsam war.« Der zweite Weltkrieg ist »ein Bürgerkrieg um die Zukunft der abend-ländischen Gesellschaft«. Der Faschismus, so bemerkt er in *The End of Economic Man*, »kann das zerfallene Konzept des Ökonomi-schen Menschen nur negieren. Er kann kein neues Konzept schaf-fen, das an die Stelle des alten treten soll. Aber wenn keine neue Ordnung und kein neues Konzept gefunden werden, die auf den europäischen Werten der Freiheit und Gleichheit beruhen, dann sind Europa und das Abendland zum Untergang verurteilt.« Würde die neue Gesellschaft auf Sklaverei und Krieg aufbauen oder auf Freiheit und Gleichheit? Die Zukunft des Industriellen Menschen hing von der Antwort auf diese Frage ab.[14]

Drucker beginnt in *The Future of Industrial Man* dort, wo er mit *The End of Econmic Man* aufgehört hat: Wir befinden uns in einem Niemandsland ohne geeignetes Konzept für unsere neue Wirk-lichkeit. Der Ökonomische Mensch ist tot, und der Industrielle Mensch ringt darum, geboren zu werden. Der Markt gedeiht zwar weiter als wirtschaftlicher Mechanismus, aber die auf ihm beru-hende merkantile Gesellschaft ist verschwunden. Eine neue gesell-schaftliche Institution ist auf den Plan getreten, um den freigewor-denen Platz einzunehmen: das Industrieunternehmen. Mit ihm hat eine neue gesellschaftliche Form Einzug gehalten: die Massen-produktion am Fließband. Aber über diese Rudimente ist der Industrialismus nicht hinausgelangt. Bislang ist es ihm nicht gelungen, eine Industrie*gesellschaft* zu schaffen – die auf Freiheit und Gleichheit beruhende »neue Ordnung« und das »neue Konzept«, ohne die wir »zum Untergang verurteilt« sind. Diese Beschwörung der Apokalypse treibt den mit Druckers Thesen auf dem Spiel stehenden intellektuellen Einsatz in furchterregende Höhen. Welche Maßnahmen *können ergriffen werden*, um den »Untergang« zu vermeiden?

Über die Freiheit

»Politische Freiheit ist weder einfach noch automatisch, weder angenehm noch sicher. Es ist die Verantwortung des einzelnen für die Entscheidungen der Gesellschaft, als wären es seine eigenen – wie sie es der moralischen Wahrheit und Rechenschaftspflicht nach auch tatsächlich sind.«
— *The Future of Industrial Man*

»Keine Gesellschaft kann als Gesellschaft funktionieren«, so postuliert Drucker, »ohne sozialen Status und Funktion für das einzelne Mitglied und ohne Legitimität der entscheidenden gesellschaftlichen Macht.« Materialisten mögen vielleicht bezweifeln, daß Gesellschaften Ziele und Zwecke verfolgen, weil diese nach gängiger Vorstellung ausschließlich Personen vorbehalten sind. Drucker, so denken sie vielleicht, hat sich noch nicht vom deutschen Idealismus abgelöst. Hegel hat Geist in den Staat hineingelesen, Drucker findet ihn in der Gesellschaft. Schön und gut. Aber folgen wir zuerst Druckers Argument, bevor wir uns mit dessen Prämissen befassen.[15]

Wie würde eine funktionierende Gesellschaft also aussehen? Zunächst müßten ihre Mitglieder einen »Status« innerhalb dieser Gesellschaft haben. Hazlitt bemerkt hierzu, daß Druckers Verwendung dieses Begriffs von seiner normalen Bedeutung abweicht, während er die neue Bedeutung nirgends befriedigend erklärt. Vielmehr zitiert er den deutschen Soziologen Ferdinand Tönnies mit einem berühmten Gegensatz: »Tönnies kontrastierte die Gemeinschaft, die sich auf das Sein, also den Status konzentriert, mit der Gesellschaft, die sich auf das Tun, also die Funktion konzentriert.« Aber die Berufung auf das vage »Sein« bringt eigentlich auch keine Klärung. Und trotz aller ontologischen Weihen hat der Begriff Status für Drucker letztlich mehr oder weniger die alltägliche Bedeutung: Teils unser Zugehörigkeitsgefühl zur Gesellschaft, teils der *Platz*, den wir nach unserer Auffassung innerhalb der Gesellschaft einnehmen, und teils unsere von anderen Mitgliedern der Gesellschaft anerkannte und akzeptierte Stellung. Unser Status ist nicht »starr«, sondern »fest umrissen«. Anhand dieser Haarspalterei unterscheidet Drucker das Kastensystem der Hindus von mobilen Gesellschaften.[16]

»Funktion« ist die Rolle des einzelnen in der Gesellschaft. Schneider und Schuster, Soldat und Spion: Das sind soziale Rollen. Wer arbeitslos ist, verliert seine Funktion. Wenn die Arbeitslosigkeit länger anhält, schwindet auch das Zugehörigkeitsgefühl des Betroffenen, bis er schließlich auch seinen Platz in der Gesellschaft verliert – seinen Status. Der moralische Verfall bei Langzeitarbeitslosen betrifft nicht nur das Materielle. Status und Funktion – alltagssprachlich ausgedrückt: »persönliche Würde und Erfüllung« – zu verlieren heißt, die sichtbaren Teile der eigenen Identität zu verlieren. In einer Sprache, die an Albert Camus' *Der Fremde* erinnert, beschwört Drucker das Bild des Menschen in der gesellschaftlichen Wildnis herauf:

> Er sieht nur dämonische Kräfte, halb vernünftig, halb sinnlos, halb im Licht und halb im Dunkel, aber nie berechenbar … Er ist wie ein Mensch mit verbundenen Augen in einem fremden Zimmer, der ein Spiel spielt, dessen Regeln er nicht kennt. Und der Einsatz, um den es geht, ist sein Glück, sein Auskommen und sogar sein Leben.

Zuletzt die Legitimität. Dieser Begriff behält bei Drucker seine gewöhnliche Bedeutung. »Legitim ist eine Macht, wenn sie durch ein von der Gesellschaft akzeptiertes ethisches oder metaphysisches Prinzip gerechtfertigt wird.« Illegitime Macht ist keine »Autorität«, sondern »Gewalt«. In einer funktionierenden Gesellschaft wird Macht als Autorität ausgeübt und durch allgemeinen Konsens bestätigt.

Nach dieser semantischen Anstrengung begreifen wir, was Drucker meint, wenn er davon spricht, daß das von Großunternehmen und Massenproduktion geprägte Industriesystem erst zur Industriegesellschaft werden muß. Status und Funktion »machen die individuelle Existenz vom Standpunkt der Gruppe aus und die Gruppenexistenz vom Standpunkt des einzelnen aus verständlich und vernünftig«. Niemand würde diesen Satz auf den Fließbandarbeiter in der Massenproduktion anwenden. Im Hinblick auf das Elend des entfremdeten Arbeiters steht Drucker dem jungen Marx in nichts nach:

> *Marx:* Die Entfremdung des Arbeiters von seinem Produkt bedeutet nicht nur, daß seine Arbeit zum Objekt wird, das außerhalb seiner selbst existiert ... es bedeutet, daß ihm das Leben, das er dem Objekt verleiht, als etws Feindliches und Fremdes entgegentritt.
>
> *Drucker:* Die Arbeit erscheint als etwas Unnatürliches, als ein unangenehmer, sinnloser und abstumpfender Zustand ... dem es sowohl an Würde als auch an Wichtigkeit fehlt. [Der Arbeiter] ist kein menschliches Wesen in der Gesellschaft, sondern ein jederzeit ersetzbares Zahnrad in einer Maschinerie von unmenschlicher Effizienz.

Und diese Beleidigungen der Würde und der Individualität sind noch nicht alles. Die Rede ist auch von einer politischen Beleidigung. Die in einem Großunternehmen über die Arbeiter ausgeübte Macht weist keine begründete Legitimität auf. Die Eigentümer, deren Legitimität früher durch ihr Besitzrecht am Unternehmen etabliert wurde, gibt es nicht mehr. Auch die Aktionäre sind nicht die effektiven Eigentümer des Großunternehmens. Sie befassen sich nur selten damit und sind zu unterschiedlich und zahlreich, um irgendwelche gemeinsamen Maßnahmen zu ergreifen, außer vielleicht bei krasser Inkompetenz des Managements. In einer besonders eindrucksvollen Passage, die an Freuds Entlarvung des Unbewußten im Alltagsleben und an Marx' Entlarvung des Fetischcharakters von Waren erinnert, enthüllt Drucker eine historische Machtusurpation:

> Im modernen Großunternehmen leitet sich die entscheidende Macht, näm-
> lich die der Manager, nur von den Managern selbst her, die von nichts und
> niemand kontrolliert werden und niemandem verantwortlich sind. Es han-
> delt sich im buchstäblichem Sinne um unbegründete, ungerechtfertigte,
> unkontrollierte und unverantwortliche Macht.[17]

Drucker verwirft die damals einflußreiche, von James Burnham
(»und den Managern, die ihm applaudierten«) in *The Managerial
Revolution* vorgebrachte Idee, daß »die reale Herrschaft einfach
ihre eigene ideologische Rechtfertigung schafft«. Die »Tatsachen«,
so Drucker, beweisen das Gegenteil. Da die meisten Amerikaner
immer noch den Standard des Ökonomischen Menschen akzeptieren, daß Besitzrechte die Legitimität etablieren, so argumentiert er,
unterstützten sie in den dreißiger Jahren Henry Ford, den Allein-
eigentümer seines Unternehmens, in seinem Kampf gegen die
Gewerkschaften und den New Deal. Aber bei General Motors, dem
professionell geführten Unternehmen schlechthin, war von einer
solchen »Unterstützung durch das Volk« nichts zu spüren. Die
»reale Herrschaft« bei GM allein reiche nicht aus, um die Machtverteilung zu rechtfertigen. Freilich sind diese »Tatsachen« kaum
als Beweis zu werten. Drucker zitiert nur selten öffentliche Meinungsumfragen, um seine Argumente zu erhärten.

Druckers Gesellschaftsvision erinnert in gewisser Hinsicht an
den früheren irischen Premierminister Garrett Fitzgerald, der gesagt hat: In der Praxis ist das ja schön und gut, aber wie klingt es
in der Theorie? Drucker will, daß die Industriegesellschaft in *seiner* Theorie gut klingt. Daß ihre Institutionen in der Praxis mehr
oder weniger bereits funktionieren, reicht ihm nicht (später *wird*
es ihm jedoch reichen: Seit den späten sechziger Jahren ist die
»Rechtfertigung durch Leistung« sein Maßstab für Legitimität). Er
mißt die Realität an ihrer Übereinstimmung mit der Idee. Außerdem wendet er soziologische (Status, Funktion) und politologische (Legitimität) Konzepte auf ökonomische Faktoren wie das
Großunternehmen und die Massenproduktion an. Aber er begründet nicht, weshalb diese und nur diese Kategorien der Wahrheits-
findung dienen. So moralisch ansprechend, sozial attraktiv und

intuitiv wünschenswert Status, Funktion und Legitimität auch
wirken, letztlich bleiben sie nur Druckers willkürliche Vorgaben.

Dennoch stehen sie in Druckers Werk für die humanistische
Überzeugung, daß die Wirtschaft der Gemeinschaft und Gesellschaft dienen muß – die Menschen kommen an erster Stelle, wenn
auch dicht gefolgt von den Waren. Und wenn diese Überzeugung
ein unausgesprochener Idealismus ist, so möchte man sagen, dann
steht es eben schlecht um die Welt. Drucker hält dem Tatsächlichen den Spiegel des Möglichen entgegen. Und eine Gesellschaft,
die die menschliche Würde respektiert, *ist* möglich.

Während andere Stimmen befürchteten, die Reglementierung
in Kriegszeiten stelle einen Vorgeschmack auf einen Nachkriegstotalitarismus dar, betrachtete Drucker den Krieg als »eine ungeheure Chance für konstruktives politisches Handeln« zur Ver-
wirklichung der neuen Gesellschaft des Industriellen Menschen.
»Der Krieg bietet genau das, was unserer Gesellschaft gefehlt hat:
soziale Funktion und Status für den einzelnen und ein gemeinsa-
mes soziales Ziel für die Gesellschaft.«

Als konkretes Beispiel führt er die Produktion von Kriegsflug-
zeugen an. Ein Hersteller nutzte seine Phantasie, um nicht nur die
Mechanisierung der Arbeit, sondern auch die Moral der Mitarbeiter
zu verbessern. Er ließ die Arbeiter, die die Flugzeuge bauten, von den
Piloten durch die Flugzeuge führen: Hierher gehört das von euch
installierte Teil und deshalb ist der richtige Einbau eine entscheidende Aufgabe. Großbritannien ging mit gutem Beispiel voran:
»Nach Auffassung aller Beobachter brachte der Krieg den Industrie-
arbeitern eine Befriedigung, ein Gefühl der Wichtigkeit und Leistung, der bürgerlichen Anerkennung, der Selbstachtung und des
Stolzes ...« Doch es handelte sich um genau die gleiche Art von Mon-
tagearbeit am Fließband, die den Arbeitern vor dem Krieg das Gefühl
gab, nur »Zahnräder« zu sein. Der Unterschied lag nicht in der Fer-
tigungstechnik, sondern in den sozialen Umständen der Produktion. Das Fließband wirkt viel weniger entfremdend auf die Arbeiter,
wenn sie sehen, wie ihr Beitrag zum Ganzen paßt, und, wichtiger
noch, wenn ihre Arbeit einem hohen gesellschaftlichen Ziel dient.

Über Bürokratie

»Es kann keinen größeren Fehler geben, als der Regierung politische Verantwortung zu nehmen. Wenn diese von einer allmächtigen Beamtenschaft übernommen wird und politische Entscheidungen Experten anvertraut werden, die in einem Wettbewerbsverfahren nach Prüfungskriterien ausgewählt werden, führt dies nicht nur zu einer Regierung der Untauglichen, sondern auch direkt zur Tyrannei des gedruckten Formulars.«
– *The Future of Industrial Man*

Hier erweist sich Druckers besondere visionäre Kraft. Zur Vermeidung der »moralischen Depression«, die die Zeit nach dem Ersten Weltkrieg kennzeichnete, müssen die Amerikaner, so sein Schluß, aus den sozialen Umständen dieses Krieges – »das Zusammenrücken von Individuum und Gruppe, die Einheit von Ziel und Überzeugung während des Krieges« – ein Modell für die neue Gesellschaft herleiten. Die Furcht vor einem Nachkriegstotalitarismus hielt er für ein Hirngespinst. Dazu liebten die Amerikaner die Freiheit zu sehr. Die Würde und soziale Bedeutung auch untergeordneter Arbeiten im Krieg: daran mußte man sich halten. »Aber wie verleiht man Dosenöffnern oder Lampenschirmen sozialen Sinn und Zweck?« fragte er acht Jahre später in *The New Society*. Dort lag die noch nie dagewesene gesellschaftliche Herausforderung des Friedens, denn »nach der Erfahrung des Krieges ... verlangt der Arbeiter, daß seine Arbeit einen Sinn hat«.[18]

Drucker hat somit dargelegt, weshalb das industrielle System der Friedenszeit keine Industrie*gesellschaft* ist. Eine Industriegesellschaft würde dem Arbeiter Status und Funktion geben. Das würde die Macht des Arbeitgebers in seinen Augen legitimieren. Und es würde seiner Arbeit Sinn verleihen. Damit ist der Boden bereitet für ein Aufeinandertreffen dieser humanistischen Ideale und der Unternehmenswirklichkeit.

4
BEI GENERAL MOTORS

Nach *The Future of Industrial Man* wartete Drucker sozusagen auf einen Wink des Schicksals. »In dem Buch kam ich zu dem Schluß«, erzählte Drucker Warren Bennis in einem Interview, »daß wir in einer Gesellschaft der Organisationen leben und daß ich etwas über sie in Erfahrung bringen mußte. Ich wußte damals überhaupt nichts.« Und in einem anderen Interview:

> Mir wurde klar, daß ich Zugang zu einem großen Unternehmen finden mußte, um es von innen zu studieren: als menschliche, gesellschaftliche, politische Organisation – als integrierenden Mechanismus. Ich versuchte hineinzukommen, denn ich kannte einige Leute aus meiner Zeit als Journalist und als Anlageberater. Sie wiesen mich alle ab. Der Präsident von Westinghouse war anfangs sehr nett zu mir, aber als ich ihm mein Anliegen schilderte, warf er mich nicht nur hinaus, sondern gab seinen Mitarbeitern Anweisung, mich nicht in die Nähe des Gebäudes zu lassen, weil ich ein Bolschewik sei.[1]

Bennis fragte Drucker, wie er zum erstenmal mit dem Management in Berührung kam:

> In die Unternehmensberatung bin ich hineingeschlittert oder -gestolpert. Wie aus heiterem Himmel bekam ich um Weihnachten 1943 herum einen Anruf. Wir waren für den Winter von Bennington nach New York gezogen ... Ich war zu dem Schluß gekommen, daß ich eine führende Institution untersuchen mußte ... Ich hatte es schon fast aufgegeben, als ich diesen Anruf bekam und ein Mann sagte: »Mein Name ist Paul Garrett. Ich bin der Leiter für Öffentlichkeitsarbeit von General Motors und rufe im Namen unseres stellvertretenden Vorsitzenden Mr. Donaldson Brown an. Er möchte wissen, ob Sie Interesse hätten, für die Unternehmensleitung eine Studie über die

Politik und Struktur von General Motors durchzuführen …« Zum Zeitpunkt
dieser Anfrage von GM brauchte ich auch Geld, aber vor allem war das genau
die Art von Untersuchung die ich dringend für mich selbst brauchte … Für
mich war es buchstäblich ein Fingerzeig der Vorsehung.[2]

Die ersten zwei Bücher Druckers hatten ihm eine verheißungs-
volle Karriere auf dem Gebiet der Politologie eröffnet. Die American
Political Science Association hatte ihn sogar in ihren Ausschuß für
politologische Forschung gewählt. Das General-Motors-Projekt
lag jedoch außerhalb der Politologie. Lewis Jones, der Präsident
des Bennington College, warnte Drucker vor dem Risiko, akademische Zäune zu überspringen. »Damit zerstören Sie Ihre akademische Karriere. Sie stehen jetzt an einem Punkt, wo Sie in die
Ökonomie oder in die Politologie gehen können. Mit diesem
Thema ruinieren Sie Ihr Ansehen in beiden Bereichen.« (»Er hatte
vollkommen recht«, sagt Drucker.) Die etablierten Fächer würden
über die Untersuchung eines Wirtschaftsunternehmens die Nase
rümpfen – auch wenn es sich dabei um das größte Unternehmen
der Welt handelte. Schlimmer noch, es gab kein anderes Fach, kein
Wissensgebiet, in das sich das GM-Projekt einordnen ließ. Eine
Buchrecherche in der New York Public Library zum Thema
»Unternehmensmanagement« förderte praktisch nichts zutage.
»Ich schäme mich zuzugeben, wie wenig ich über das Management wußte. Aber das Erstaunliche war nicht, daß ich so unwis-
send war, sondern daß *niemand* etwas wußte.«[3]
Bei der Lektüre von *The Future of Industrial Man* glaubte
Donaldson Brown von General Motors, in Drucker einen verwand-
ten Geist entdeckt zu haben. Druckers Auseinandersetzung mit
der Kontrolle im Unternehmen und mit der Rolle der Geschäfts-
welt in der Gesellschaft paßte zu den Überlegungen der General-
Motors-Führung zur Nachkriegsplanung. Drucker erhielt den
Auftrag, einen internen Bericht zu verfassen. Er fand jedoch sehr
bald heraus, daß er damit keine Chance hatte. Die Mitarbeiter von
General Motors behandelten ihn wie einen Spion für die Unternehmensleitung. »Niemand will mit mir sprechen«, meldete er
Brown.

Brown: Gibt es eine Möglichkeit, wie wir das lösen können?

Drucker: Ja, es ist ganz einfach. Wir müssen ihnen nur sagen, daß ich ein Buch schreibe, weil jeder in diesem Land für einen Schriftsteller alles tun würde.

Brown: Ich bin jetzt fast sechzig, und ich habe meine Mitarbeiter nie angelogen, da werde ich jetzt nicht damit anfangen.

Drucker (verblüfft): Wenn Sie nicht wollen, daß ich das sage, dann wird es wahrscheinlich sehr schwer. (Brown dachte eine Woche darüber nach.)

Brown: Ich habe hier und da nachgefragt, und Sie haben recht. Aber Sie dürfen nicht einfach etwas erzählen, was nicht stimmt. Also hat mich die Geschäftsführung autorisiert, Ihnen den Auftrag zu einem Buch zu erteilen.

Drucker: Ich hoffe, Sie werden es dann auch durchsehen, damit es nichts enthält, woran Sie Anstoß nehmen.

Brown: Ich glaube nicht an Zensur. Wir werden es nur auf sachliche Fehler überprüfen. Sonst nichts.

Brown zweifelte an den Erfolgschancen des Buches. »Ich kann mir nicht vorstellen, daß sich jemand für ein Buch über Management interessiert«, meinte er. (Anfangs war auch Druckers Verleger dieser Ansicht: »Wer zum Teufel will schon wissen, wie ein Großunternehmen organisiert ist?«) Browns Vorstellung des Buchmarktes (auf dem heute jährlich ungefähr 2000 Managementbücher veröffentlicht werden) erscheint so antiquiert wie seine römische Integrität. Doch gerade diese Eigenschaft wurde bei General Motors sehr geschätzt. Drucker stieß nur auf eine Definition des erfolgreichen Managers bei General Motors: »Ein Mann, von dem man einen offiziellen Protest gegen eine Unternehmensentscheidung erwarten kann, mit der er nicht einverstanden ist.« Aber trotz dieser hehren Prinzipien leiteten dieselben Leute ein Unternehmen, das noch in den späten dreißiger Jahren führend war im Einsatz von Arbeitsspionen, mit deren Hilfe sie Gewerkschaftssympathisanten in den Fabriken aufspürten; ein Unternehmen, das gewaltsam gegen Sitzstreikende vorging, die mit ihrer Aktion für das Recht eintraten, sich zu organisieren; ein Unternehmen mit einer harten Vergangenheit. Wie die Ereignisse zeigen sollten, konnten weder Gewerkschaft noch Unternehmensleitung etwas daran ändern.[4]

Wenn Browns Gewissenhaftigkeit etwas Eisiges an sich hatte, so war Alfred P. Sloan die Rechtschaffenheit in Person. Der berühmte Vorstandsvorsitzende von General Motors war eine Art von »Unternehmensmönch«. Niemand bekam je seine Frau zu Gesicht, und er hatte keine Kinder. Er wohnte, so Drucker, in »einer Klause im Schlafsaal von General Motors von Detroit; er hatte nicht einmal ein eigenes Badezimmer. Eine ähnliche Klause hatte er im GM-Büro in New York. Sein Apartment an der Fifth Avenue besuchte er nur selten, und auf sein Anwesen in Long Island fuhr er wahrscheinlich nur an Weihnachten …« Aber im gesamten Management von General Motors war Sloan bekannt als der Mann, den man aufsuchen mußte, wenn man in Schwierigkeiten steckte. Drucker erzählt in seiner Einleitung zu Sloans Autobiographie die bezeichnende Geschichte, daß dieser einmal fast seinen ganzen Weihnachtsurlaub opferte, »um ein Krankenhaus zu finden, in dem das Kind eines Fabrikleiters, das schwere Verbrennungen erlitten hatte, die beste medizinische Versorgung bekam – dabei kannte er den Fabrikleiter nicht einmal«.[5]

Mit seinem langen Gesicht, den weißen Haaren und der Hörhilfe mit großem Schalltrichter im Ohr wirkte der schmächtige »Mr. Sloan«, wie er überall bei General Motors genannt wurde, alles andere als mächtig. Aber bei ihrer Begegnung begriff Drucker, weshalb man Sloan diese enorme moralische Autorität über seine Manager nachsagte. »Sie haben wahrscheinlich gehört, Mr. Drucker«, begann er, »daß der Wunsch nach Ihrer Untersuchung nicht von mir ausging. Ich sah keinen Sinn darin. Meine Kollegen haben mich überstimmt. Deshalb ist es meine Pflicht, dafür zu sorgen, daß Sie bestmögliche Arbeit leisten können. Wenn Sie Hilfe brauchen, können Sie jederzeit zu mir kommen.« Der Vorsitzende war kein Mann, der sich mit Lügen einschmeichelt.

In *Die ideale Führungskraft* (*The Effective Executive*, 1966) zeichnet Drucker das Bild Sloans bei dieser ersten Begegnung. »Das sollte jede Führungskraft, die eine Entscheidung durchdenkt, mit Neonröhren umrahmt, vor sich sehen.«

Ich werde Ihnen nicht sagen, was Sie schreiben, was Sie untersuchen oder welche Schlüsse Sie ziehen sollen. Das ist Ihre Aufgabe. Meine einzige Anweisung ist, daß Sie festhalten, was Sie für richtig halten. Kümmern Sie sich nicht um unsere Reaktion … Und kümmern Sie sich vor allem nicht um die Kompromisse, die vielleicht nötig sind, um Ihre Empfehlungen akzeptabel zu machen. Es gibt keinen einzigen Manager in diesem Unternehmen, der nicht jeden erdenklichen Kompromiß ohne jede Hilfe von Ihnen finden könnte. Aber die »richtigen« Kompromisse kann er nur dann schließen, wenn Sie ihm zuerst sagen, was »richtig« ist.[6]

In *Zaungast der Zeit* läßt Drucker Alfred P. Sloan wiederaufstehen. Auf die Frage nach dem »perfekten Managementinstrument« antwortet Drucker bezeichnenderweise: »Alfred Sloans Hörhilfe.« Wenn Sloan sein Hörgerät einschaltete, »klang es wie das Hereinbrechen des Jüngsten Gerichts«, und die Aufmerksamkeit der Anwesenden gehörte ihm. Wenn er eine Position vertrat, die von den Tatsachen nicht bestätigt wurde, nahm er umgehend alles zurück: »Die Tatsachen haben die Entscheidung getroffen – ich hatte unrecht.« Diese Form des Managements durch moralisches Vorbild hat Drucker tief beeinflußt, der zwei Generationen von Managern beibrachte, nicht mit Ermahnungen, sondern mit Taten zu führen.[7]

Als Beobachter der nächsten Managementkonferenz von General Motors wunderte sich Drucker darüber, wie ausführlich die Arbeit eines einzigen Mechanikermeisters erörtert wurde. Nach der Besprechung wandte er sich an Sloan: »Mr. Sloan, wie können Sie es sich leisten, vier Stunden lang über eine unbedeutende Arbeit wie diese zu sprechen?«

Alfred P. Sloans Führungscredo

»›Manche Menschen sind gern allein‹, sagte er. ›Ich nicht. Nette Gesellschaft mochte ich schon immer. Aber ich habe die Pflicht, bei der Arbeit keine Freunde zu kennen. Ich muß unparteiisch sein und darf nicht den Eindruck erwecken, einige zu bevorzugen. Was die Leute leisten, das ist meine Aufgabe. Was ich von ihnen halte und von der Art, wie sie ihre Leistung realisieren, ist nebensächlich.‹ Er äußerte nie seine Meinung zu einer Person, sondern nur zu ihrer Leistung.«

– *Zaungast der Zeit*

»Dieses Unternehmen bezahlt mir ein ziemlich hohes Gehalt dafür, daß ich wichtige und richtige Entscheidungen treffe … Einige von uns hier oben im vierzehnten Stock sind vielleicht sehr hell im Kopf; aber wenn dieser Mechanikermeister in Dayton der falsche Mann ist, könnten wir unsere Entscheidung genausogut in den Wind schreiben. *Er* setzt sie nämlich in Leistung um.«

Sloan zog sein »berühmtes schwarzes Büchlein« heraus und stellte eine schnelle Berechnung an. General Motors hatte 47 Geschäftsbereiche. Im vergangenen Jahr hatte die Unternehmensführung für 143 Aufgabengebiete in diesen Geschäftsbereichen eine »Besetzungsentscheidung« getroffen. Das waren also drei pro Geschäftsbereich, eine erträgliche Belastung. »Wenn wir uns nicht vier Stunden damit befassen würden, wo wir einen Mitarbeiter am besten einsetzen«, sagte er zu Drucker, »würden wir später vierhundert Stunden brauchen, um unsere Fehler wieder auszubügeln.« Entscheidungen zu Mitarbeitern, so Sloan, seien die wichtigsten Entscheidungen, die ein Manager zu treffen hat. Auch diese Lektion über das Management hatte für Drucker bleibende Bedeutung.[8]

Drucker benötigte 18 Monate, um die Recherchen zu *The Concept of the Corporation* durchzuführen und das Buch zu schreiben. Er besuchte jeden Geschäftsbereich und die meisten Fabriken von General Motors östlich des Mississippi. Er nahm an Vorstandssitzungen teil, traf sich mit allen Führungskräften des Unternehmens und befragte Arbeiter in den Montagehallen. Wegen des Krieges waren die Fabriken von General Motors auf Rüstungsproduktion umgestellt worden. Von Oktober 1942 bis September 1945 stellte das Unternehmen kein einziges Auto her – ein Umstand, der auf das Buch abfärbte. Hinter der Realität des Montagebandes sah Drucker dessen Möglichkeiten: gute Arbeitsmoral, erhöhte Produktivität, verstärkte Initiative und Verantwortung der Arbeiter, sinnvolle Arbeit. Doch was Drucker beobachtete, war nicht die Fabrikrealität. Über 100000 Mitarbeiter von General Motors waren zum Kriegsdienst eingezogen worden. Um sie zu ersetzen und um die Flut von Rüstungsaufträgen des War Department zu erfüllen, stellte das Unternehmen 750000 neue Mitarbeiter ein, 30 Prozent davon Frauen. Die Mitarbeiter, deren hohe Moral er sah, waren nicht nur besonders motiviert durch die patriotische Gesinnung während des Krieges, auch die Fabrikarbeit selbst war für sie etwas Neues, zumindest innerhalb des Systems von General Motors. Auch die Arbeit war anders, denn statt Autos wurden Panzer und Flugzeuge gebaut. Aufgrund der Kriegssituation kamen und gingen die Mitarbeiter, waren aber trotz Vollbeschäftigung leicht zu finden. So hatte Drucker kaum Gelegenheit, die »Lebenslänglichen« kennenzulernen, die 20 Jahre lang in der General-Motors-Fabrik arbeiteten. Der Krieg, die immer wieder neuen Arbeiter, die vielen weiblichen Beschäftigten und die Andersartigkeit der Produkte – diese Merkmale der Massenproduktion im Krieg mußten unweigerlich zu einem beschönigenden Zerrbild führen. Druckers Hoffnungen für die Nachkriegszeit beruhten auf Illusionen.

Aber in diesem Buch findet er seine Stimme.

So heißt es über den Unternehmensmanager: »Probleme müssen ihm in einer Form präsentiert werden, die es ihm gestattet zu handeln; das heißt befreit von allem, was nicht zur momentanen Aufgabe gehört.«

Über das Großunternehmen: »Um eine Metapher aus der modernen Psychologie zu entlehnen: Eine Organisation ist wie eine Melodie; sie setzt sich nicht aus einzelnen Klängen zusammen, sondern aus den Beziehungen zwischen ihnen.«

Über den Gewinn: »Der Gewinn ist … die Grundlage jeder wirtschaftlichen Tätigkeit, ob im Kapitalismus, Sozialismus oder bei den Höhlenmenschen.« Und bestimmt würde nur ein Peter Drucker General Motors als »*einen Essay über Föderalismus*« beschreiben.[9]

The Concept of the Corporation erschien im November 1945, als sich die United Automobile Workers (UAW) im Streik gegen General Motors befanden. Es war ein ungünstiger Zeitpunkt für

ein Buch, das für eine neue Ära der Kooperation zwischen Arbeit-
nehmern und Arbeitgebern eintrat. Das Buch rief zu wesentlichen
Veränderungen der Beziehungen von General Motors zu seinen
Mitarbeitern auf. General Motors jedoch wollte um jeden Preis
den Vorkriegszustand wiederherstellen. Die UAW hatte den Streik
gegen GM ausgerufen, um die Bedingungen für die entstehende
Industriegesellschaft der Nachkriegszeit festzulegen. Aber »das
Industrieunternehmen mit dem weltweit größten Einfluß auf die
Gestaltung der Lebensformen des Maschinenzeitalters« – so die
Formulierung in *Fortune* – strebte ganz andere Bedingungen an.[10]

Über die Dezentralisierung

»Dezentralisierung in ihrer geläufigen Bedeutung heißt Arbeitsteilung und ist nichts Neues … Aber im Gebrauch von General
Motors ist Dezentralisierung weit mehr. In über zwanzig
Arbeitsjahren, zuerst von 1923 bis 1937 als Präsident und seither als Vorsitzender der Gesellschaft, hat Mr. Alfred P. Sloan Jr.
das Konzept der Dezentralisierung zu einer Philosophie des
Industriemanagements und zu einem System lokaler Selbstver-
waltung weiterentwickelt. Damit ist es nicht mehr nur eine
Managementtechnik, sondern der Entwurf einer Gesellschaftsordnung.«

– *The Concept of the Corporation*

In Managementkreisen ist *The Concept of the Corporation* berühmt
für die Einführung der »Dezentralisierung« als Organisationsprin-
zip. »Mit Beginn der achtziger Jahre«, schreiben John Micklethwait
und Adrian Wooldridge in *The Witch Doctors*, einem lebhaften Leit-
faden für Managementdenker, »kann man davon ausgehen, daß
Drucker 75 bis 80 Prozent der *Fortune*-500-Unternehmen zur
Umstellung auf eine radikale Dezentralisierung bewegt hat.«[11]

Seit Alfred P. Sloan in den zwanziger Jahren das Amt des Präsidenten übernommen hatte, war General Motors ein dezentralisier-
tes Unternehmen, dessen zahlreiche Geschäftsbereiche große Auto-

nomie besaßen. Ungefähr 95 Prozent aller Entscheidungen, stellte Drucker fest, »fielen in die Zuständigkeit« der Bereichsleiter. Die zentrale Unternehmensführung legte die Autopreise fest, handelte Arbeitsverträge aus, beschaffte das Kapital und übernahm einen Großteil der Verwaltungsarbeit. Aber das Bereichsmanagement von Oldsmobile zum Beispiel konnte sein Autozubehör bei Lieferanten einkaufen, die nicht zu General Motors gehörten, und hatte auch sonst fast alle Freiheiten. »Die zentrale Verwaltung schreibt den Geschäftsbereichen möglichst wenig vor, wie sie ihre Arbeit machen sollen; sie legt nur fest, was getan werden muß.«

Natürlich blieb die Realität manchmal hinter diesem Standard zurück. Drucker befand sich im Büro eines Managers in der Detroiter Zentrale von General Motors und hörte sich dessen »Lieblingspredigt über die Segnungen der Dezentralisierung« an, als der Fernschreiber geräuschvoll eine Nachricht ausspuckte. »Achten Sie nicht darauf«, sagte der Manager, »das ist nur der Werksleiter aus Kansas City mit der Mitteilung, daß er zum Mittagessen geht« und setzte seine Rede über die Freiheit der lokalen Manager fort.[12]

Für Drucker, der sein Kapitel über Dezentralisierung mit »Das Unternehmen als menschliche Anstrengung« überschreibt, war die menschliche Seite dieser Unternehmenspolitik von entscheidender Bedeutung. Junge Manager konnten sich in den Geschäftsbereichen ihre Sporen verdienen, bevor sie in die Unternehmensführung aufstiegen. Dadurch waren ihre Fehler entweder korrigierbar oder zumindest keine Bedrohung für das gesamte Unternehmen. Abgeschirmt durch das Sicherheitsnetz des großen Unternehmens konnten sie ihre Fähigkeiten im Management unter Beweis stellen. Und wenn sie wirkliche Machtbefugnisse erhielten, war es unwahrscheinlich, daß sie innerlich oder aus Langeweile und frustriertem Ehrgeiz kündigten. Die immer flacheren Unternehmenshierarchien der neunziger Jahre erfüllen Drucker mit der Sorge, daß die durch die Dezentralisierung ermöglichte langsame Entwicklung von Führungsfähigkeiten allmählich verloren geht. Das flache Unternehmen hält keine »Lehrstellen« für Manager bereit.

Ausgehend von der Verbindung zwischen Managerkarrieren und Dezentralisierung sieht Drucker heute einen großen gesellschaftlichen Wert im »Outsourcing«, der umstrittenen Praxis von Großunternehmen, die unwesentlichen Aufgaben an kleine Firmen zu vergeben, die sich darauf spezialisiert haben. Drucker führt ein Beispiel aus der Krankenhausverwaltung an. Reinigungskräfte stehen am untersten Ende der steilen Hierarchie eines Krankenhauses. Arbeiter jedoch, die die Reinigungstätigkeiten im Auftrag des Krankenhauses durchführen, stehen nicht am Ende dieser Hierarchie. In der niedrigen Hierarchie ihrer Firmen stehen sie nur ein oder zwei Ebenen unter Vorarbeitern, Gruppenleitern oder sogar Managern. »Die Produktivität von Servicearbeiten wird kaum steigen, solange man für gute Arbeit nicht befördert werden kann.« Aber es geht nicht nur um Effizienz. »Outsourcing ist notwendig, weil es den Servicearbeitern Chancen, Einkommen und Würde gibt«, schreibt Drucker in *Die postkapitalistische Gesellschaft* (1993).[13]

Outsourcing ist eine Art von gesellschaftlicher Innovation, die Drucker wärmstens empfiehlt, aber nicht um Gewinn und Effizienz zu steigern, sondern damit der Kapitalismus sein Versprechen der Chancengleichheit halten kann. Effizienz ist für Drucker kein bedeutendes Ziel. »Die letzte Autoantennenfabrik war bestimmt ein Vorbild für Effizienz«, spottet er über die Visionen der Buchhalter. Drucker möchte, daß die Arbeit gesellschaftliche Werte wie Chancengleichheit, Gemeinschaft, Solidarität und persönliche Erfüllung widerspiegelt, und nicht nur geschäftliche Werte wie Kosten und Effizienz.[14]

The Concept of the Corporation ist ein Buch über die Welt der Unternehmen wie *Moby Dick* ein Buch über den Walfang ist. Kaum ein Drittel der 330 Seiten befaßt sich direkt mit der Unternehmenspolitik und dem Management von General Motors. Der Rest nimmt den Automobilkonzern nur zum Ausgangspunkt für eine allgemeinere Diskussion des Großunternehmens als gesellschaftliche Institution und der Wirtschaftspolitik in der Nachkriegszeit. Hier ein kurzer Überblick über Druckers Argumentation:

- Das Großunternehmen ist die »repräsentative Institution« der Ära. »Erst jetzt haben wir erkannt, daß die große, auf Massenproduktion basierende Fabrik unsere gesellschaftliche Realität ist ... die die Bürde unserer Träume tragen muß.«
- Diese Träume sind die amerikanischen Träume der Chancengleichheit und der persönlichen Leistung.
- In einer Industriegesellschaft können mehr Menschen als je zuvor in der Geschichte diese Träume verwirklichen. Dies ist hauptsächlich darauf zurückzuführen, daß das industrielle System ganz neue Kategorien von Facharbeitern – von Managern bis Technikern – benötigt, die es eine Generation davor noch nicht gegeben hat. Der Industrialismus schafft seine eigene Mittelschicht.
- Aber laut öffentlichen Meinungsumfragen sehen die meisten Amerikaner ihre Chancen im Rahmen großer Industrieunternehmen schwinden. Daran ist vor allem das neue Verhältnis zwischen Schule und Arbeit schuld. Eine lange schulische Ausbildung spiegelt die finanzielle Position der eigenen Familie wider. Aufstiegsmöglichkeiten gibt es vor allem für die, die einen Ausbildungsvorsprung haben. Damit wird »das Versprechen an die Jugend in Frage gestellt, nur nach Leistung bewertet zu werden«, statt nach dem Glück, einer wohlhabenden Familie zu entstammen. Dies wird zu Recht als »eine wesentliche Schwäche des industriellen Systems gesehen und ... als wesentlicher Bruch des Versprechens unserer Gesellschaft«.
- Ein weiterer Grund, weshalb die meisten Amerikaner im Rahmen des Großunternehmens noch keine Erweiterung ihrer Chancen wahrnehmen, liegt darin, daß der Begriff Aufstieg in Amerika ausschließlich materiell verstanden wird. Das führt zu Unzufriedenheit, da es nicht genügend Arbeitsstellen gibt, in denen man auf diese Weise »aufsteigen« kann. Wir brauchen andere, nichtökonomische Kriterien des Erfolgs. Ansonsten wird das System auch weiterhin die Würde verletzen und die Selbstachtung zerstören.

- Zugegebenermaßen ist es schwierig, Würde und Selbstachtung mit der Massenproduktion am Fließband in Einklang zu bringen. Doch glücklicherweise hat die Kriegsproduktion Alternativen – auch effiziente – zu Charlie Chaplins Karikatur in *Moderne Zeiten* aufgezeigt. Monotonie und starre Spezialisierung sind zufällige, aber keineswegs wesentliche Merkmale des Industrialismus. Im übrigen ist Drucker schon lange ein Kritiker der Fließbandproduktion. »Ich habe sie immer als ›schlechte Fertigung‹ bezeichnet, eben weil sie nicht auf den spezifisch *menschlichen* Stärken aufbaut und auch weil sie die Stärke *eines* Arbeiters zur Bedrohung für alle anderen macht.«[15]

Druckers beredte Bitte, sich mit ihren Taten am Möglichen zu orientieren, hätten sich die Spitzenmanager von General Motors vielleicht noch gefallen lassen. Aber sein Aufruf an das Unternehmen, Amerika in eine neue Industriegesellschaft zu führen, stieß auf wenig Gegenliebe. Und man kann es sogar nachvollziehen, daß die General-Motors-Manager, wie der Präsident von Westinghouse, der Drucker das Haus verbot, den Autor für die Wiener Ausgabe eines Bolschewiken hielten.

Drucker rief zu einem fundamentalen Wandel auf. Die Industrie sollte die Arbeiter nicht als Kostenfaktor, sondern als Ressource betrachten. Die Arbeiter sollten bei der Gestaltung der Arbeit mitbestimmen. Vollbeschäftigung im *Privatsektor* sollte oberste Priorität für die Zeit nach dem Krieg sein. Der letzte Punkt seines Forderungskatalogs war besonders umstritten: Unternehmen wie General Motors sollten ihren Langzeitmitarbeitern einen *garantierten Jahreslohn* bezahlen. Dies sollte den Familien einen halbwegs normalen Lebensstandard sichern (der Garantielohn sollte einen bestimmten Prozentsatz des Arbeitslohns ausmachen), falls es aufgrund konjunktureller Schwankungen, für die die Arbeiter nicht verantwortlich sind, zu Entlassungen kommt. Dies war für ihre Anerkennung als »Bürger der Industriegesellschaft« unabdingbar. So mußte es sein, wollte man den Arbeiter wirklich als Ressource sehen. Auch aus makroökonomischen

Gründen verteidigte Drucker den Garantielohn: Wenn entlassene Arbeiter in Wirschaftskrisen immer noch einen beträchtlichen Teil ihres früheren Lohns beziehen, trägt ihre höhere Kaufkraft zur schnelleren Konjunkturerholung bei. Es war Pech für Drucker, daß der Gewerkschaftsführer Walter Reuther ziemlich ähnliche Argumente vorbrachte.

Aber Drucker war nicht zum Bolschewismus konvertiert. Er verfaßte eine seiner ersten Lobeshymnen auf den Gewinn als wirtschaftliche Basis der Industriegesellschaft. Mit dem konservativen Ziel der Bewahrung des freien Unternehmertums trat er für steuerliche Anreize zugunsten von Unternehmen ein, um bei konjunkturellen Abschwächungen antizyklische Investitionen zu ermöglichen. Jeder Konjunkturrückgang, so seine These, erhöhte den Einfluß des Staates auf die Wirtschaft. Der Trend ging zum Staatskapitalismus. Darüber hinaus forderte er die Koppelung von Lohnerhöhungen an objektive Maßstäbe wie Gewinne, Produktivität und Inflation – letzteres, um die Beziehungen zwischen Gewerkschaften und Arbeitgebern ein wenig zu entschärfen. Objektiv bestimmte Lohnerhöhungen bildeten den Kern der, nach einem Leitartikel der *New York Times* aus den frühen achtziger Jahren, »besten ökonomischen Idee seit Keynes«. Die Idee stammte aus einem Buch des MIT-Ökonomen Martin L. Weitzman mit dem Titel *The Share Economy*. Weitzmans detaillierte Ausführungen tragen zwar sehr originelle Züge, aber seine Ideen für eine Industriegesellschaft stehen in der Nachfolge von *The Concept of the Corporation*.

Druckers unzweideutige Vorschläge zum Wohl der Unternehmen wurden bei General Motors nicht gesehen. Marvin Coyle, der Leiter von Chevrolet, prangerte das Buch an: »ein Angriff gegen das Unternehmen, wie ihn die Linke nicht schärfer hätte vortragen können«. Alfred P. Sloan behandelte es, »als ob es nicht existieren würde«. Charles Wilson, der CEO von General Motors, war während der Zeit von Druckers Arbeit an dem Buch krank gewesen. Als er erwähnte, daß er das Buch Freunden zu Weihnachten schenken wollte, warnte ihn Sloan: »Das würde ich nicht tun, Mr. Wilson. Ihre Freunde könnten denken, daß Sie Mr. Druckers Buch befürworten.« Jahre später vertraute Sloan Drucker an: »Ich hatte schon ein paarmal darüber nachgedacht, meine Memoiren zu schreiben, mich aber immer dagegen entschieden, weil ich es zu überheblich fand. Aber Ihr Buch hat mich dazu gezwungen. Mir war klar, daß ich die Pflicht hatte, die Dinge zurechtzurücken.« Und jeder Manager von General Motors, den man beim Lesen von *The Concept of the Corporation* ertappte, wurde in aller Stille aufgefordert, »doch lieber für Mr. Ford zu arbeiten«.[16]

Ein Paradebeispiel für die in *The Concept of the Corporation* beklagte »provinzielle Phantasie der Manager« ergab sich, als Drucker seinem Manuskript einen an Coyle adressierten Brief beilegte. Dort brachte Drucker sehr behutsam die Idee ins Spiel, daß sich General Motors darüber Gedanken machen sollte, Chevrolet zu einem eigenständigen Unternehmen zu machen, um nach dem Krieg kartellrechtliche Schwierigkeiten zu vermeiden. Als noch beleidigender wurde Druckers Vorschlag empfunden, einige Unternehmensgrundsätze wie etwa den der Beziehungen zwischen Mitarbeitern und Kunden zu verändern. »Ich argumentierte lediglich, daß eine Unternehmenspolitik, jede Unternehmenspolitik, nach zwanzig Jahren meistens überholt ist und daß die Wiederumstellung des Unternehmens auf Friedensproduktion ... General Motors eine hervorragende Gelegenheit für neue Denkansätze bot.« Die Führungsspitze von General Motors sah das ganz anders. Ein Manager teilte Drucker mit: »Wir haben diese Unternehmenspolitik zwanzig Jahre lang durchdacht ... Wir *wissen*, daß sie richtig ist. Sie könnten uns genausogut auffordern, das Gesetz der Schwerkraft zu ändern.« Das Management bei General Motors, bemerkt Drucker trocken, war ein Zweig der Theologie.[17]

Im Kontext der damaligen Zeit hatte General Motors einen zwingenden Grund, jede Verbindung mit *The Concept of the Corporation* von sich zu weisen. Das Unternehmen befand sich mitten in einem 113-tägigen Streik, machte jeden Tag Verluste in Millionenhöhe und lief Gefahr, den Kampf um die Gunst der öffentlichen Meinung gegen die UAW zu verlieren. Druckers andere Vorschläge waren schlimm genug, aber seine These, daß das Unternehmen »vom öffentlichen Interesse betroffen« sei und »gesellschaftliche Verantwortung« zeigen müsse, wurde als unerträglich empfunden. General Motors büßte nach Kriegsende Rüstungsaufträge in Höhe von 2 Milliarden Dollar ein, und die Hauptforderung des Gewerkschaftsführers Reuther lautete, daß das Unternehmen die Löhne um 30 Prozent anheben, aber seine Preise *nicht* erhöhen solle, um seine Rücksicht auf das *öffentliche Interesse* an niedrigen Preisen und niedriger Inflation zu beweisen. General Motors, so forderte Reuther, solle »seine Bücher offenlegen«, um zu zeigen, daß sich das Unternehmen stabile Preise leisten konnte. Mit seiner Strategie wollte Reuther die Verbraucher auf die Seite der Gewerkschaften ziehen und den Streik dazu nutzen, der neuen Gesellschaft einen egalitären Stempel aufzudrücken. General Motors konnte sich daher kaum für ein Buch erwärmen, das diesen beginnenden »Sozialismus« widerspiegelte.

Druckers Selbstbeschreibung als *persona non grata* im gesamten Unternehmen ist ein wenig übertrieben. Schließlich stand Charles Wilson auf seiner Seite. Überzeugt von der arbeiterfreundlichen Logik von *The Concept of the Corporation* machte Wilson Drucker zu seinem Berater für Mitarbeiterbeziehungen und gründete sogar einen eigenen Stab für diesen Bereich. (Drucker fand später heraus, daß Wilson ihn gern als Vice President für Mitarbeiterbeziehungen engagiert hätte.) 1947 rief Wilson als ersten Schritt auf dem Weg zum »verantwortlichen Arbeiter« und zur »selbstverwalteten Fabrikgemeinschaft« einen unternehmensweiten Wettbewerb mit dem Titel »Meine Arbeit und warum ich sie mag« ins Leben. Die Arbeiter wurden gebeten, freimütige Aufsätze zu diesem Thema zu schreiben. Der Aufruf fand einen erstaunlichen Widerhall. 300 000 Arbeiter reichten Aufsätze ein, von denen manche bis zu 3 000 Wörter lang waren. Schon eine kleine Stichprobe der Aufsätze zeigte, daß die Arbeiter den starken Wunsch hatten, »sich mit Produkt und Unternehmen zu identifizieren und die Verantwortung für Qualität und Leistung zu übernehmen« – so

Druckers Erläuterung der Ergebnisse. Viele von ihnen äußerten, sie hätten Ideen zur Verbesserung ihrer Arbeit, aber niemand bei GM habe sich je die Mühe gemacht, sie zu fragen. In dem dringenden Wunsch, der Umfrage nachzugehen, richtete er Gruppen ein, die er wohl als erster als »Qualitätszirkel« bezeichnete.[18]

»Und dann wurde das Programm in aller Eile eingestellt«, schreibt Drucker, und die Ergebnisse der Umfrage wurden unterdrückt. Die UAW hatte mit einem unternehmensweiten Streik gedroht für den Fall, daß General Motors den Plan von Wilson und Drucker umsetzen sollte. Wilson schickte Drucker zu einem Gespräch mit Reuther. Dieser hatte seine Haltung geändert, seit General Motors, das nicht »seine Bücher offenlegte«, aber dafür die Preise erhöhte, die UAW im Streik des Vorjahres in die Knie gezwungen hatte. Er hatte seine Hoffnungen zurückgeschraubt – genau wie die Gewerkschaftsbewegung. Angesichts der Angriffe von konservativer Seite und des Widerstands der Unternehmen gegen gewerkschaftliche Forderungen schwand ihr Engagement für fortschrittliche gesellschaftliche Ziele. Die Gewerkschaft wurde immer mehr zu einer Interessengruppe, die für nichts Edleres kämpfte als mehr Lohn.[19]

Reuther ließ keinen Zweifel an seiner engen Auffassung eines liberalen Gewerkschafters: »Manager sollen managen und Arbeiter arbeiten«, beschied er Drucker, »und von Arbeitern zu fordern, daß sie Verantwortung übernehmen für die Aufgaben des Managements, erlegt den arbeitenden Menschen eine viel zu schwere Bürde auf.« Genau mit dem gleichen Argument, merkt Drucker an, wandten sich die Manager von General Motors gegen Wilsons Plan zur Verbesserung der Arbeit. Es sei nicht Aufgabe der Arbeiter, die Haltung eines Managers zu ihrer Arbeit einzunehmen: »*Wir* werden dafür bezahlt, daß wir wissen, wie man die Arbeit organisiert«, betonten sie. »Zumindest können wir es besser als Leute mit viel weniger Erfahrung, viel weniger Ausbildung und viel niedrigerem Einkommen.« Schlicht und ergreifend: »Manager sollen managen und Arbeiter arbeiten.«

Trotz Druckers konservativem Realitätssinn appellierte *The Concept of the Corporation* an Werte des New Deal zu einer Zeit, als das Land bereits über den New Deal hinausgelangt war. Die Vollbeschäftigung durch die boomende Kriegswirtschaft, die seit 1943 um 27 Prozent gestiegenen Reallöhne, die nach den Worten eines Historikers »progressivste Einkommensumverteilung des 20. Jahrhunderts« und die seit Pearl Harbor um 60 Prozent gestiegenen Familieneinkommen ärmerer Haushalte ließen die Erinnerung an die Depression verblassen. Der deutsche Ökonom Werner Sombart hat einmal eine denkwürdige Antwort auf die Frage gegeben, weshalb es in Amerika keinen Sozialismus gibt. Der sozialistische Egalitarismus scheitere, so schrieb er, an »Unmengen von Roastbeef«. Druckers neue Industriegesellschaft scheiterte an dem immensen Roastbeef des Nachkriegsbooms. Die USA standen an der Schwelle zum, wie es der frühere britische Premierminister Edward Heath nannte, »größten Wohlstand, den die Welt je erlebt hat«.[20]

Auch General Motors florierte in diesem Boom. Der Erfolg schien die unveränderte Gültigkeit seiner Unternehmenspolitik zu bestätigen. Im Laufe der Zeit jedoch wurden die Autos des Hauses zum Wahrzeichen für minderwertige Massenware aus amerikanischer Produktion. (Über einen Besuch in der Importhochburg Los Angeles in den neunziger Jahren berichtete ein General-Motors-Designer: »Viele Leute dort wußten nicht mal, daß Chevrolet noch Autos macht.«) Die Stimmung in den Fabriken von General Motors wirkte sich verhängnisvoll auf die Qualität aus. Das Unternehmen behandelte seine Montagearbeiter mit althergebrachter Rücksichtslosigkeit. »Die Kombination aus geistloser, monotoner Arbeit, erbarmungsloser Reglementierung und unmenschlicher Überwachung«, so schreibt die Soziologin Ruth Milkman nach jahrelanger Forschung in einer Fabrik, »gab den Arbeitern das Gefühl, Gefangene zu sein, und im Gespräch über ihre Arbeit bezeichnen sie die Fabrik bevorzugt als Gefängnis.« Einige Gründe wurden ihr von Mitarbeitern genannt, die Abfindungen zum Vorruhestand akzeptiert hatten:

»Die Arbeit am Fließband bei General Motors war die Hölle.«

»Ich habe die Arbeit bei General Motors gehaßt, die Art, wie sie die Fabrik geführt haben.«

»Die Arbeit bei General Motors machte mich krank. Es ist langweilig und monoton. Zur Damentoilette ging es achtundzwanzig Stufen hoch, es gab keine Stühle, Bänke oder Hocker. Wir saßen immer auf den Waschbecken. Und die Bosse behandelten uns wie ihre Sklaven.«

»Ich war total unglücklich bei der Arbeit. Wir wurden ständig herumgestoßen, in noch schlechtere Jobs versetzt. Wir waren bloß Zahnräder.«

Obwohl sie beträchtliche Preisnachlässe auf die neuesten Modelle bekommen konnten, weigerten sich in den siebziger und frühen achtziger Jahren viele der Mitarbeiterinnen und Mitarbeiter dieser Fabrik in Linden, New Jersey, ein Auto von General Motors zu kaufen. Sie fuhren lieber einen Ford.

Erst Mitte der achtziger Jahre, als japanische Importe den US-Markt eroberten, als die Produkte des Unternehmens als Billigware verspottet wurden, als die bewährte Methode der Motivation durch Einschüchterung bei den jüngeren Arbeitern nicht mehr funktionierte – erst in dieser Notlage konnte sich General Motors dazu durchringen, die Wilson/Drucker-Strategie von 1947 wiederzubeleben. Viel zu spät versuchte man, durch Einführung von Qualitätszirkeln, durch Ausbildung des »verantwortlichen Arbeiters« und andere Maßnahmen aus dem Katalog von Wilson und Drucker »die Qualität des Arbeitslebens« zu verbessern. »Es ist noch viel zu früh, um sagen zu können, ob diese Stategie Früchte tragen wird«, schrieb Drucker 1993, ein Jahr nachdem General Motors angesichts wöchentlicher Verluste von 365 Millionen Dollar die alte Führungsriege ausgemustert und durch ein neues Team ersetzt hatte. »Aber das Gesicht von General Motors wird sich durch sie bestimmt völlig verändern.«[21]

Die Botschaft von *The Concept of the Corporation* drang über die Mauern von General Motors hinaus und beeinflußte andere Unter-

nehmen Amerikas. Nachdem der junge Henry Ford II 1946 das
Steuer bei Ford übernommen hatte, baute er sein angeschlagenes
Unternehmen nach dem Dezentralisierungsmodell von General
Motors um und bestätigte ausdrücklich den Einfluß von *The Con-
cept of the Corporation*. Auch General Electric setzte für seine
Umstrukturierung von 1950 auf das Buch (und auf Drucker als
Berater). Und Mitte der achtziger Jahre hatte Drucker, wie wir
bereits gesehen haben, die meisten *Fortune-500*-Unternehmen zur
Dezentralisierung bekehrt. Aber die Botschaft von Druckers Buch
wurde auch andernorts gehört.

»Meine Popularität in Japan«, schrieb Drucker 1993 im Nachwort zu einer Neuausgabe von *The Concept of the Corporation*, »wo
man die Entwicklung des Landes zu einer führenden Wirtschafts-
macht und seine Leistungsfähigkeit und Produktivität zu einem
erheblichen Teil meinem Einfluß zuschreibt, reicht zurück bis zu
The Concept of the Corporation, das umgehend ins Japanische übersetzt, eifrig gelesen und angewandt wurde.« Die Japaner hatten die
Botschaft verstanden.[22]

»Mitarbeiter sind kein Kostenfaktor, sondern eine Ressource.
Diese Idee haben die Japaner akzeptiert und wir nicht«, sagte
Drucker zu Warren Bennis. Irgendwie gelangte Anfang der fünfziger Jahre eine Kopie der Umfrage »Meine Arbeit und warum ich sie
mag« zu Toyota, erzählt Drucker, und wurde zur Grundlage für die
Bemühungen des Unternehmens, das Ethos eines »verantwortlichen«, qualitätsbewußten Arbeiters zu verwirklichen. Druckers
Aufruf zu einem garantierten Jahreseinkommen wurde in Japan
zur Politik der Beschäftigung auf Lebenszeit. In *The Concept of the
Corporation* konnte Drucker keine Lösung für ein drängendes Problem der amerikanischen Arbeitswelt finden: Unter der dauern-
den Bedrohung durch Entlassungen müßten die amerikanischen
Arbeiter dumm sein, wenn sie mehr von ihren Fähigkeiten zeigen
oder gar Vorschläge zur Verbesserung der Effizienz machen würden, die sie und ihre Kollegen den Arbeitsplatz kosten könnten.
Die Beschäftigung auf Lebenszeit löste dieses Problem bei den
Japanern. Der Toyota-Arbeiter, der sich seines Arbeitsplatzes sicher

sein konnte, strebte nach höherer Effizienz. Die Behandlung der Mitarbeiter als Ressource war von Vorteil für das Geschäftsergebnis. Mit solchen von Drucker beeinflußten Maßnahmen wurde in Japan aus einem der weltweit schlechtesten Verhältnisse zwischen Arbeitnehmern und Arbeitgebern ein für die Industriegesellschaft vorbildlicher Umgang zwischen beiden Seiten. Mehr als dreißig Jahre lang besuchte Drucker Japan alle drei Jahre, um Seminare für japanische Manager zu halten. Diese trugen die Botschaft von *The Concept of the Corporation* und der folgenden Bücher weiter.[23]

Die wenigsten Unternehmensstrategien halten länger als 20 Jahre, predigt Drucker, der Verfechter systematischer Neuanfänge. Die Beschäftigung auf Lebenszeit in den führenden Branchen hat Japan sogar noch länger gute Dienste erwiesen. Doch jetzt, fürchtet Drucker, wird Japan diese Politik aufgeben müssen unter dem Druck einer Weltwirtschaft, die auch in den USA die wenigen aus dem New Deal verbliebenen sozialen Absicherungen aushöhlt. »Ich hoffe, daß sich in Japan (auch in dem radikalen wirtschaftlichen Wandel, den wir zur Zeit erleben) das grundlegende Verständnis wechselseitiger Verpflichtung zwischen Arbeitgebern und Arbeitnehmern und des Unternehmens als Interessengemeinschaft aller dort Arbeitenden behaupten wird«, sagte Drucker 1996 in einem Interview.[24]

Politisch wird es den Japanern schwerer fallen, diese soziale Verantwortung aufzugeben, als den Amerikanern. In den USA ist die soziale Absicherung für arme Kinder durch den Staat bereits abgeschafft, und vielleicht lassen sich die Amerikaner bald dazu überreden, einen Teil der Sozialhilfefonds für Börsenspekulationen zu verwenden oder Teile davon zu privatisieren – und damit den Zweck dieser Einrichtung ad absurdum zu führen. Die amerikanischen Eliten aus dem Finanzsektor, in den Unternehmen und an den Universitäten scheinen der Meinung zu sein, daß sich die USA angesichts des scharfen Wettbewerbs der Weltwirtschaft eine soziale Absicherung nicht mehr leisten können. Diese Eliten finanzieren den Status quo und rechtfertigen ihn in ihren öffentlichen und schriftlichen Äußerungen. Dies ist die Kehrseite der postpolitischen Stimmung: Eliten dominieren, während die Mehrheit der entwürdigenden Farce des öffentlichen Lebens resigniert den Rücken kehrt.

Aber die Zeiten ändern sich. Das zunehmende soziale Elend wird vielleicht zum Ruf nach einem internationalen New Deal führen, der Arbeitzeit, Lohn und Arbeitsbedingungen reguliert, der Arbeitern in der dritten Welt die Formierung von Gewerkschaften gestattet und der einen globalen Umweltschutz ermöglicht. Die Gesellschaften benötigen einen Schutz vor dem undifferenzierten Ansturm einer neuen Weltwirtschaft, in der amerikanische Stahlarbeiter mit einem Stundenlohn von 13 Dollar gegen brasilianische Stahlarbeiter mit einem Stundenlohn von 1,28 Dollar konkurrieren müssen.[25]

Wieviel Schutz sich Gesellschaften leisten können, ohne die wirtschaftliche Dynamik einzubüßen, diese Frage stand im Mittelpunkt eines Prinzipienstreits zwischen Drucker und seinem Freund und Kollegen am Bennington College, dem ungarischen Wirtschaftshistoriker Karl Polanyi. Als Polanyi an *The Great Transformation* arbeitete, seinem Buch über das Entstehen der Marktgesellschaft, sprach er mit Drucker an langen Abenden in Vermont über seine Ideen. In der Danksagung seines Buchs erwähnte Polanyi auch Peter und Doris Drucker: »Er und seine Frau waren eine Quelle ständiger Ermunterung, obgleich sie den Schlußfolgerungen des Autors uneingeschränkt widersprachen.« Laut Druckers Darstellung in *Zaungast der Zeit* war Polanyi zutiefst überzeugt von der Möglichkeit eines dritten Weges zwischen Kapitalismus und Sozialismus – er glaubte an eine Gesellschaft, schreibt Drucker, »die zugleich Wirtschaftswachstum *und* Stabilität, Freiheit *und* Gleichheit bietet«. Drucker war mit weit weniger zufrieden und gab *The Future of Industrial Man* deshalb den Untertitel *A Conservative Approach* (*Ein konservativer Ansatz*). Polanyi kritisierte das Buch denn auch als »lauwarmen Kompromiß«.[26]

Aufgrund seiner Nachforschungen über die menschliche Entwürdigung im frühen englischen Industrialismus wußte Polanyi, welchen Schaden ein unregulierter Markt der Gesellschaft, der

Gemeinschaft und der Familie zufügen konnte. Daher setzte er sehr stark auf staatliche Eingriffe in die Wirtschaft, um die Gesellschaft zu schützen. Drucker hingegen berücksichtigte die Notwendigkeit einer freien Wirtschaft – nicht nur im Hinblick auf den Wohlstand, sondern auch auf Gerechtigkeit und sozialen Anstand – und setzte daher lieber auf Vorsicht. Das Streben nach der guten Gesellschaft, so fürchtete er (wohl im Gedanken an die Sowjetunion), würde entweder in staatlicher Tyrannei oder im wirtschaftlichen Zusammenbruch enden. In Druckers erträglicher Gesellschaft »würden wir die Freiheit um einen Preis bewahren: die Störung, die Zerrissenheit und die Entfremdung des Marktes … In solch einer Gesellschaft ginge es weniger um das höhere Wohl als um das geringere Übel.«[27]

Diesen Preis zahlen wir noch heute für den Markt. Bis vor kurzem hatte er nationale Grenzen mit Gewinnern und Verlierern in jedem Land. Heute gibt es den weltweiten Markt, und ganze Länder können, mit Ausnahme ihrer Eliten, zu den Verlierern zählen. Ob die Menschheit gewillt ist, diesen Preis für wirtschaftliche Freiheit zu bezahlen, wird die Geschichte erweisen. Aber es geht immer noch um die von Polanyi und Drucker vorgebene Streitfrage: der Konflikt zwischen dem Gut der Sicherheit und dem Gut des Wachstums.

5
DIE GRUNDSTÖRUNG DES 20. JAHRHUNDERTS

Dieses Kapitel beschäftigt sich mit den drei Büchern aus den fünfziger Jahren, die nicht das Management zum Gegenstand haben: *The New Society*, *America's Next Twenty Years* und *Landmarks of Tomorrow*. Die Verschiedenheit der darin behandelten Themen – von Automation bis Religion, von Demographie bis Philosophie – erlaubt keinen generellen Überblick. Gemeinsam ist allen drei jedoch Druckers pragmatische Haltung zur Zukunft. Das Buch »… spielt die Probleme und Herausforderungen nicht herunter«, schreibt Drucker 1995 in der Einleitung zur Neuausgabe von *Landmarks of Tomorrow* (Erstausgabe 1959). »Aber es faßt sie auch nicht als Bürden oder Krisen auf, sondern als Arbeit, die erledigt werden muß.« Wenngleich der Manager in diesen Büchern kaum in Erscheinung tritt, ist dieser Pragmatismus doch zum großen Teil auf ihn zurückzuführen. In den frühen fünfziger Jahren arbeitete Drucker an seinem Klassiker *The Practice of Management*. Seit seinem Abschied vom Bennington College 1949 unterrichtete er im Fach Management an der Business School für Graduierte der New York University und war als Berater für Unternehmen wie General Electric tätig. Die Haltung eines Managers, die sich Drucker zu eigen machte, ließ keinen Raum für eine tragische Lebensauffassung. Probleme sind Herausforderungen. Organisation gleicht menschliche Schwächen aus. Das Morgen geht aus dem Heute hervor – es geschieht nicht einfach zufällig. Dies war ein Universum nachweislich berechtigter Hoffnungen, das seine

Wirkung auf den noch vor einem Jahrzehnt so düster gestimmten Drucker nicht verfehlte.

Man hatte ihn gewarnt: *The Concept of the Corporation* wurde von Ökonomen und Politologen tatsächlich als eine Art Scherz aufgefaßt. »Es beschäftigte sich mit einem Unternehmen – aber nicht mit *Ökonomie*. Es beschäftigte sich mit Struktur, Organisation, Unternehmenspolitik, Verfassungsprinzipien, Machtverhältnissen – aber nicht mit dem *Staat*.« In seiner Besprechung des Buches für ein Fachjournal schrieb ein führender Politologe: »Es ist zu hoffen, daß dieser vielversprechende junge Wissenschaftler seine beträchtlichen Fähigkeiten nunmehr einem respektableren Thema widmen wird.«[1]

Doch Drucker hatte ein Thema gefunden, das durch ihn respektabel wurde. Mit *The Concept of the Corporation* nahm Druckers Karriere einen anderen Verlauf. Wie wir gesehen haben, begann er als Sozialwissenschaftler, der sich mehr für die gesellschaftlichen und politischen Dimensionen von Großunternehmen wie General Motors interessierte als für ihre wirtschaftlichen Ziele. Aber seit den späten vierziger und frühen fünfziger Jahren, als ihn sein Buch zur Unternehmensberatung führte, bekundet er ein neues Interesse für Geschäftsfragen. Der Schwerpunkt verlagert sich von der Reformierung des Industrieunternehmens in der von *The End of Economic Man* und *The Future of Industrial Man* skizzierten Richtung – Fabrikgemeinschaft, der Arbeiter als Ressource – auf ein resigniertes Akzeptieren des unveränderten Unternehmens. Dieser neue Ton klingt in einem Vorwort an, das Drucker für eine Neuausgabe von *The New Society* aus dem Jahre 1962 schrieb:

> Es gibt heute keine uns bekannten und allgemein akzeptierten einfachen Antworten auf wirkliche Fragen. Wir erkennen, daß wir uns den Tatsachen stellen und Arbeiten erledigen müssen. Es gibt Risiken, Schwierigkeiten und Kompromisse. Es gibt Probleme und Chancen. Im denkbar schärfsten Gegensatz zu unseren Eltern und Großeltern entwickeln wir uns zu Nicht-Utopisten und Anti-Utopisten.

The Concept of the Corporation markiert den Höhepunkt von Druckers Utopismus.[2]

Seine Entwicklung hin zu einer am Geschäftsleben orientierten

Einstellung spiegelt das auflebende Gefühl wirtschaftlicher Gefahr in der Nachkriegszeit wider. Der größte Krieg in der Geschichte hatte die Depression beendet. »Falls die Kriegsproduktion der einzige Ausweg aus einer lang anhaltenden Depression bleiben sollte«, schreibt Drucker in *The Concept of the Corporation*, »hätte die Industriegesellschaft nur die Wahl zwischen Selbstmord durch totalen Krieg oder Selbstmord durch totale Depression.« Daraus folgt, daß eine gesunde Wirtschaft die einzige Möglichkeit zur Verhinderung des Krieges und zur Immunisierung der Gesellschaft gegen den Bazillus des Faschismus darstellt. Es wird nun zum Hauptziel Druckers, die Funktionsfähigkeit des industriellen Systems *in seiner bestehenden Form* zu sichern.

Aber in diesem System bleibt entfremdete Arbeit die Norm – Arbeit, die den menschlichen Fähigkeiten Hohn spricht. Darüber hinaus bedroht der weltweite Wettbewerbsdruck die gesellschaftliche Integration, die das Unternehmen geleistet hat. Im Sinne des französischen Soziologen Emile Durkheim sieht Drucker die Fabrik als einen Ort, an dem die vom Tempo des Wandels entwurzelten Menschen ein gewisses Maß an gesellschaftlicher Solidarität erfahren können. Die Fabrik mag zwar kein »Hafen in einer herzlosen Welt« sein – so die Charakterisierung der Familie von Marx – aber sie ist zumindest ein Ort der Stabilität und Gemeinschaftsidentität. Drucker setzte seine Hoffnung auf Großunternehmen, die eine neue Gesellschaft auf der in der Fabrikgemeinschaft erreichten Integration aufbauen könnten. Die Zeit hat diese Hoffnung zerstört. In der sich ständig wandelnden Arbeitswelt von heute, die praxisfremde Managementgurus so lieben, entstehen nur wenige soziale Bindungen und noch weniger Loyalitäten, ob zu Vorgesetzten, Untergebenen oder Kollegen. Diese Entwicklung ist für Drucker sehr schmerzlich.[3]

The New Society steht auf halbem Wege von Druckers Übergang vom Reformdenken zum kritischen Pragmatismus. Das Magazin *Time* plante eine Titelseite mit Druckers Porträt für einen Artikel über *The New Society*. Doch dann marschierte Nordkorea in Südkorea ein, und die Titelseite wurde von diesem geschichtsträchtigen Ereignis mit Beschlag belegt.[4]

Drucker sah *The New Society* als Destillat von *The Future of Industrial Man* und *The Concept of the Corporation*. Aber daneben betritt er mit dem Buch schon ab der Einleitung konzeptuelles Neuland.[5]

Auf 17 Seiten stellt Drucker eine eindrucksvolle Neubetrachtung der »Industriellen Weltrevolution« vor, so der Titel der Einleitung. »Die Weltrevolution unserer Tage ist ›made in USA‹.« Dieser paradox wirkende Satz bildet den Auftakt seiner Darlegungen. Diese Revolution bezieht sich auf das im schicksalhaften Jahr 1914 von Henry Ford erfundene System der Massenproduktion. Die seinem Fließbandsystem zugrundeliegenden Konzepte sind in der Folge auch außerhalb der Fabrik angewandt worden. Die Massenproduktion ist »*ein allgemeines Prinzip zur Organisation der Zusammenarbeit von Menschen*«. Vom Manhattan-Projekt im Zweiten Weltkrieg bis zum modernen Büro – Fords Massenproduktion ist zum Regelwerk der Arbeit geworden. Sogar in Aldous Huxleys Zukunftsroman *Schöne neue Welt* würdigen die Alphas und Betas Fords Rang als »Humaningenieur« des 20. Jahrhunderts.

> Ford, wir sind zwölf, o mach uns eins
> Wie Tropfen im Gemeinschaftsquell;
> Laß laufen uns im Strom des Seins
> Schnell wie dein 12-PS-Modell![6]

Fast jeder Angehörige der neuen Gesellschaft arbeitet in einer Organisation mit anderen zusammen. Dies markiert einen historischen Wandel. »Vor 100 Jahren … lebten die meisten Menschen noch auf dem Bauernhof und bestellten im Familienverband ohne fremde Hilfe ein paar Hektar Land. Die meisten Handwerker arbeiteten damals alleine oder mit ein, zwei Gehilfen … Außer Soldaten, Geistlichen und Lehrern – damals sehr kleine Gruppen – arbeitete kaum jemand für eine Institution.« Die meisten Menschen konnten sich zwar nicht unabhängig *erhalten*, aber sie konnten unabhängig *produzieren*. Dies änderte sich grundlegend mit dem Fordismus, der die fachliche Spezialisierung überflüssig

machte. Heute können Menschen nur noch in Organisationen produktiv sein, die, wenn auch vielleicht in abgemilderter Form, nach
Kriterien der Massenproduktion strukturiert sind. Drucker äußert
sich beredt über eine unvorhergesehene Konsequenz dieser neuen
Abhängigkeit: »Das Bild eines Mannes, der allein auf weiter Flur
eine Hochgeschwindigkeitsdrehbank bedient, ist vielleicht die
erschütterndste, bitterste Satire auf unsere Zivilisation, die man
sich vorstellen kann; es ist ein Bild äußerster Frustration, vollkommener Leere und finsterster Verdammnis.« Nicht der einzelne
produziert, sondern die Organisation.[7]

Der Standpunkt des Managers

»Der Arbeiter muß die Fabrik mit den Augen eines Managers
betrachten. Nur so kann er seinen Teil der Aufgabe sehen, und
von seinem Teil aus kann er das Ganze erfassen. Dieses »Sehen«
ist keine Frage von Informationen, Ausbildungskursen, Fabrik-
besichtigungen oder ähnlichem. Was gebraucht wird, ist die
tatsächliche Erfahrung des Ganzen in der Arbeit und durch die
Arbeit des einzelnen.«

— *The New Society*

Mit der Massenproduktion wird die »Trennung des Arbeiters vom
Produkt und von den Produktionsmitteln essentiell und absolut«.
Marx betrachtete diese Entfremdung als Übergangsstadium, das
mit der Übernahme der Produktionsmittel durch die Arbeiter zu
Ende gehen würde. Aber es hat sich gezeigt, daß die sozialistische
Massenproduktion in ihrer Wirkung auf die Arbeiter nicht anders
ist als die kapitalistische Massenproduktion. Nicht der Sozialis-
mus war revolutionär, sondern die Massenproduktion.[8]

Unter den Bedingungen der Massenproduktion wird die
Arbeitslosigkeit zum sozialen und existentiellen Schrecken. Der
Arbeiter kann ohne die Organisation nicht produzieren, und wenn
die Organisation scheitert, verliert er alles. Der Verlust von Status,
Funktion und Würde macht ihn empfänglich für die die immer

gleichen Verleumdungen von Extremisten. Aus diesem Grunde
können moderne Staaten den völligen Zusammenbruch von Wirt-
schaftsorganisationen nicht zulassen. Sie können nicht einfach wie
Regierungen im 19. Jahrhundert Konjunktureinbrüche als Natur-
ereignisse betrachten, gegen die sie hilflos sind. Sie müssen ein-
greifen, entweder um Konjunktureinbrüche durch eine übergrei-
fende Gesamtsteuerung zu verhindern oder um die Erholung
schneller herbeizuführen. Angesichts der Uneinigkeit der Experten über die wirtschaftlichen Ursachen der Depression zweifelt
Drucker an der Wirksamkeit von Prävention. »Die Wirtschaftspolitik muß sich daher weniger auf die Beseitigung der wirtschaftlichen Ursachen von Depressionen konzentrieren, wie diese im
Einzelfall auch aussehen mögen«, schrieb er in *The Concept of the
Corporation*, »als auf die Überwindung der Depression – das heißt
auf die Ursachen der Unfähigkeit zur Neubelebung.« Daher müssen Regierungen mit neuen Machtbefugnissen gegenüber Wirtschaft und Gesellschaft ausgestattet werden, die eine Einschränkung wirtschaftlicher und individueller Freiheit mit sich bringen
können. Aber dies ist unvermeidlich, denn Massenarbeitslosigkeit
darf nicht zugelassen werden. Sie hat zu Faschismus und Krieg
geführt und könnte es wieder tun.[9]

Die Revolution der Massenproduktion im Industrialismus,
schreibt Drucker, ist die »Grundstörung« des 20. Jahrhunderts.
Kommunismus und Faschismus waren nur »Reaktionen« darauf.
Der Kommunismus verbot die Arbeitslosigkeit. Der Faschismus
versuchte sie und andere Probleme der industriellen Ordnung
durch Krieg zu überwinden. Dieser Krieg beendete auch die Depression in den USA. Prophetisch warnt Drucker vor den Gefahren einer
Wirtschaft, die zur Erhaltung der Vollbeschäftigung von Rüstungs-
ausgaben abhängt: »Denn wenn dieser Staat … sein Rüstungspro-
gramm von der Beschäftigungssituation im Lande abhängig machen
würde«, schrieb er schon 1945, »wäre es unmöglich, eine konstruk-
tive und durchdachte Außenpolitik und eine dauerhafte internationale Zusammenarbeit zu entwickeln.« 15 Jahre später formulierte
Präsident Dwight D. Eisenhower eine ähnliche Warnung über den

»militärisch-industriellen Komplex«.[10] Drucker erkannte die Gefahr, bevor sich der Komplex gefestigt hatte.

Jetzt, in der Zeit des kalten Krieges, so fährt Drucker fort, müssen die USA der Welt eine demokratische Alternative zu Totalitarismus und Krieg vorführen. Sie müssen neue Institutionen für die Wirtschaft der Massenproduktion ersinnen, denn: »Wenn das Modell nicht vom Westen entwickelt wird, wenn es kein Modell einer freien Industriegesellschaft ist, dann wird es das Modell einer industriellen Sklavengesellschaft sein.«[11]

Das richtige Studium der Menschheit

»Die Literatur zur Organisation des Managements wächst ... vor allem in diesem Lande; und sie scheint immer mehr dem Wahlspruch zu folgen, daß *das richtige Studium der Menschheit auf Organisationen zielt.*

— *The New Society*

Im weiteren Verlauf von *The New Society* folgt die Darstellung der »Anatomie der industriellen Ordnung«, wie es im Untertitel des Buches heißt. Als erstes befaßt sich Drucker mit dem »Industrieunternehmen«, der prägenden Institution der neuen Gesellschaft. Die nächsten fünf Abschnitte analysieren die Probleme industrieller Ordnung, die vom Unternehmen aufgeworfen werden – vor allem die »Lohnfrage« zwischen Arbeitgebern und Arbeitnehmern.[12]

Drucker nimmt Anleihen bei Marxscher Logik, um uns die Dinge in neuem Licht zu zeigen. »Wir betrachten und erörtern die Grundprobleme einer Industriegesellschaft immer noch als Probleme, die durch eine Veränderung des Systems, das heißt des Überbaus politischer Organisation gelöst werden können. Doch die wirklichen Probleme liegen im Unternehmen.« Dies ist ein neuer Denkansatz (auch wenn die Unterordnung der Politik nach Marxschem Vorbild etwas Deterministisches an sich hat). Wie Faschismus und Kommunismus sind viele Probleme der neuen

Gesellschaft nur Reaktionen auf die Grundstörung der Massen-produktion.[13] Druckers Botschaft heißt: Wenn die Arbeitssituation verbessert wird, lösen sich auch soziale Probleme. Das Unternehmen ist unsere »repräsentative Institution«, »ein Spiegel, in den wir blicken, wenn wir uns sehen wollen«. Wenn wir nicht mögen, was wir sehen, wenn das Unternehmen nicht unsere Grundüberzeugungen widerspiegelt, »kann die Industriegesellschaft nicht überleben«. Drucker erleidet hier einen Rückfall in die apokalyptische Argumentationsweise seiner ersten beiden Bücher.[14]

Was sehen wir also, wenn wir das Industrieunternehmen betrachten? Wir sehen eine neue Gesellschaftsordnung. Eine kleine Gruppe von Menschen an der Spitze führt das Unternehmen. Als ziviles Gegenstück zu Königen und Generälen sind sie uns aus der Geschichte vertraut. Eine große Zahl von Menschen leistet die alltägliche Arbeit des Unternehmens. Auch sie erkennen wir wieder: Es sind die Bauern und Bediensteten von gestern. (In einem Aufsatz im *Atlantic Monthly* von 1994 weist Drucker darauf hin, daß Bauern und Hausbedienstete noch 1900 die zwei größten Gruppen der arbeitenden Bevölkerung waren.) Im mittleren Bereich der neuen Gesellschaftsordnung befindet sich eine große, ständig wachsende Gruppe von Technikern, Managern und qualifizierten Fachleuten. 1880 lag ihr Anteil an der arbeitenden Bevölkerung der USA unter 10 Prozent. In den neunziger Jahren unseres Jahrhunderts beträgt dieser Anteil 30 Prozent. Sie sind die industrielle Mittelschicht. Sie sind das Neue an der neuen Gesellschaft.[15]

Im Mikrokosmos des Unternehmens ist der Mitarbeiter ein industrieller Bürger, so wie er Staatsbürger im Mikrokosmos des Staates ist. In *The Concept of the Corporation* äußerte sich Drucker zu den Rechten, die mit dem Begriff der industriellen Bürgerschaft verbunden sind. In *The New Society* beginnt er mit den Pflichten. »Im Hinblick auf das richtige Funktionieren des Industrieunternehmens müssen seine Mitglieder bis hinunter zum letzten Bodenfeger und Karrenschieber die ›Haltung eines Managers‹ zu ihrer Arbeit und zum Unternehmen einnehmen. Sie müssen sie als ihre eigene und sich selbst als ›Bürger‹ statt als ›Untertanen‹ begreifen.« Diese Haltung ist eine »Einstellung, die den einzelnen dazu veranlaßt, seine Arbeit, seine Aufgabe und sein Produkt zu sehen wie ein Manager …«. Die Produktivität des Unternehmens hängt davon ab, daß alle Mitarbeiter diese Haltung einnehmen, denn: »Die entscheidenden Anreize für Produktivität und Effizienz sind weniger finanzieller als vielmehr sozialer und moralischer Natur.«[16]

Dies gehört zu den umstrittensten Passagen in Druckers Werk. Drucker sieht das Problem der Entfremdung des Arbeiters in erster Linie als psychologische Frage. Zur Steigerung der Produktivität kann das Unternehmen auf Zuckerbrot (höhere Löhne) und Peitsche (die Drohung der Entlassung) verzichten. Es reicht, den Mitarbeiter psychologisch auf die »Haltung eines Managers« zu verpflichten. Dieser Mitarbeiter kann dann, so Drucker, die Entfremdung und geisttötende Langeweile industrieller Arbeit besser ertragen, weil sie einem höheren Managementzweck dient. Und er lernt, mit der instabilen Beschäftigungssituation in einem Unternehmen zu leben, das sich auf dem Markt behaupten muß. Dies ist industrielles Bürgertum nach Managementbedingungen. Die Arbeit bleibt entfremdet. Der Markt bestimmt auch weiterhin. Es ändert sich nichts außer der Einstellung des Arbeiters.

In einem jüngst erschienenen Artikel über ein Fertigungsunternehmen aus Ohio zitierte die New York Times dessen gewerkschaftsfeindlichen Vorstandsvorsitzenden, der einen wachsenden Teil der Produktion in den gewerkschaftsfreien Süden der USA verlegt, mit einer Stellungnahme, die die manipulative Seite der »Haltung eines Managers« enthüllt. »Die Gewerkschaftsbewegung geht zurück«, meint er, »weil die Unternehmen ihre Anschauungen geändert haben. Wir beschäftigen mündige Mitarbeiter. Sie arbeiten in Teams mit gemeinsamer Verantwortung. Management und Arbeiter stehen sich in den Fabriken nicht mehr feindlich gegenüber. Wir sind einig und eins zum Wohle der Aktionäre.« Er war bestimmt für das Wohl der Aktionäre, zumal er selbst einer ist – und mit jedem Stellenabbau und jeder Lohnsenkung für die Arbeiter wächst der Wert seiner Aktien.[17]

Gerechterweise muß man sagen, daß Peter Drucker Manipulationen dieser oder auch jeder anderen Art ablehnt. Er verwendet den Ausdruck »manipulativer Paternalismus« zur Beschreibung eines Vorgehens, wie es dieser Hersteller aus Ohio an den Tag legt. Sogar in Gewinnbeteiligungsplänen entdeckt er manipulative Züge, weil sie einen Arbeiter an einen Arbeitgeber binden und ihn in der Ausübung seiner wirtschaftlichen Freiheit behindern: »Jeder Arbeiter muß aus dem falschen Job fliehen können.« In *Neue Management-Praxis* (1973) schreibt er:

> Die Persönlichkeit eines Arbeitnehmers geht den Arbeitgeber nichts an. Das Beschäftigungsverhältnis ist ein verbindlicher Vertrag über bestimmte Leistungen ... Jeder darüber hinausgehende Versuch ist eine Anmaßung. Es ist ein unmoralischer und ungesetzlicher Eingriff in die Privatsphäre. Es ist Machtmißbrauch. Ein Mitarbeiter schuldet keine »Loyalität«, er schuldet keine »Liebe« und keine »Haltungen« – er schuldet Leistung und sonst nichts.

Doch noch im Jahre 1950 hält er die »Haltung eines Managers« für immun gegen Manipulation; er sieht sie »in Übereinstimmung mit der Forderung, daß der einzelne die ›menschliche Würde‹ verwirklicht, an die westliche Gesellschaften glauben«.[18]

Drucker ist auf der Suche nach einer Möglichkeit, die menschliche Würde mit dem der Arbeit innewohnenden Zwangselement zu versöhnen. Er will, daß auch der einfachste Arbeiter, »der letzte Bodenfeger und Karrenschieber«, stolz auf seine Arbeit ist, aber nicht dem Management zuliebe, sondern im Sinne seiner persönlichen Integrität. Wenn Arbeit als Plackerei, verbunden mit äußerlicher Willfährigkeit, empfunden wird, die nur um den Preis innerer Wut, Selbstverachtung und Bitterkeit zu ertragen ist, wie dies bei den in Kapitel 4 erwähnten General-Motors-Arbeitern ganz offensichtlich der Fall war, dann ist der Arbeitsplatz wirklich eine Hölle der Entfremdung mit ausschließlich negativen sozialen und politischen Folgen, die weit über Fabriktore oder Bürotüren hinausreichen. Drucker weigert sich, einen Zustand zu akzeptieren, in dem Arbeit wie diese die Norm ist. Statt dessen verficht er ein Ideal, dessen Sinn im Begriff »Haltung eines Managers« nicht eindeutig zum Ausdruck kommt: das Ideal des »verantwortlichen Arbeiters«. Auf die Frage nach seiner Definition von »Verantwortung« schrieb er vor kurzem:

Die »sechs gängigen Fehler« in der Gestaltung
von Führungspositionen

1. Jede Führungsposition ist wahrscheinlich begrenzt, aber die Aufgabenstellung muß weit genug gefaßt sein, um für den Manager eine anhaltende Herausforderung darzustellen. Zu geringfügige Aufgabenstellungen verführen dazu, sich »innerlich in den Ruhestand zu begeben«.

2. Schlimmer als die zu enge Aufgabenstellung ist die Position, die eigentlich keine ist – zum Beispiel als »Assistent von X«. Arbeitspositionen solcher Art können das Unternehmen korrumpieren, weil sie anständige Menschen zu Kriechern und Intriganten machen. »Das heißt nicht, daß man auf den Titel ›Assistent‹ verzichten muß – nur die Realität sollte man vermeiden.«

3. Managen ist keine »Vollzeitbeschäftigung«. Der Manager braucht andere Aufgaben, wenn er nicht managt. Er sollte nicht nur Manager sein, sondern auch als Fachexperte auf einem Gebiet arbeiten, damit er nicht in Versuchung kommt, »die Arbeit seiner Untergebenen zu machen«.

4. »Es ist ein Fehler, eine Arbeit so zu gestalten, daß sie ständig Besprechungen, ›Kooperation und Koordination‹ erfordert.« Die Aufgabe sollte von einer Person und ihren Mitarbeitern bewältigt werden können. Und wenn Besprechungen von der Arbeit abhalten, dann gilt das natürlich auch für Reisen.

5. Titel sollten kein Ersatz für eine Gehaltserhöhung oder gar für eine Aufgabenstellung sein. Das Überhandnehmen leerer Titel – der Einkaufsleiter wird zum Koordinator für Materialplanung – führt zur Unzufriedenheit bei jenen, deren Titel nicht aufgewertet werden. »Die Regel sollte heißen: Für erstklassige Arbeit bezahlen wir – und wir bezahlen gut. Aber einen Titel ändern wir nur, wenn sich die Funktion, Position und Verantwortung eines Mitarbeiters ändern.«

6. Positionen sollten keine »Witwenmacher« sein. Der Ausdruck stammt aus der Zeit der Klipper, einer Art von Schnellseglern, die »häufig außer Kontrolle gerieten und tödliche Unfälle verursachten«. So sind auch manche Positionen. Die Regel hier: »Wenn eine Position nacheinander zwei Mitarbeiter verschleißt, die ihre früheren Aufgaben gut erfüllt haben, dann sollte sie umgestaltet werden.«

– Neue Management-Praxis

Verantwortung ist sowohl äußerlich als auch innerlich. Äußerlich beinhaltet sie die Rechenschaftspflicht gegenüber einer Person oder Instanz und für eine bestimmte Leistung. Innerlich beinhaltet sie Engagement – wenn ich wie ein alter Schullehrer klinge, ich bin einer. Dies sind Begriffe von Aristoteles (und auch von Plato), erläutert und präzisiert durch a) Thomas von Aquin und b) die Federalist Papers (die zeitgenössischen Erläuterungen zum Verfassungsentwurf der USA, die im übrigen weitgehend Montesquieu folgen). Der verantwortliche Arbeiter ist nicht nur ein Arbeiter, der für bestimmte Ergebnisse Rechenschaft schuldet, sondern auch einer, der befugt ist, alles Nötige zu tun, um diese Ergebnisse zu erreichen, und der sich für diese Ergebnisse engagiert und sie als *persönliche* Leistung betrachtet.

So weit, so gut. Alle Arbeiter sollten diese Einstellung zu ihrer Arbeit haben, und es gäbe weniger Entfremdung, wenn es tatsächlich so wäre. Aber man kann sich leicht vorstellen, was der Ohio-Hersteller dazu sagen würde: »Genau das meine ich mit ›Empowerment‹ (Mündigkeit).« Empowerment in seinem Unternehmen heißt keine Sicherheit des Arbeitsplatzes über den Arbeitstag hinaus, keine Gewerkschaft und ständiger Leistungsdruck, damit das Unternehmen nicht in den Süden oder nach Mexiko oder an einen anderen Standort ohne Gewerkschaften und mit fügsamen Arbeitern übersiedelt. (Drucker: »Ich hasse das Wort ›Empowerment‹. Ich habe es nie benutzt und werde es auch nie benutzen.«)

Verantwortlich in Druckers bewundernswertem Sinne kann ein Arbeiter nur dann sein, wenn Macht und Angst aus dem Spiel bleiben. Dies ist nach Druckers Ansicht gegeben, wenn die Macht des Arbeitgebers über den Arbeiter legitim ist, weil sie in diesem Fall zur Autorität wird, einer durch die Zustimmung des Arbeiters gebilligten Macht. Aber auch legitime Macht, so haben es die Autoren der Federalist Papers festgehalten, kann mißbraucht werden, wenn ihr nicht eine andere gleichwertige Macht entgegentritt. In der Industriegesellschaft sollte der Arbeiter in der Lage sein, seine Arbeitskraft zu verweigern, wenn der Arbeitgeber seine Macht mißbraucht. Ohne Furcht vor dem Verlust seiner Arbeit kann er dies jedoch nur tun, wenn eine Gewerkschaft hinter ihm steht. Erst dann ist der Machtfaktor und der von ihm ausgehende Halbschatten von Furcht so weit neutralisiert, daß man von einem verantwortlichen Arbeiter sprechen kann.

Druckers Analogie zwischen Unternehmen und Staat sowie Arbeiter und Bürger ist weniger problematisch als sein Aufruf zur Haltung des Managers. Diese Analogie ist nur irreführend. Die industrielle Bürgerschaft geht nämlich verloren, wenn das Unternehmen keinen Erfolg hat. Selbst »Erzengel müßten als Unternehmensführer die Rentabilität zum wichtigsten Gesetz ihrer Handlungen machen, nicht anders als der ›gierigste Kapitalist‹«. Hier fällt Druckers Analogie in sich zusammen. Niemand verliert seine Staatsbürgerschaft, wenn sein Land keine Gewinne ausweisen kann. Aber der industrielle Bürger kann unter diesen Umständen seine industrielle Bürgerschaft verlieren. Die ungleichmäßige Machtverteilung zwischen Unternehmen und Arbeiter ist nichts im Vergleich zur Macht, die der Markt auf beide ausübt – auf den gewerkschaftsfreundlichsten Arbeitgeber ebenso wie auf den verantwortlichsten Arbeiter. Der Markt kennt keine Bürger und respektiert keine Werte. Druckers industrieller Bürger ist einem Tornado ausgesetzt.[19]

»Soll man die Löhne«, fragt Drucker, »in erster Linie als laufende Kosten auffassen, die als Zahlung für eine im Produktionsprozeß verbrauchte Ware anfallen? Oder sind sie vor allem ein zukünftiger Kostenfaktor für die Erhaltung und Vermehrung menschlicher Produktionsressourcen?«[20]

Wohl beides. Für das Unternehmen ist der Lohn ein Kostenfaktor; für den Arbeiter ist er sein Einkommen. Zu einem Zeitpunkt, »als die Schlagzeilen fast täglich über Lohnkonflikte berichten«, sucht Drucker betriebliches Einvernehmen durch eine Lohnformel, die gleichzeitig »unternehmensorientiert« und »arbeiterorientiert« ist. Das Unternehmen leidet unter der Belastung durch die Fixierung auf Stundenlöhne, die immerzu steigen. (»Unsere Löhne sind auf dem Höhepunkt eingefroren.«) Statt dessen braucht das Unternehmen Löhne, die mit den Preisen, der Produktivität und der Inflation steigen oder fallen. Keine Gewerkschaft könnte solche flexiblen Löhne akzeptieren, wenn die neue Formel den Arbeitern nicht eine gewichtige Gegenleistung bieten würde. Doch dies ist der Fall, wie wir bereits gesehen haben: Arbeitsplatzsicherheit in Form einer Verpflichtung des Unternehmens, den Arbeitern ein jährliches Mindesteinkommen in Höhe eines Prozentsatzes seines Vollzeitlohns zu garantieren, unabhängig davon, ob sie arbeiten oder aufgrund von Konjunkturschwankungen entlassen werden. Es findet ein Ausgleich statt: Lohnflexibilität gegen Einkommenssicherheit. (Das Kleingedruckte reicht Drucker später nach: Der Arbeiter muß das während seiner Arbeitslosigkeit erhaltene Geld *zurückzahlen*, wenn er seine Arbeit wiederaufnimmt.)[21]

Druckers Grundformel erfüllt die grundsätzlichen Forderungen beider Seiten. Außerdem nimmt sie das Beschleunigungsmoment aus der Lohn-Preis-Spirale, die zum Beispiel 1946 in den Verhandlungen von General Motors mit der UAW zum Vorschein kam. Stetig steigende Löhne und Preise sind ein sicheres Rezept für Inflation. Deshalb liegt es im Interesse der Öffentlichkeit, die Lohnfrage auf einer anderen Basis zu klären.

Bessere Wirtschaftsideen dürften im Jahre 1950 wohl kaum in der Luft gelegen haben. Die Drucker-Formel ist tatsächlich »die beste Idee seit Keynes«. Man denke nur an die Milliarden Dollar Einkommen, die streikenden oder entlassenen Arbeitern aufgrund der lohnorientierten Beziehungen zwischen Arbeitgebern und Arbeitnehmern entgangen sind. Man denke nur an die Milliarden Dollar, die amerikanische Unternehmen seit 1950 durch Arbeitskämpfe verloren haben und somit nicht für Forschung und Entwicklung und für Investitionen verwenden konnten. Und schließlich sollte man auch die hohen Kosten einer durch die Lohn-Preis-Spirale bedingten Inflation nicht vergessen: für Menschen mit festem Einkommen ein sinkender Lebensstandard; für Verwaltungen ein Streichkonzert ohne Ende bei öffentlichen Ausgaben und Dienstleistungen, die für die Produktivität von morgen lebenswichtig wären. Auf diese Weise entstanden in der Nachkriegsrezession die Geisterstädte im mittleren Westen der USA, weil die Inflation nicht mehr aufzuhalten war – Träume wurden zerstört, Familien zerbrachen, Gemeinwesen fielen auseinander. Mit tragischer Hellsicht erkannte Drucker, wohin die Lohnfrage führen würde.

Nachdem er das Bild einer alternativen Zukunft für den Nachkriegskapitalismus gezeichnet hat, wendet sich Drucker einem anderen Fallstrick auf dem Weg zur Industriegesellschaft zu: die allenthalben anzutreffende Ablehnung von Gewinnen. Diese rührt zum Teil von einem verbreiteten Unwissen über Gewinne her, gegen das Drucker schon seit Jahrzehnten ankämpft. »Das Entscheidende am Gewinn ist doch, daß es ihn gar nicht gibt«, schrieb er 1973 im *Wall Street Journal*. »Es gibt nur Kosten ... Kosten für den Betrieb und für die Erhaltung der Wettbewerbsfähigkeit; Kosten für Arbeitskräfte, Rohstoffe und Kapital; Kosten für die Arbeitsstellen von heute und für die Renten von morgen.« Drucker weist zu Recht darauf hin, daß Unternehmensführer »Gewinne« nur selten in diesem Sinne rechtfertigen, aber vielleicht wollen sie ja auch nicht die Aufmerksamkeit auf ihren Anteil daran lenken.

Doch die Ablehnung der Gewinne beruht nicht nur auf einem Mißverständnis. Es gibt auch einen Groll gegen maßlose Managergehälter, dessen Hintergrund »nicht wirtschaftlich, sondern sozial ist – sie werden als Verweigerung von Gerechtigkeit und Fairneß empfunden«. Drucker schrieb dies im Jahre 1950. 1997 bemerkte er gegenüber *Forbes*: »Die wenigsten Topmanager können sich den Haß, die Verachtung und die Wut vorstellen, die dadurch ausgelöst werden – und zwar nicht in erster Linie bei den Arbeitern, die sowieso nie eine besonders hohe Meinung von den ›Bossen‹ hatten, sondern auch bei den Managern der mittleren Ebene und bei den Fachexperten.« Obwohl er strikt dagegen ist, versteht Drucker die Logik hoher Gehälter für Führungskräfte – daß zum Beispiel die Abgrenzung der Managementebenen im Unternehmen zunehmend deutliche Unterschiede im Gehalt erforderlich macht. Doch Arbeiter akzeptieren solche Erklärungen nicht und lassen sich auch nicht überzeugen. »Wenn es etwas gibt, was die Emotionen bei einer Gewerkschaftsversammlung weckt«, merkt er an, »dann ist es die Erwähnung der ›fetten‹ Gehälter der Bosse.«[22]

Diese Gehälter wirken wie ein Gift: »Der Unmut über die hohen Gehälter der Spitzenmanager vergiftet die politischen und sozialen Beziehungen in der Fabrik, belastet die ohnehin schwierige Kommunikation zwischen Unternehmensführung und Arbeitern und vermindert die Chancen des Managements, als ›Regierung‹ der Fabrik akzeptiert zu werden.« Und für die »Haltung eines Managers« sind solche Gehälter auch nicht gerade förderlich.[23]

Seinen Ruf der Raffgier hat der Kapitalismus in erster Linie den Spitzengehältern zu verdanken, die seit 1950 in immer schwindelerregendere Höhen gestiegen sind. »Seit 1980«, so schreibt John Sweeney, der Präsident der AFL-CIO (American Federation of Labor and Congress of Industrial Organizations: größter amerikanischer Gewerkschaftsverband, Anm. d. Ü.), »sind die Reallöhne der Arbeiter gefallen, während die Gesamtvergütungen für Vorstandsvorsitzende um 499 Prozent gestiegen sind. 1960 verdiente der durchschnittliche Vorstandsvorsitzende 41 Mal so viel wie der Durchschnittsarbeiter. 1995 hat der durchschnittliche Vorstandsvorsitzende 145 Mal soviel eingestrichen wie der Durchschnittsarbeiter.« Eine Umfrage der *Business Week* für das Jahr 1996 ergab, daß die Spitzenmanager das *209fache* des durchschnittlichen Arbeitslohns verdienten. Drucker muß auf diesen Trend nicht erst hingewiesen werden, er prangert ihn schon seit fünfzig Jahren an. Unter Berufung auf J. P. Morgan, »dem man bestimmt nicht vorwerfen kann, daß er etwas gegen Geld hat«, betonte Drucker Mitte der neunziger Jahre, daß das Einkommensverhältnis zwischen Spitzenmanagern und Arbeitern nicht größer als 20 zu eins sein darf, ohne die Moral des Unternehmens zu schädigen. Auf Drukkers Empfehlung übernahm sein Freund Max De Pree, der Vorsitzende des *Fortune*-500-Möbelherstellers Herman Miller aus Michigan, die 20/1-Formel und verknüpfte Gehaltserhöhungen für Manager mit der Gesamtleistung des Unternehmens. »Wir müssen auch an das Gemeinwohl denken«, teilte De Pree dem *Wall Street*

Journal mit. Manager, denen solche Regungen fremd sind, sind schlimm genug; über jene, die durch Personalabbau den Wert ihrer Unternehmensaktien und damit den an die Aktien gebundenen Anteil ihrer Vergütung in die Höhe treiben, äußert sich Drucker voller Verachtung, so auch gegenüber *Wired*:[24]

> Was neu und alles andere als wünschenswert ist, ist die Art, wie diese Entlassungen durchgeführt werden. Das macht mir Sorgen. Vielen Topmanagern macht diese Grausamkeit Spaß. Zweifellos befinden wir uns in einer Zeit, in der man ein Held ist, wenn man grausam ist. Und absolut unverzeihlich sind die finanziellen Prämien, die Topmanager für die Entlassung von Mitarbeitern bekommen. Dafür gibt es keine Entschuldigung und keine Rechtfertigung. Das ist moralisch und gesellschaftlich unverzeihlich, und dafür werden wir einen hohen Preis bezahlen müssen.[25]

»Ein industrielles System kann nur mit einer für die Anforderungen der Zukunft adäquaten Gewinnspanne funktionieren und überleben«, schrieb Drucker 1950. »Diese Adäquatheit, wenn nicht gar die Gewinnspanne selbst, ist durch den Widerstand der Arbeiter gegen die Gewinnorientierung ernsthaft bedroht.« Doch die Arbeiter sind mißtrauisch gegen Gewinne, weil sie sehen, wohin sie fließen: ins Ausland zum Bau neuer Fabriken, an Aktionäre in Dividendenform, in räuberische Gehälter und nicht in Umschulungsmaßnahmen oder Lohnerhöhungen oder verbesserte Arbeitsbedingungen.

Die Daten aus den neunziger Jahren deuten darauf hin, daß die Arbeiter heute noch mehr Grund für ihr Vorurteil gegen Gewinne haben als 1950. Die satten Gewinne Mitte der neunziger Jahre waren nicht auf steigende Produktivität zurückzuführen, die in den achtziger und neunziger Jahren pro Jahr nur um 1 Prozent gewachsen ist. Sie »sind in erster Linie«, schreibt der Ökonom Lawrence Mishel in *The American Prospect*, »Ausdruck der erfolgreichen Eindämmung des Lohnwachstums durch die Unternehmen. Hätte die Kapitalrendite – Gewinne und Zinserträge pro investiertem Dollar – 1994 und 1995 nicht 10,66 Prozent betragen, sondern 8,37 Prozent wie im Durchschnitt der Konjunkturhöhepunkte der Zeit von 1959 bis 1979, dann hätte der Stundenlohn um 3,6 Prozent höher gelegen ... Was eine Lohneinbuße von 3,6 Prozent bedeutet, erkennt man daran, daß der Stundenlohn im gesamten Zeitraum 1989-1996 lediglich um 2,8 Prozent gestiegen ist. Mit anderen Worten«, schließt Mishel und bestätigt damit den bei amerikanischen Arbeitern weitverbreiteten Verdacht, daß die Unternehmensgewinne zu Lasten ihres Einkommens gehen, »ohne diese Einkommensverlagerung vom Arbeitslohn auf das Kapital wäre das Lohnwachstum der letzten Jahre doppelt so hoch ausgefallen.«[26]

The New Society schließt Lücken, die vorangegangene Bücher offengelassen haben. Zum Beispiel wird die Frage beantwortet, wie man der Herstellung von Dosenöffnern oder Lampenschirmen sozialen Sinn abgewinnen soll. Für den Manager ist der Dosenöffner sinnvoll. Seine Prämie hängt davon ab, wieviele sich davon verkaufen, und er kennt den komplexen Geschäftsplan, in dem der Dosenöffner seinen Platz hat. Daher sieht Drucker als einzige Antwort auf diese Sinnfrage die Aneignung der Haltung eines Managers. Als nachahmenswertes Vorbild empfiehlt Drucker einen Packer bei General Motors, der seine schmutzige Arbeit (die Bündelung von Metallschrott) als sinnvoll betrachtete, weil er sich ausmalte, wie aus den einzelnen Metallpacken Teile hergestellt und dann in fertige Autos eingebaut werden. Dank dieser Sicht des Ganzen denkt er wie ein Manager. Natürlich haben seine Überlegungen nichts mit der tatsächlichen Fertigung der Autos zu tun. Dennoch sorgen sie dafür, daß er mit seiner Arbeit zufrieden ist. Obwohl er im selben Unternehmen arbeitet, lebt Druckers Packer nicht in derselben Welt wie die Frauen und Männer, die Ruth Milman in New Jersey interviewt hat.[27]

Doch auch diese schweren Fälle könnten sich die Perspektive eines Managers aneignen, wenn sie zum Management gehören würden. Wenn sie an Entscheidungen und Gewinnen beteiligt wären, wären sie auch bereit, zur Deckung von Verlusten auf Lohn zu verzichten. Das war die Hoffnung von Walter Reuthers Aufforderung an General Motors, »die Bücher offenzulegen« – ehe er dann seine Erwartungen zurückschraubte. Er wollte die

Menschen, für die die Unternehmenspolitik existentielle Folgen hatte – die Arbeiter mit Familie – an Managemententscheidungen beteiligt sehen. Sie sollten zum Beispiel die Verbraucher repräsentieren und sich gegen ungerechtfertigte Preiserhöhungen aussprechen. Alfred P. Sloan verabscheute diese Idee. Drucker tut sie einfach als sinnlos ab. »Es kann keine Beteiligung des Arbeiters an der Führung des Unternehmens geben«, schreibt er in *The Concept of the Corporation*, »sie muß im Interesse des Arbeiters in den Händen ausgebildeter Manager liegen, die für das Unternehmen und nicht für die Gewerkschaft oder den Staat arbeiten.«[28]

So wenig sich Drucker im Normalfall von rein ökonomischen Argumenten beeindrucken läßt, hier klingt er wie ein Buchhalter. Natürlich würde Demokratie in ökonomischen Fragen zu Ineffizienz führen, vor allem in der Entscheidungsfindung. Aber Drucker hat immer wieder betont, daß für japanische Unternehmen das Schneckentempo ihrer Entscheidungen keine Behinderung dargestellt hat. Darüber hinaus würden Arbeiter, die an Führungsentscheidungen mitwirken, aufgrund dieser Erfahrungen wirklich wie Manager denken und wären nicht das Opfer irgendeiner Scheininitiative aus der Personalabteilung. Dies wäre sicherlich sehr viel wert.

Zuletzt kommen wir zur »selbstverwalteten Fabrikgemeinschaft«, die sich ihrerseits als große Enttäuschung entpuppt. Druckers Konzept sieht Kontrolle der Arbeiter vor – aber nur über die Cafeteria, den ärztlichen Notdienst und das jährliche Sommerpicknick. Das klingt eigentlich harmlos, solange man sich nicht daran erinnert, daß die selbstverwaltete Fabrikgemeinschaft eine von Druckers Antworten auf die Forderung der Arbeiter nach Status, Funktion und Chancengleichheit ist. Eine Beteiligung der Arbeiter an Führungsfragen oder an Entscheidungen über Geschwindigkeit und Gestaltung der Arbeit kann Drucker nicht akzeptieren. Das wäre ein zu starker Eingriff in die wirtschaftliche Dynamik à la Karl Polanyi. Aber er besitzt genügend intellektuelle Aufrichtigkeit und Mitgefühl, um die wirklichen Probleme zu erkennen – er hat sie sogar als erster erkannt. Deshalb macht er mit dem Konzept der Haltung eines Managers und dem Notbehelf der selbstverwalteten Fabrikgemeinschaft zumindest eine Geste in Richtung einer Lösung. In *The Future of Industrial Man* hat Drucker die Probleme des Industrialismus in einem apokalyptischen Licht gezeichnet und sich dadurch diagnostisch in Zugzwang gebracht. Sein Konzept der selbstverwalteten Fabrikgemeinschaft würde nicht so armselig wirken, wenn es zum Beispiel der Verbesserung der Moral oder anderen ähnlich bescheidenen Zielen dienen würde.

Das Buch Druckers, über das am wenigsten geschrieben worden ist, *America's Next Twenty Years* (1957), liest sich wie eine Vorlesungsreihe mit sechs Blitzkapiteln, die ihre Themen im Eilverfahren abhaken.

In einer äußerst wohlwollenden Besprechung in der *New York Times Book Review* umriß der Ökonom Robert L. Heilbroner in knapper Form Druckers Theorieansatz: »Seine Prämisse lautet, daß die Kräfte, die unser zukünftiges wirtschaftliches Umfeld gestalten werden, bereits am Werk sind und daß man deshalb nur die Gegenwart untersuchen muß, um die Zukunft vorhersagen zu können. In Mr. Druckers Worten: ›Die wichtigsten Ereignisse, die die Zukunft bestimmen werden, sind bereits geschehen – unwiderruflich.‹«[29]

Das nachhaltigste dieser Ereignisse ist der Wandel in der Bevölkerungsstruktur. Der Babyboom wird zu einer paradoxen demographischen Situation für die Wirtschaft führen: »Es wird mehr Menschen geben und daher auch mehr Arbeitsplätze, aber nicht mehr Menschen, um die Arbeitsplätze zu besetzen.« Der Grund dafür liegt darin, daß viele Babyboomer das College besuchen werden, statt einer einfachen Beschäftigung als Arbeiter nachzugehen. Wie kann Drucker 1957 davon ausgehen, daß diese Generation in die Colleges strömen wird? Drucker sagt die Welle von Collegebesuchern auf der Grundlage eines anderen bereits zurückliegenden Ereignisses voraus: die Demokratisierung der höheren Bildung. »Es war seit langem klar«, schreibt er, »daß sich Mitte der fünfziger Jahre zeigen würde, ob sich ein echter Wandel in den Bildungsgewohnheiten des Landes vollzogen hatte oder ob nur die GI-Bill – die heimkehrenden US-Soldaten des zweiten Weltkriegs den Besuch des Colleges ermöglichte – zu einem vorübergehenden Anstieg der Collegeanmeldungen geführt hatte.« Wäre das Land zum Stand von 1940 zurückgekehrt, hätte man nach dem Abschluß der letzten GIs eine Abnahme der Collegeanmeldungen um bis zu 30 Prozent erwarten können. Doch die Anmeldungszahlen nahmen weiter zu. Die Bildungsgewohnheiten des Landes hatten sich tatsächlich verändert. Aufgrund der unerwarteten Zunahme der Collegeanfänger Mitte der fünfziger Jahre prophezeit Drucker die Collegeexplosion und ihre in seiner Kapitelüberschrift verkündete Folge: »Der kommende Arbeitskräftemangel«.[30]

Zu viele Arbeitsplätze für zu wenige Menschen im arbeitsfähigen Alter: sicherlich kein Rezept für eine neue Depression. »Das Grundproblem der Wirtschaftspolitik in den nächsten zwei Jahrzehnten sollte … nicht Arbeitslosigkeit heißen, sondern Inflation.« Heilbroner zeigte sich »interessiert, aber nicht voll überzeugt« von Druckers Argument, daß aus einem Löhne und Preise in die Höhe treibenden Mangel an Arbeitskräften eine Inflation entstehen würde. Aber einmal mehr hat die Zukunft Drucker recht gegeben, wenn auch vielleicht nicht unbedingt hinsichtlich der Ursachen der Inflation in den siebziger Jahren. Als die Wirtschaft in dieser Zeit knapp an einer zweistelligen Inflationsrate vorbeischrammte, ließ Präsident Gerald Ford im Krieg gegen den neuen Feind Anstecker verteilen mit dem Kürzel WIN für »Whip Inflation Now« (»Besiegt die Inflation jetzt«). Drucker hatte diese Inflationsspirale seit 1945 vorhergesehen. Er war für eine bessere Möglichkeit eingetreten, die vielleicht nicht nur den Schmerz der Inflation hatte verhindern können, sondern auch die darauf folgende Kur, die staatlich herbeigeführte Rezession der Jahre 1981 und 1982, die schlimmste seit der großen Depression.[31]

Als nächstes wendet sich Drucker dem »Versprechen der Automation« zu. Darunter hat man nach der verlockenden Formulie-

rung Norbert Wieners, des Vaters der Kybernetik, nicht weniger zu
verstehen als »den menschlichen Einsatz von Menschen«. Wegen
der besonderen Relevanz des Themas für unsere Zeit lohnt es sich,
Druckers allgemein eher wohlwollende Auffassung der Automation näher zu beleuchten.[32]

»Die Automation ist die technologische Revolution in der zweiten Hälfte des 20. Jahrhunderts«, schreibt Drucker, »so wie es die
Massenproduktion in der ersten Hälfte war.« Drucker begreift
Automation als System zur Betrachtung, Planung und Organisation von Arbeit mit oder ohne Maschinen. Aber eng ausgelegt
ist Automation »der Einsatz von Maschinen zur Steuerung von
Maschinen«.

Jahrzehnte vor dem Personalcomputer räumt er ein, daß es zu
einer »deutlichen Abnahme der Beschäftigten bei routinemäßiger
Büroarbeit« und »zu Arbeitslosigkeit durch Verdrängung« kommen wird, wenn Leute, deren Arbeit automatisiert wurde, in neue
Jobs und vielfach in kleine Unternehmen wechseln. Aber alles in
allem würden auch die verdrängten Arbeiter profitieren, die jetzt
die Gelegenheit zu menschlicher Arbeit erhalten würden: »Gesellschaftlich sollte sich die Veränderung der Arbeitsmöglichkeiten …
als gesund erweisen.« Mit der für ihn typischen Aufrichtigkeit fügt
Drucker hinzu: »Doch damit fällt dem Management auch die Verantwortung zu, während der Umstellung auf Automation die
Umschulung und Plazierung der Arbeiter systematisch vorauszu-
planen.«[33]

Für den anvisierten Zeitraum von 1957 bis 1977 lag Drucker
vielleicht richtig. Aus Sicht der neunziger Jahre jedoch, in denen
aus der Automation eine digitale »Informationsrevolution« geworden ist, muß jede Vorhersage eines gesellschaftlich »gesun-
den« Ergebnisses voreilig erscheinen.

Eine Besprechung von Untersuchungen zum Verlust von
Arbeitsplätzen durch Technologie aus dem Jahre 1986 kommt zu
dem vorsichtigen Schluß: »Nachforschungen auf Ebene von
Arbeitsprozessen und Fabriken deuten allgemein auf eine beträchtliche Verdrängung von Arbeitskräften. Andererseits gelan-

gen Simulationen auf nationaler Ebene häufiger zu dem Ergebnis, daß kein bedeutendes Beschäftigungsproblem vorliegt.« Aber auch wenn man landesweit betrachtet nicht (oder noch nicht) von einer Vernichtung von Arbeitsplätzen durch Technologie ausgeht, so »ist doch der historische Übergang zur Informationsgesellschaft und zur globalen Wirtschaft geprägt von einer weitverbreiteten Verschlecherung der Lebens- und Arbeitsbedingungen der Arbeiter.« Dazu gehören: »sinkende Reallöhne, wachsende Ungleichheit und Arbeitsplatzunsicherheit in den Vereinigten Staaten; Unterbeschäftigung und gesteigerte Segmentierung der Arbeitskräfte in Japan ...«

> Zwar hätte das Potential der Informationstechnologien höhere Produktivität, höheren Lebensstandard und höhere Beschäftigtenzahlen zugleich zugelassen, doch sobald bestimmte technologische Entscheidungen gefallen sind, führt dies zu einer »Fixierung« technologischer Entwicklungslinien, und die Informationsgesellschaft könnte durchaus auch (ohne daß dies technologisch oder historisch notwendig wäre) zu einer Zweiklassengesellschaft werden ...
>
> Das vorherrschende Arbeitsmodell in der neuen informationsgestützten Wirtschaft ist aufgeteilt in *Kernarbeitskräfte*, zu denen informationsgestützte Manager und jene gehören, die Robert Reich als »Symbolic Analysts« bezeichnet hat, und *disponible Arbeitskräfte*, die je nach Marktnachfrage und Arbeitskosten eingestellt werden, aber jederzeit durch Automation oder Verlegung in Billiglohnländer verdrängt werden können.[35]

Heilbroners einzige Kritik an *America's Next Twenty Years* bezog sich darauf, daß Drucker die Automation »auf sehr simplistische Weise« behandelt, »und so nicht nur der Komplexität der ... Problempunkte, sondern auch ihrer gesamten Schwierigkeit aus dem Weg geht«. Heilbroners Kritik trifft auf vieles in Druckers Werk zu, geht aber doch am Kern der Sache vorbei. Druckers besondere Gabe besteht darin, Konzepte zu schaffen, die ein ganz bestimmtes Licht auf Probleme und Möglichkeiten werfen. Und in diesem Licht können andere neue Lösungen erkennen.[36]

America's Next Twenty Years ist ein aufschlußreicher Katalog über Druckers Weitblick: richtig vorhergesehen die Inflation, Amerikas wachsende Abhängigkeit von importierten Rohstoffen, den Collegeboom der sechziger Jahre, den Niedergang der Gewerkschaften. Recht hatte er auch mit folgender Vorahnung: »Wir müssen dieses Buch über die künftige Situation in Amerika in der Erkenntnis beschließen, daß Ereignisse außerhalb der Grenzen dieses Landes, ob uns das nun gefällt oder nicht, vielleicht die entscheidende Rolle spielen werden.« Für den Biographen von Druckers Gedankenwelt ist das Buch auch insofern bemerkenswert, als es einige seiner Grundanschauungen zum Ausdruck bringt – die Voraussetzungen seines Denkens. Die Knappheit dieses Buches von nur 114 Seiten hilft zu erkennen, was man auf einer überladenen Leinwand vielleicht übersehen würde.[37]

Zum Beispiel schreibt Drucker zum Thema Produktivität: Je höher der Investitionsaufwand pro Arbeiter, »desto höher die Produktivität – und im übrigen auch die Löhne und Gehälter«. Drucker unterstellt demnach, daß eine steigende Produktivität *auf jeden Fall* zu höheren Löhnen und Gehältern führt. Aber zwischen 1979 und 1994 sind die Reallöhne um 12 Prozent gesunken, während die Produktivität um 24 Prozent gestiegen ist. Im Gegensatz zu Druckers Auffassung hat die höhere Produktivität nicht zu steigenden Löhnen geführt, sondern zu höheren Unternehmensgewinnen, die seit 1980 um satte 499 Prozent gestiegen sind, und zu Managergehältern, die jeden Traum von Reichtum verblassen lassen. Streng genommen sind Löhne keine direkte Folge von Produktivität. Höhere Produktivität macht höhere Löhne nur *möglich*. Höhere Löhne sind entweder eine Folge der historischen Auseinandersetzungen und der bestehenden Machtverhältnisse zwischen Arbeitnehmern und Arbeitgebern oder für Arbeitskräfte ohne gewerkschaftlichen Schutz Ausdruck dessen, was der Markt zuläßt. Und wenn der Markt die Welt ist, dann werden die Löhne – und vor allem die Löhne derer, die weniger Glück hatten oder Opfer von Schulen sind, die sich nicht an Stärken, sondern an Problemen orientieren – auf einen immer tieferen Stand sinken. »Leute mit Dritte-Welt-Fähigkeiten werden Dritte-Welt-Löhne verdienen«, sagt Lester Thurow und fügt hinzu: »Alles kann überall auf der Welt hergestellt werden und überall auf der Welt verkauft werden.«[38]

Ein weiteres Beispiel: Über Colleges, die über die Kapazitäten der Kommune hinauswachsen, schreibt Drucker: »Wenn diese Giganten, statt selbst zu wachsen, kleineren verbundenen Institutionen ihrer Gegend helfen würden, zu wachsen, würden alle gewinnen.« Zugegeben, das Wort »verbunden« trägt nicht gerade zur Verständlichkeit bei. Aber dennoch bleibt die Grundannahme: Große Institutionen können großzügig oder zumindest im Sinne eines aufgeklärten Selbstinteresses handeln. Das mag je nach den Gegebenheiten stimmen oder nicht. Das Entscheidende ist, daß Drucker solch ein Verhalten *erwartet*.[39]

Letztes Beispiel: Bei der Beschäftigung mit den »kommenden Fragen der amerikanischen Politik« geht Drucker auf den Fortschritt in der Rassenpolitik ein:

> Wir können für den Status der schwarzen Minderheit in den nächsten zwei Jahrzehnten einen deutlichen Wandel erwarten. In zwanzig Jahren sollte die rasche Industrialisierung – zusammen mit der anhaltenden Emigration von Schwarzen aus dem Süden – dazu führen, daß der traditionelle Zustand ländlicher und kleinstädtischer Rassentrennung mit Ausnahme einiger abgeschiedener Gegenden der Vergangenheit angehören wird.[40]

Drucker geht hier von der Annahme aus, daß die Industrialisierung der Rassentrennung im Süden der USA ein Ende setzen wird. Unberücksichtigt dabei bleibt die historische Neuinterpretation der Verfassung durch den Supreme Court, unberücksichtigt bleiben die Bürgerrechtsbewegung und ihr Protest an der politischen Basis, und unberücksichtigt bleiben auch die Civil Rights Acts und ihre energische Durchsetzung durch die Regierung Johnson. Diese politischen Kräfte veränderten den Jim-Crow-Süden, und nicht Industrialisierung und Auswanderung. Schon Präsident Eisenhower hatte Truppen ausgesandt, um die Rassenintegration an einer High School in Little Rock durchzusetzen, als Drucker gerade an seinem Buch arbeitete, aber er kann Basispolitik und die Regierung nicht als Träger des größten gesellschaftlichen Wandels der USA im 20. Jahrhundert wahrnehmen.

Unterschwellig tendiert Drucker zu einer Art gesellschaftlich-ökonomischem Determinismus. Nicht revolutionäre Politik, son-

dern die Massenproduktion betrachtet er als »Grundstörung des
20. Jahrhunderts«. Die Rassentrennung wird als Folge der »Industrialisierung« verschwinden. Die »Grundprobleme« der Industriegesellschaft können durch den »Überbau der politischen
Organisation« nicht gelöst werden. Ihre Ursache liegt in den Kräften, die Marx als gesellschaftliche Produktionsverhältnisse und
Drucker als gesellschaftliche Organisation des Unternehmens bezeichnet. In seinem Aufsatz im *Atlantic Monthly* schreibt Drucker:
»Wenn dieses Jahrhundert eins beweist, dann ist es die Vergeblichkeit der Politik.« Veränderungen ergeben sich nicht aus politi-
schem Handeln, aus Revolutionen oder Reformen, sondern aus
gesellschaftlichen und ökonomischen Kräften, die sich »wie Mee-
resströmungen unter der sturmgepeitschten Oberfläche des Ozeans« ihren Weg bahnen.[41]

In seinem kürzlich erschienenen Buch *They Only Look Dead*
(1996), das zu einer Wiederbelebung progressiver Politik aufruft,
geht E. J. Dionne Jr. auch auf Druckers »ansonsten brillanten« Aufsatz und die These von der »Vergeblichkeit der Politik«
ein.

> Das 20. Jahrhundert hat einen wesentlichen Wandel zum Besseren gebracht,
> weil gewöhnliche Menschen in freien Gesellschaften mit Hilfe der Politik
> außergewöhnliche Dinge durchsetzen konnten: Zuerst organisierten sie sich
> und dann forderten und erlangten sie Verbesserungen im Lebensstandard,
> schufen Chancen für ihre Kinder und drangen auf grundsätzliche soziale
> Gleichheit, die den Kern einer gelebten Demokratie ausmacht. Dieses Jahr-
> hundert hat nicht die Vergeblichkeit der Politik bewiesen, es ist im Gegenteil
> eine Geschichte des Triumphs *demokratischer Politik*.

Druckers populistische Vision des 20. Jahrhunderts am Ende des
2. Kapitels – daß »ganz gewöhnliche Menschen für die alltäglichen
Dinge in Unternehmen und Institutionen zuständig« und somit
die entscheidenden Wegweiser der Geschichte sind – wird erst
durch Dionnes Vision vollendet. In diesem Jahrhundert der
Schrecken konnten gewöhnliche Menschen die Zivilisation auf-
rechterhalten, weil die demokratische Politik ihre Freiheit nicht
nur bewahrt, sondern sogar erweitert hat.[42]

Der Aufbau von *Landmarks of Tomorrow: A Report on the »Post-Modern« World* (1959) bietet ein gutes Beispiel für Druckers Weigerung, Argumentationen in Buchlänge vorzutragen, die jeden Einwand vorwegnehmen und jede Frage beantworten wollen.

INHALT

So ziemlich das einzige, was diese Kapitel miteinander verbindet, ist die mitunter schwankende Orientierung an Druckers ursprünglichem Titel: *Die Zukunft, die schon geschehen ist.* Jedes Kapitel in Druckers Aufbau behandelt in Aufsatzform ein eigenes Thema. »Ich habe gar nicht den Versuch unternommen«, schreibt er in der Einleitung, »eine einzige Wert- und Wahrnehmungsordnung für diese Aufsätze zu finden, weil sie ohnehin für sich stehen.«[43]

Landmarks of Tomorrow ist aufschlußreich auch insofern, als das Buch das umfassendste Bild von Druckers Haltung zum Kalten

Krieg enthält. Fest steht für ihn: »Der Kommunismus ist schlecht. Seine treibenden Kräfte sind die Todsünden Neid und Haß.« Aber mehr Sorgen als der sowjetische Kommunismus bereitet ihm der technologische Rüstungswettlauf, der die Menschheit vernichten kann. In einer eindrucksvollen Passage beschreibt er den Schrecken der Nuklearwaffen: »Und wer von uns hat noch nicht in seinen schrecklichsten Alpträumen den Schock der brennenden Wolke und des tödlichen Regens *erlebt*, den unumkehrbaren Augenblick, in dem ein machttrunkener Diktator, ein schießwütiger Oberst oder die bloße Fehlinterpretation eines Blinkens auf dem Radarschirm zum Untergang der Menschheit führt?« Er verurteilt »die Militarisierung des Denkens« und die gefühlsmäßige Abstumpfung, die der Kalte Krieg verursacht hat. Propaganda erscheint ihm als eine Art Teufelswerk. »Durch systematischen Terror, durch Indoktrinierung, durch planmäßige Manipulation von Anreiz, Belohnung und Bestrafung können wir heute den Willen eines Menschen brechen und ihn in ein brutales Tier verwandeln.« Drucker will, daß den Regierungen diese heimtückische Fähigkeit moralischer Zerstörung verwehrt wird. Auch hier hilft ihm seine Kenntnis des Faschismus aus erster Hand, die potentielle Tragweite der Gefahr zu erkennen. Er verbindet die Legitimitätskrise moderner Regierungen mit dem Umfang ihrer Macht: der Macht, die Welt zu zerstören und die Psyche zu besetzen. »Der erste Schritt zum Überleben ist daher, der Regierung ihre Legitimität zurückzugeben, indem man sie dieser Macht beraubt … durch internationales Eintreten für ein Verbot dieser Formen von Macht.«[44]

Druckers politisch-gesellschaftliche Sichtweise besitzt eine Originalität, die den Leser seines Werks immer wieder in Erstaunen versetzt. So wendet er sich zum Beispiel in *The New Society* in scharfer Form gegen die kalten Krieger in der Gewerkschaftsbewegung, die Kommunisten die Mitgliedschaft in der Gewerkschaft verweigern wollen: »Die Gewerkschaft darf Minderheiten nicht ihrer Staatsbürgerrechte berauben, solange das Gesetz ihnen diese Rechte garantiert.« Es verlangte Mut, im Jahre 1950 für die Rechte von Mitgliedern der kommunistischen Partei einzutreten. Im gleichen Buch kritisiert er den gegen die Gewerkschaften gerichteten Taft-Hartley Act: »Daß das Recht des Staates, unter Berufung auf den Taft-Hartley Act einen Streik zu beenden, so deutlich die Position der Arbeitgeber stärkt – auch wenn das Gesetz nur angewandt werden soll, wenn ein Streik eine Bedrohung für Gesundheit, Wohlergehen oder Sicherheit der Nation darstellt – ist ein gravierender Makel und läßt auch viel vom Widerstand der Gewerkschaften gegen das Gesetz verständlich erscheinen.« Während Drucker zu den Rechten Andersdenkender und zum Taft-Hartley Act eine liberale Position einnimmt, kritisiert er andererseits die Geschäftsleute, weil sie es nur selten wagen, in der Öffentlichkeit ihre Gewinne zu verteidigen. Drucker sieht im Gewinnstreben nicht die Geldgier aus der liberalen Vorstellungswelt, sondern eine gesellschaftliche Notwendigkeit. Drucker hat immer wieder bewiesen, daß er weder ein liberaler Liberaler noch ein konservativer Konservativer ist und sich im Laufe der Jahrzehnte stets seine politische Ausgewogenheit bewahrt, während überall um ihn herum amerikanische Intellektuelle die ihre verloren und nach links oder rechts abdrifteten.[45]

»Irgendwann in den letzten zwanzig Jahren hat sich unbemerkt der Übergang vom Zeitalter der Moderne in eine andere, noch namenlose Ära vollzogen.« So lautet der erste Satz von *Landmarks of Tomorrow*, der eine bemerkenswerte Entwicklung *postuliert*. Es ist typisch für Drucker, daß er deren Wurzeln nicht weiter auslotet. Und da er nun mal allen Vorhersagen abgeschworen hat, spricht er auch nicht über die wahrscheinlichen Konsequenzen dieser Entwicklung. »Ich sah meine Aufgabe darin«, schreibt er, »zu verstehen, statt zu erneuern, zu beschreiben, statt mir etwas auszumalen.« Dies versteht er als das angemessene Vorgehen eines »Sozialökologen«, der als beteiligter Beobachter des gesellschaftlichen, wirtschaftlichen und kulturellen Lebensraums tätig ist.[46]

Der Drucker-Test für den »organisatorischen Wasserkopf«

Ein Unternehmen ist »krank«,
- wenn die Beförderung für die Mitarbeiter wichtiger wird als die Erledigung ihrer Arbeit;
- wenn es mehr darauf bedacht ist, Fehler zu vermeiden als Risiken einzugehen;
- und den Schwächen der Mitarbeiter gegenzusteuern, als ihre Stärken auszubauen;
- und wenn gute menschliche Beziehungen wichtiger werden als Leistung und Ziele.

»Wenn die Leute auf einmal ›implementieren‹ sagen statt ›machen‹ und ›finalisieren‹ statt ›beenden‹, dann hat das Unternehmen schon Fieber.«

— *Landmarks of Tomorrow*

Das erste »Wahrzeichen von morgen« ist die Ablösung der mechanisch ausgerichteten kartesianischen Weltanschauung aus dem 17. Jahrhundert durch eine biologisch ausgerichtete Weltanschauung im 20. Jahrhundert. Dies ist der bereits erwähnte Wandel von der Kausalität zur Konfiguration. Wissenschaftler gehen zunehmend von »Konfigurationsbegriffen« aus wie etwa »Gestalt«, »Immunität«, »Stoffwechsel«, »Syndrom« und »Ökologie«. Auch das Wort »postmodern« ist ein Konfigurationsbegriff. Wie im übrigen auch »Management«.[47]

Dieser Metaphernwechsel ist mittlerweile sehr weit fortgeschritten. Das »Informationszeitalter« folgt nicht dem Vorbild der Mechanik, sondern der Humanbiologie. Lange vor der Computerrevolution erkannte Drucker die Notwendigkeit eines neuen Paradigmas für die neue Technologie. »Wir leben in einem Zeitalter der Übergänge«, schreibt er in einem Satz, der die Veränderungen präzise erfaßt, »einem Zeitalter der Überschneidungen, in dem die ›Moderne‹ von gestern nicht mehr effektiv funktioniert, aber noch Ausdrucksmittel, Maßstäbe für Erwartungen und Ordnungsinstrumente bietet, die der ›Postmoderne‹ fehlen, obgleich sie unsere Handlungen und deren Auswirkungen eigentlich bereits bestimmt.«

Druckers zweites Wahrzeichen ist die »neue Sicht der Ordnung«, die dem von ihm nachgezeichneten Wandel vom Fortschritt zur Innovation innewohnt. Die Idee des Fortschritts kann das 20. Jahrhundert nicht überleben. Eigentlich war sie immer schon eine metaphysische Zumutung: Die Geschichte saß im Sattel, der Mensch ging zu Fuß. Innovation hingegen wird von Menschen herbeigeführt, sie ist eine planvolle, organisierte, aber auch riskante Veränderung. »Die Frage, ob der Wandel an sich gut oder schlecht ist, verstehen wir gar nicht mehr«, schreibt Drucker. »Wir gehen von der Annahme aus, daß er die Norm ist. Wir sehen den Wandel nicht als Veränderung der Ordnung … Wir sehen den Wandel selbst als Ordnung – die einzige Ordnung, die wir heute begreifen können, ist eine, die sich bewegt und verändert.« Druckers Feier der Innovation, der Freiheit zu neuem Handeln steht freilich im Widerspruch zu dem in seinen Prämissen erkennbaren wirtschaftlichen und gesellschaftlichen Determinismus, den tiefen Strömungen unter der sturmgepeitschten See.[48]

Zwischen den Ultras

»In der politischen, der gesellschaftlichen, der wirtschaftlichen und sogar der kulturellen Sphäre waren die Revolutionen immer Revolutionen ›gegen‹ etwas und nicht ›für‹ etwas … Insgesamt hat in dieser gesamten Ära der Mensch – oder die Gruppe –, der für das Positive stand, eine ziemlich jämmerliche Figur abgegeben. Mit guten Absichten, aber wirkungslos, zivilisiert, aber unrealistisch, war er den Ultras der Zerstörung und den Ultras der Restauration gleichermaßen verdächtig.«
– *Landmarks of Tomorrow*

Ein weiteres Wahrzeichen der Zukunft ist die Großorganisation. Auf gemeinnützige Organisationen genauso wie auf Großunternehmen gemünzt schreibt Drucker: »Die neue Organisation verwandelt Arbeit, die früher dem Bemühen einzelner vorbehalten war. Sie ersetzt den einzelnen nicht, sondern nutzt seine Effektivität in der Teamarbeit.« Am meisten sorgt er sich über die Situation der qualifizierten Experten als Mitarbeiter, die in der Ära der Großorganisationen für immer mehr Experten (Ingenieure, Wissenschaftler, Wirtschaftsprüfer, Anwälte) zur Realität werden wird. »Werden sie auch als Angestellte Bürger sein, die an das Allgemeinwohl denken und dafür arbeiten? Oder werden sie nur ihre Abhängigkeit sehen, sich auf ihr Eigeninteresse beschränken und nach dem Motto leben: ›Was gut für Ingenieure der Qualitätskontrolle ist, ist auch gut für die Gesellschaft?‹«[49]

Druckers viertes Wahrzeichen der Zukunft ist die Bildung. Die Vereinigten Staaten erleben eine »Bildungsexplosion«. Keine Gesellschaft des Westens konnte sich bislang mehr als nur einige Gebildete leisten; »denn in allen Zeitaltern war Bildung gleichbedeutend mit Unproduktivität«. Nicht umsonst, merkt Drucker mit der Stimme des auf allen Wissensgebieten Bewanderten an, »stammt unser Wort ›Schule‹ – das es in ähnlicher Form in allen europäischen Sprachen gibt – von einem griechischen Wort mit der Bedeutung ›Muße‹ ab.«[50]

Learning by Doing

»Nur die Künste ermöglichen den direkten Zugang zur Erfahrung. Sie aus der Bildung zu streichen – oder, schlimmer noch, als kulturelle Ornamente zu dulden – wäre bildungspolitischer Obskurantismus. Den haben uns die Pedanten und Snobs des hellenistischen Griechenland hinterlassen, die künstlerische Darbietungen als etwas betrachteten, das nur für Sklaven angemessen ist …

Mit Buchwissen kann ein Schüler nur Schulaufgaben machen. Auf diese Weise kann nur gemessen werden, wie gut er lernt, aber nicht, was er zu leisten imstande ist. Er kann sich nicht beweisen.«

— *Landmarks of Tomorrow*

Gebildete Menschen zur Produktivität zu bewegen ist eine der wesentlichen Herausforderungen unserer Zeit – mit der sich Drucker vierzig Jahre später in *Die postkapitalistische Gesellschaft* noch einmal auseinandersetzt. Es ist die Aufgabe einer von Managern geleiteten Organisation, dieses Ziel zu erreichen. Eine andere Frage ist die Zufriedenheit der Gebildeten: »Morgen wird jeder – oder fast jeder – die Bildung der Oberschicht von gestern besitzen und entsprechende Chancen erwarten.« Aber nur eine »kleine Minderheit« der Gebildeten wird im rein finanziellen Sinn einen Aufstieg verzeichnen. »Deshalb stehen wir vor dem Problem, jede Art von Arbeit so zu gestalten, daß sie für alle Gebildeten sinnvoll und befriedigend ist.« Eine kühne Forderung, wenn man sie mit Umfrageergebnissen vergleicht, nach denen nur 34 Prozent der Amerikaner mit ihrer Arbeit zufrieden sind, und wenn man an die hartnäckige Banalität etwa der Herstellung von Lampenschirmen oder Glühbirnen denkt.[51]

Drucker beendet *Landmarks of Tomorrow* mit einem ungewohnt deutlichen religiösen Bekenntnis: »Der einzelne braucht die Rückkehr zu spirituellen Werten, denn in der gegenwärtigen menschlichen Situation kann er nur in der Erkenntnis überleben, daß der Mensch nicht nur ein biologisches und psychologisches, sondern auch ein spirituelles Wesen ist, das heißt ein Geschöpf, das für seinen Schöpfer existiert und Seinem Walten unterworfen ist.«[52]

Aber woher ist Er gekommen? Drucker fand Ihn in einem Buch von Sören Kierkegaard. Drucker wurde im protestantischen Glauben erzogen, der »so ›liberal‹ war, daß er aus nicht viel mehr bestand als einem Baum zu Weihnachten und Bachkantaten zu Ostern«. In seiner Zeit als junger Angestellter der Hamburger Exportfirma stieß er auf Kierkegaards Buch *Furcht und Zittern*. »Ich wußte sofort, daß etwas geschehen war.« Jahre später schrieb er einen Aufsatz, den er für seinen besten hält, mit dem Titel »The Unfashionable Kierkegaard«.[53]

Im fortschrittsgläubigen 19. Jahrhundert betrachtete man den Tod als schreckliche Unannehmlichkeit. »Man versuchte den Tod zu umgehen, indem man seine Konsequenzen wegorganisierte«, schreibt Drucker in einer Passage, die unerwartete Verbindungen zwischen der spirituellen und der kommerziellen Welt zieht. »Die Lebensversicherung ist vielleicht die bedeutendste Einrichtung der Metaphysik im 19. Jahrhundert. Ihre These der ›Risikoverteilung‹ zeigt besonders klar den Versuch, den Tod als Vorfall im menschlichen Leben und nicht als dessen Ende zu betrachten.«[54]

Kierkegaard hielt davon ebenso wenig wie von einem oberflächlichen Humanismus, der die Ethik als sinngebend für das Leben betrachtete, ohne die Verzweiflung vor dem Tod zu berücksichtigen, die selbst Menschen von mustergültiger Ethik befällt. »Ist dann der einzige Schluß, daß die menschliche Existenz nur eine Existenz in Verzweiflung und Tragik sein kann?« fragt Drucker.

> Kierkegaard hat eine andere Antwort: Die menschliche Existenz ist möglich als Existenz ohne Verzweiflung und Tragik; sie ist möglich als Existenz im Glauben … Der Glaube ist die Überzeugung, daß in Gott das Unmögliche möglich ist, daß in Ihm Zeit und Ewigkeit eins sind, daß sowohl das Leben als auch der Tod einen Sinn haben.

Peter Drucker ist ein weltlicher Philosoph. »Meine Arbeiten erstrecken sich ausschließlich auf die Gesellschaft – außer diesem Aufsatz über Kierkegaard.« Aber die oben zitierte Textstelle offenbart nicht nur seinen spirituellen Hunger. Sie beleuchtet auch seine Gedanken zur Gesellschaft. Einen Sinn zu finden mag innerhalb der Gesellschaft nicht möglich sein. Drucker siedelt ihn in einem Glauben an, der die Gesellschaft transzendiert. Und dort müssen ihn vielleicht auch die Mitglieder seiner neuen Gesellschaft suchen – und nicht, wie Drucker in seinen frühen Büchern hofft, in der Arbeit. Doch Drucker tritt nicht den Rückzug aus dem Diesseits an und läßt sich durch seine spirituellen Anschauungen nie von seinem Streben nach der Utopie der »erträglichen Gesellschaft« ablenken.[55]

6
DIE ERFINDUNG
DES MANAGEMENTS

Um den 6. November 1954 herum erfand Peter Drucker das Management. Der Zeitpunkt war glücklich gewählt: Der »Managementboom« der fünfziger und sechziger Jahre stand vor der Tür, aber es gab kein Buch, das ihn ankündigte, kein Buch, das den Managern das Management erklärte, kein Buch, das das Management unter den wichtigsten gesellschaftlichen Innovationen des 20. Jahrhunderts etablierte. Diese Lücke wurde von Drucker geschlossen.

Im Zuge seiner Nachforschungen zu *The Concept of the Corporation* fragte Drucker die Manager von General Motors, ob sie ihm irgendwelche Autoritäten zu ihrem rätselhaften Beruf nennen könnten. »Ich hörte immer wieder den Namen Harry Hopf«, erzählte er Warren Bennis.

> Er war Versicherungsberater und hatte eine Bibliothek aufgebaut, die später zum Kernbestand des General Electric Management Institute in Crotonville, New York, wurde. Also stattete ich Mr. Hopf einen Besuch ab. Er war ein älterer, kränklicher Herr. Er hatte die größte Managementbibliothek der Welt. Die *einzige*. Es war ein riesiger Raum mit Tausenden und Abertausenden von Bänden. Mein Mut sank. Er wandte sich an mich: »Junger Mann, ich habe gehört, Sie interessieren sich für Management.« Und ich antwortete: »Ja, Sir.« Darauf sagte er: »Es gibt hier nur sechs Bücher über Management. Die anderen sind alle über Versicherung, Verkauf, Werbung und Herstellung.«
>
> Es stellte sich heraus, daß drei der sechs Bücher nicht direkt das Thema Management behandelten. Es gab also *praktisch nichts*.[1]

Natürlich gab es das Management schon, bevor es durch Drucker zum Bewußtsein seiner selbst gelangte. Aber wie die Figur bei

Molière, die Prosa sprach, ohne es zu wissen, managten die meisten Manager, ohne zu wissen, was sie eigentlich machten oder machen sollten. Zu den frühen Prototypen des Managers gehörten der Aufseher, der die Sklaven auf den Plantagen im Süden der USA zur Arbeit antrieb, und der Vorsteher, der mit strengem Blick die Textilarbeiter der Fabriken im Norden überwachte. Doch das »bestgehütete Geheimnis im Management«, schreibt Drucker, »ist die Tatsache, daß es die erste systematische Anwendung von Theorien und Prinzipien des Managements nicht in einem Geschäftsunternehmen gab, sondern im öffentlichen Sektor«. Dabei handelte es sich um die Reorganisation der US-Army durch Elihu Root, Theodore Roosevelts Kriegsminister. Eine der ersten »gemanagten« Organisationen in Amerika war die Second Bank of the United States, berichtet Alfred D. Chandler in *The Visible Hand*, seiner monumentalen Geschichte der »Managementrevolution in der amerikanischen Geschäftswelt«. Es war mit Abstand die größte Bank des Landes mit 22 Zweigstellen. Dennoch waren für ihr Management nur drei Leute nötig: Nicholas Biddle, der Präsident der Bank, und seine zwei Assistenten. »Der Geschäftsumfang der größten und mächtigsten Finanzinstitution der damaligen Zeit«, schreibt Chandler, »war noch nicht so groß, daß er die Schaffung einer Managementhierarchie erfordert hätte.«[2]

Dies änderte sich erst mit der Entstehung der Eisenbahngesellschaften. Diese waren nicht vergleichbar mit Plantagen oder Fabriken. Ihr hoher Kapitaleinsatz machte eine Finanzierung durch mehr als einen Eigentümer nötig. Außerdem mußten sie aufgrund ihrer Größe von Männern geleitet werden, die nicht die Eigentümer waren – die ersten Manager Amerikas.

Am Ende des 19. Jahrhunderts hatten sich die Eisenbahngesellschaften zu den größten Unternehmen und zu den größten sozialen Gebilden entwickelt. 1891 beschäftigte die Pennsylvania Railroad über 100 000 Arbeiter. Im Vergleich dazu betrug der Bestand der gesamten Streitkräfte 39 000 Männer. Die Steuerung dieser immer weiter sich ausdehnenden Schienennetze erforderte eine komplizierte Managementhierarchie, die für spätere Großunternehmen zum Vorbild werden sollte.[3]

Noch Anfang der vierziger Jahre standen in Mr. Hopfs Bibliothek nur drei Managementbücher, weil es Management als eigene Fachdisziplin nicht gab. Es war ein Spektrum von Expertenwissen aus den Bereichen Technik, Buchführung, Verkauf, Psychologie, Arbeitgeber-Arbeitnehmer-Beziehungen und Militärvorschriften. Bücher, die angeblich das Thema Management behandelten, erinnerten Drucker meist »an einen Text über menschliche Anatomie, der sich mit einem Gelenk im Körper – wie zum Beispiel dem Ellbogen – befaßte, ohne das Skelett oder auch nur den Arm zu erwähnen«.[4]

Seit der Veröffentlichung von *The Concept of the Corporation* war der Umfang von Druckers Beratungstätigkeit stetig gewachsen und erstreckte sich auf Branchenriesen wie Sears, Roebuck, Chesapeake & Ohio Railroad und General Electric. Aber überall herrschte »fast vollständige Fehlanzeige bei Untersuchungen, Gedanken und Wissen über Arbeit, Funktion und Herausforderungen des Managements ...«. Zum Ursprung seines ersten Managementbuches erklärt Drucker: »Ich wollte etwas, in dem die Manager in den Unternehmen meiner Auftraggeber *alles* finden konnten, was sie für die Erledigung ihrer Arbeit und zur Vorbereitung auf höhere Führungsaufgaben brauchten ...«[5]

Mindestens eine Besprechung bescheinigte ihm einen durchschlagenden Erfolg. Alexander R. Heron beurteilte in der *Saturday Review* Druckers Buch zwar als »nichts, was man zur Entspannung lesen sollte« (!), äußerte sich aber sehr wohlwollend über seine Leistung: »Dem ernsthaften Leser von *The Practice of Management* eröffnet sich ein Konzept, das man schon fast als neue Glaubensrichtung bezeichnen könnte ... Hunderte von Autoren anderer Bücher über das Management schulden Peter Drucker Dank. Er mag ihre Thesen in der Luft zerpflücken ... Aber in einem Buch ist es ihm gelungen, ihren Anstrengungen einen übergreifenden Sinn und ihrem Interesse an der neuen Institution Management bleibenden Wert zu verleihen.« Die *Business Week* stellte fest: »Es gibt nur wenige schriftliche Äußerungen über die Arbeit des Managers als Ganzes ... Doch jetzt hat der Lehrer und Berater Peter F. Drucker mit *The Practice of Management* ein umfassendes Buch zu dieser Disziplin vorgelegt. Wie so oft bei bahnbrechenden Leistungen in Kunst und Wissenschaft darf man sicher sein, daß ihm viele weitere folgen werden. Aber wahrscheinlich wird es lange Zeit die beste Veröffentlichung zu diesem Thema bleiben.«

»Als *The Practice of Management* herauskam«, erklärte Drucker einem skeptischen Interviewer, »konnten die Menschen daraus lernen, wie Management funktioniert. Bis zu diesem Zeitpunkt schienen dies nur einige Genies zu beherrschen, und niemand konnte es ihnen nachmachen. Ich habe eine Fachdisziplin daraus gemacht.«

Frage: Aber erfunden haben sie das doch nicht.
Antwort: Zu einem großen Teil schon.

Drucker fügte diese an Clinton erinnernde Erläuterung hinzu: »Wenn man etwas nicht nachahmen kann, weil man es nicht versteht, dann ist es auch noch nicht erfunden worden. Es ist nur gemacht worden.«[6]

In diesem Sinne ist Peter Drucker der Erfinder des Managements.

»Der Manager ist das dynamische, lebensspendende Element in jedem Unternehmen.« Dieser Satz bildet den Auftakt zu Druckers Expedition durch »den dunklen Kontinent des Managements«.[7]

Drucker möchte, daß seine Leser das Management als eine Institution betrachten, über die zu schreiben und zu lesen sich lohnt. Ein Historiker muß nicht in seiner Einleitung eine Rechtfertigung der Geschichte vortragen, aber der erste Historiker tat genau dies. Und so beginnt Drucker mit dramatischen Erklärungen zur Bedeutung des Managements: »Die Entstehung des Managements ... ein Wendepunkt in der Sozialgeschichte ... Das Management wird eine beherrschende Grundinstitution bleiben, vielleicht so lange, wie die westliche Zivilisation überlebt ... Es ist das Organ der Gesellschaft mit dem ausdrücklichen Auftrag, Res-

sourcen produktiv zu machen ... Es spiegelt den grundlegenden
Geist des modernen Zeitalters wider ... Es ist einfach unverzichtbar.« Der Lobgesang erreicht neue Höhen: »Das Management ist
kein Geschöpf der Wirtschaft; es ist selbst schöpferisch.« Es »mei-
stert die ökonomischen Umstände und verändert sie durch geziel-
tes Handeln«. Es paßt sich nicht nur den »Kräften des Marktes«
an, sondern »es schafft sie aus seinem eigenen Handeln«.[8]

Was den Manager angeht, so ist er der Lebensspender mit dem
Auftrag zur Schaffung eines »wahren Ganzen, das mehr ist als die
Summe seiner Teile«. Dieses Ganze ist »nur in der moralischen
Sphäre möglich« und befördert den Manager somit zu einer Art
moralischem Alchemisten. Nur wenn er durch »Integrität des
Charakters« führt, erweist sich der Manager seiner Macht würdig.
»Er nötigt mehr Respekt ab als der liebenswerteste Mensch. Er ver-
langt hohe handwerkliche Fähigkeiten ... Er legt hohe Maßstäbe
an ... Er beurteilt, was richtig ist, aber nie, wer recht hat.« Die
Geschäftsleute und Bosse aus amerikanischen Romanen und Fil-
men – engstirnig, geizig, gemein – sind in diesen heroischen
Zügen nicht wiederzuerkennen.[9]

Alan Kantrow vermutet, daß der Manager für Drucker deshalb
diesen prometheischen Charakter trägt, weil er zwischen Zivilisation und Barbarei steht. »Drucker ist so tief bewegt vom Beruf des
Managements«, schreibt Kantrow, »weil er große Angst davor hat,
was geschehen könnte, wenn die Hauptinstitutionen der westlichen Gesellschaft ihrer essentiellen Verantwortung nicht gerecht
werden.« Andere Managementautoren, »die jünger und in Amerika geboren sind ... können sich die möglichen Konsequenzen
eines institutionellen Versagens nie so unmittelbar vorstellen wie
er.« Die wirtschaftliche Gesundheit hängt von den Leistungen des
Managements ab; wenn es versagt und die Ökonomie ins Strau-
cheln gerat, konnte sich die Geschichte wiederholen. Der Manager
ist für Drucker ein Held des 20. Jahrhunderts, unser Beschützer, so
meint er, vor »den dunklen Kräften, die direkt unter dem dünnen
Lack der Zivilisation lauern, den wir im und nach dem Zweiten
Weltkrieg repariert zu haben glauben«.[10]

Doch dieser Hüter der Zivilisation ist weitgehend unbekannt und ungewürdigt geblieben. Das Management ist »die am wenigsten verstandene unserer Grundinstitutionen«. Dies gilt sogar für Geschäftsleute, »die oft nicht wissen, was ihre Manager machen und was sie machen sollen, wie sie handeln und warum, ob sie gut arbeiten oder nicht«.[11]

»Aber was ist das Management, und was macht es?« Drucker bemüht die Medizin, um eine passende Metapher zu finden. »Das Management ist ein Organ; und Organe lassen sich nur anhand ihrer Funktion definieren.« Als »das spezifische Organ des Wirtschaftsunternehmens« ist es die erste Funktion des Managements, ein Unternehmen zu führen. Die zweite Funktion besteht in der Führung der Manager selbst. Die dritte ist die Leitung der Arbeiter und der Arbeit.[12]

Drucker beginnt bei den Grundlagen und stellt die Frage: »Was ist ein Unternehmen?« Die oft vernommene Antwort – »eine Organisation zur Erzielung eines Gewinns« – ist »nicht nur falsch, sondern auch irrelevant«.[13]

Das Gleichnis von den drei Steinmetzen

Auf die Frage, was sie tun,
- antwortete der erste: »Ich verdiene meinen Lebensunterhalt«;
- antwortete der zweite: »Ich mache die beste Steinmetzarbeit des Landes«;
- antwortete der dritte: »Ich baue eine Kathedrale«.

Der dritte ist der wahre »Manager«.

                    – *The Practice of Management*

Gewinnstreben ist nicht die Ursache von Managemententscheidungen, sondern die Probe auf ihre Stichhaltigkeit. »Wenn wir wissen wollen, was ein Unternehmen ist, müssen wir bei seinem

Zweck beginnen«, der »außerhalb des Unternehmens selbst ... in der Gesellschaft« liegen muß, »weil ein Wirtschaftsunternehmen ein Organ der Gesellschaft ist«. Die Spannung steigt: »Es gibt nur eine gültige Definition des Unternehmenszwecks: *die Schaffung eines Kunden.*« Dies ist wohl die weltweit bekannteste Aussage Druckers. Im Scherz bemerkt er, daß seine Ideen »nur einen beweglichen Teil haben«, weshalb vor allem diese Idee so weite Verbreitung gefunden hat.[14]

Drucker kommt schnell zu den praktischen Fragen über Kunden und der Herausforderung, sie zu finden und zu binden, aber zunächst einmal lohnt es sich, bei einer Formulierung zu verweilen, die ganz nebenbei den Schlüssel zu seiner gesamten Gesellschaftsvision liefert. Er schreibt: »... zur Versorgung des Verbrauchers *vertraut die Gesellschaft* den Wirtschaftsunternehmen reichtumproduzierende Ressourcen *an.*« [Meine Hervorhebung.] Ähnliche Formulierungen sind über sein ganzes Werk verstreut. Sie bringen weniger die Arbeitshypothesen seiner Gedanken zum Ausdruck als ihre moralische Grundlage.

»Die Gesellschaft vertraut an.« Die bei Verfechtern individueller Freiheit beliebte Vertragstheorie behauptet, daß die Gesellschaft nichts anvertraut und nichts anvertrauen kann. Geschäftsunternehmen sind, wie die meisten anderen menschlichen Beziehungen auch, Verträge zwischen frei sich entscheidenden Individuen. Die »Gesellschaft« ist nur die Ansammlung dieser Individuen und existiert ohne sie praktisch nur dem Begriffe nach. Der »Gesellschaft« Kräfte zuzuschreiben ist atavistisch und ein Rückfall in die organische Theorie des Mittelalters, die von den klassischen Ökonomen widerlegt worden ist.

Drucker, wir erinnern uns, war anderer Meinung als Karl Polanyi über den für die Wirtschaft notwendigen Grad von Unabhängigkeit von der Gesellschaft, aber nicht über das Prinzip, daß die Gesellschaft an erster Stelle steht und die Wirtschaft ihr zu dienen hat. Nach Druckers Auffassung hat die Gesellschaft in der Vergangenheit »eine permanente Machtkonzentration zumindest in privaten Händen und ganz gewiß eine zu wirtschaftlichen

Zwecken … nicht zugelassen«. Aber eine Industriegesellschaft kann nicht existieren, ohne dem Unternehmen solch eine Macht einzuräumen. »Daher war die Gesellschaft gezwungen, dem Unternehmen zu gewähren, was sie immer nur sehr ungern gewährt hat, nämlich erstens eine Unveräußerlichkeitsurkunde, wenn nicht gar die theoretische Unsterblichkeit, für die ›juristische Person‹ und zweitens einen Grad von Autorität für die Manager, der den Bedürfnissen des Unternehmens entspricht.«[15]

Nach der Vertragslehre bewegt eine von der »unsichtbaren Hand« des Marktes orchestrierte Harmonie den Eigentümer dazu, durch Verfolgung seiner eigenen egoistischen Interessen dem Allgemeinwohl zu dienen. In Druckers neo-organischer Theorie tritt das unsichtbare Gewissen an die Stelle der unsichtbaren Hand: Die Eigentümer, die Geschäftsleute, die Manager des modernen Unternehmens müssen bewußt »Verantwortung für das Allgemeinwohl übernehmen« und »ihr Eigeninteresse und ihre Autorität zurückstellen, wo immer ihre Ausübung gegen das Allgemeinwohl und die Freiheit des einzelnen verstoßen würde«. Diese fordernde konservative Vision blickt zurück auf die vor dem Liberalismus des 19. Jahrhunderts liegende *Idee* einer vom moralischen Zweck erfüllten Gesellschaftsordnung, in der das Übernehmen von Verantwortung, Pflichten und Aufgaben die Geltendmachung von Rechten begründet.

Dies ist der Prüfstein in Druckers Denken. Wenn er diese oder jene Unternehmensmaßnahme als »antisozial« geißelt, dann beruht sein Urteil auf dieser Grundlage. Wenn er die Praxis, Manager für Entlassungen durch finanzielle Gewinne zu belohnen, als »sozial unverzeihlich« brandmarkt, wenn er die Geschäftswelt zu größerer »gesellschaftlicher Verantwortung aufruft«, wenn er erklärt, daß das Industrieunternehmen »die Pflicht hat, die Chance zu einem an Fähigkeiten und Leistungen orientierten Aufstieg offenzuhalten«, oder wenn er davon spricht, daß die Welle feindlicher Übernahmen in den achtziger Jahren »das Gerechtigkeitsgefühl sehr vieler Amerikaner zutiefst beleidigt«, dient ihm seine Gesellschaftsvision als moralische Legitimation. »Das freie Unternehmertum«, schreibt er in einprägsamen Wortkaskaden, »läßt sich nicht dadurch rechtfertigen, daß es dem Geschäft dient. Es läßt sich nur dadurch rechtfertigen, daß es der Gesellschaft dient.«[16]

Nach dem Scheitern seiner mit *The Concept of the Corporation* verbundenen (quichotischen) Hoffnungen auf einen durchgreifenden Wandel erwartet Drucker weniger von den Großunternehmen und den Großgewerkschaften. Seine explizite Vision verengt sich. Aber implizit – und ohne Verknüpfung mit einer anfälligen Programmatik wie der selbstverwalteten Fabrikgemeinschaft – bewahrt sich Drucker seinen gesellschaftlichen Idealismus. Seine Kritik am Marktkapitalismus und seiner theoretischen Erklärung bleibt grundlegend. »Der Kapitalismus«, so notiert er am Ende von *The Practice of Management*, »wird angegriffen, nicht weil er ineffizient oder schlecht geleitet ist, sondern weil er zynisch ist. Und eine Gesellschaft, die auf der Behauptung beruht, daß private Laster zu öffentlichen Wohltaten werden, kann nicht überleben, auch wenn ihre Logik noch so makellos, ihre Vorzüge noch so groß erscheinen.«[17]

In erster Linie bleibt Drucker immer moralischer Kritiker unserer Unternehmenszivilisation. Und so wie wir George Orwell nicht wegen seiner Antworten auf die von ihm erforschten sozialen und politischen Probleme lesen, sondern wegen seiner moralischen Klarheit und Tiefe, so suchen wir auch bei Drucker keine Drei-Punkte-Pläne zur Verbesserung der Schöpfung. Er bietet Anregungen, er bekräftigt die auf dem Spiel stehenden Werte, und manchmal weist er in die richtige Richtung. Aber er zeigt wenige Lösungen, und selbst diese versteht er eher als Notizen auf dem Weg zu einer Lösung. Auch Montaigne wartete nicht mit Lösungen auf. Für den Moralisten reicht es, den Abstand aufzuzeigen zwischen dem, was ist, und dem, was sein soll.

Drucker wendet sich nun der Frage zu, wie man ein Unternehmen führt. Zu fragen: »Was ist unser Geschäft?«, »Was wird unser Geschäft sein?« und »Was sollte unser Geschäft sein?« – laut *The*

American Banker die »drei klassischen Fragen« Druckers – ist die erste Funktion des Managements. Die erste Frage »wirkt so einfach, daß sie nur selten gestellt wird. Die Antwort scheint so naheliegend, daß sie nur selten gegeben wird.« Aber sie nicht zu stellen »ist die wichtigste Ursache für das Scheitern von Unternehmen«.[18]

Drucker nennt ein Beispiel für die unerwartete Kraft dieser Frage, wenn sie von jemandem wie Theodore N. Vail gestellt wird, der Anfang des 20. Jahrhunderts die Telefongesellschaft AT&T vor dem Zusammenbruch bewahrte. Zunächst warf Vail die alte Antwort des Unternehmens auf die erste Frage – Telefone verkaufen, installieren und ihre Benutzung in Rechnung stellen – zum Alteisen. Er fürchtete eine Verstaatlichung dieses »natürlichen Monopols«, ein Schicksal, das Telefongesellschaften in ganz Europa und Kanada ereilt hatte, und spürte, daß es aussichtslos war, staatliche Inbesitznahme als »sozialistisch« oder »unamerikanisch« zu attackieren. Deshalb positionierte er AT&T mit einer neuen Mission: »Unser Geschäft ist der Service.«[19]

Das Geschäft von AT&T bestand von nun an darin, seinen Kunden Service zu bieten, das heißt, das Unternehmen konnte sich nicht mehr wie ein Monopolist verhalten. Entsprechend mußten die Mitarbeiter geschult werden: »Vail sorgte dafür, daß die Maßstäbe zur Beurteilung der Manager und ihrer Unternehmensbereiche auf Serviceleistung und nicht mehr nur auf Gewinne ausgerichtet waren.« AT&T mußte auch in die Forschung investieren – die berühmten Bell-Labors –, um den Service ständig zu verbessern und neue Produkte zu entwickeln. Man mußte den Service in der Werbung und der Öffentlichkeitsarbeit herausstreichen. Und man mußte mit staatlichen Regulierungen leben, die aber immer noch weit besser waren als eine Verstaatlichung. Vail spürte intuitiv, daß AT&T mit solchen Schritten Anklang beim Kunden finden würde. Und die Veränderung des politischen Umfelds würde jedem Gedanken an eine Verstaatlichung eines derart verbraucherfreundlichen Unternehmens vorbeugen.[20]

Drucker legt Wert auf die Feststellung, daß AT&T ein »erfolgreiches Unternehmen« war. Bei der Gründung eines Unterneh-

mens wäre es unangemessen zu fragen: »Was ist unser Geschäft?«
»Dem Mann, der eine neue Reinigungsflüssigkeit zusammen-
mischt und sie von Tür zu Tür feilbietet«, stellt sich nicht die
Frage, was er tut und warum.

> Aber wenn sich das Produkt durchsetzt; wenn er zur Mischung und zum Ver-
> kauf Mitarbeiter einstellen muß; wenn er entscheiden muß, ob er weiter
> direkt oder über Einzelhändler, über Kaufhäuser, Supermärkte, Haushalts-
> warenläden oder über alle drei verkaufen soll; und welche weiteren Produkte
> er für ein volles »Sortiment« braucht – dann muß er die Frage »Was ist mein
> Geschäft?« stellen und beantworten. Wenn er sie in seiner Erfolgsphase nicht
> beantwortet, wird ihn auch das beste Produkt nicht davor bewahren, wieder
> von Tür zu Tür zu ziehen und sich die Schuhsohlen abzulaufen.[21]

Die Umständlichkeit dieser Passage, ihre gewandte Sachkundig-
keit ist charakteristisch für die Schreibweise von *The Practice of
Management*, das wegen der in ihm freigesetzten Entdeckerfreuden
als Druckers eindrucksvollstes Buch bezeichnet werden kann.
Herrscht in seinen themenbezogenen Büchern oft ein Mangel an
Faktenmaterial, so strotzen seine Managementbücher geradezu
von verborgenen Belegen aus seiner Beratungspraxis (Drucker hat
es sich zur Regel gemacht, die Namen seiner Klienten nicht zu
nennen). Auf die Frage, wie er die Beratungstätigkeit für seine
Managementbücher verwendet, erwidert er: »Ich stehle.« Seine
Leser sind die Nutznießer dieses Diebstahls.[22]

Die zweite Funktion des Managements ist die Führung der
Manager. Drucker beginnt mit einem seiner beliebten warnenden
Beispiele aus der unternehmerischen Vergangenheit.

Was ein Manager macht

- Ein Manager *legt Ziele fest.*
- Ein Manager *organisiert.*
- Ein Manager *motiviert* und *kommuniziert.*
- Ein Manager *beurteilt* anhand eingeführter Maßstäbe.
- Ein Manager *fördert die Entwicklung von Mitarbeitern.*
  - *The Practice of Management*

Henry Ford hätte sein Unternehmen beinahe zerstört bei dem Versuch, ohne Manager auszukommen. Der alte Mann wollte die milliardenschwere Ford Motor Company ganz alleine leiten. »Die Geheimpolizei, die allen Ford-Managern nachspionierte, informierte Henry Ford über jede Neigung seiner Manager, eine eigene Entscheidung zu treffen.« Erst die Umstrukturierung durch Fords Enkel Henry Ford II brachte dem »fast bankrotten« Unternehmen die Rettung. Er bescherte Ford die Managementrevolution und ersetzte das »Konzept des Managers als persönlicher Delegierter des Eigentümers ... [durch] das Konzept eines Managers, dessen Autorität auf der objektiven Verantwortung seiner Arbeit beruht«.[23]

Manager können *andere* Manager nicht überwachen. Am Beispiel des älteren Ford ist zu erkennen, wohin dies führt. Statt dessen müssen sie ein »Management by Objectives«, eine zielgerichtete Führung praktizieren. Dies ist Druckers zweitberühmtester Lehrsatz, über den er zehn Jahre nach *The Practice of Management* ein eigenes Buch schrieb. Mit dem Management by Objectives ändert sich die Arbeit des Managers von der Überwachung Untergebener zu einer *gemeinschaftlichen* Festlegung von Maßstäben und Zielen, deren Einhaltung allein den Mitarbeitern überlassen bleibt. Diese vereinbarten Kriterien gestatten es wiederum dem geführten Manager, zielgerichtet und durch Selbstkontrolle zu führen, das heißt, »sich selbst zu beurteilen ... statt von außen beurteilt und kontrolliert zu werden«.

»Management by Objectives« (kurz MBO), erscheint heute als gängige Theorie, aber es war alles andere als naheliegend, als Drucker das Konzept 1954 einführte. »Wenn überhaupt«, stellt der *Economist* fest, »dann ist es Mr. Druckers Erfolg, der einer Würdigung seiner Bedeutung im Wege steht. Viele seiner innovativsten Ideen sind zu Allgemeinplätzen geworden.« Management by Objectives ist »zum dominierenden Konzept im modernen Management geworden«, meint der Wirtschaftsautor John J. Tarrant. »Nicht wenige Menschen sind davon überzeugt, daß dies das einflußreichste Konzept ist, das Drucker je erfunden hat.« Richard

H. Buskirk von der School of Business Administration an der Southern Methodist University unterstreicht die kopernikanische Wirkung von Druckers Konzept: »Seine Betonung der Ergebnisse der Managertätigkeit statt ihrer Überwachung war ein entscheidender Beitrag, denn damit hat sich der gesamte Schwerpunkt des Managementdenkens weg vom Arbeitsaufwand hin zur Produktivität und zum Ertrag verlagert.«

Drucker zitiert General Electric als Vorbild für Management by Objectives und Selbstkontrolle. Das Unternehmen führte jährlich eine Beurteilung all seiner Abteilungen durch. Doch die Ergebnisse wurden nicht an die Unternehmensführung weitergegeben, sondern an die Abteilungsleiter. »Es kann kein Zweifel daran bestehen«, schreibt Drucker, »daß das Gefühl von Selbstbewußtsein und Vertrauen in das Unternehmen, das schon im flüchtigen Kontakt mit General-Electric-Managern spürbar wird, auf diese Praxis zurückzuführen ist, die Informationen nicht zur Kontrolle von oben, sondern zur Selbstkontrolle zu nutzen.« Einer der Geschäftsbereiche von General Electric brachte die Unternehmensphilosophie in folgender Satzungsregel zum Ausdruck: »Jede Autorität, die nicht ausdrücklich und schriftlich dem höheren Management vorbehalten ist, liegt automatisch beim unteren Management.«[24]

W. Edward Deming, der Vater der »Qualitätsrevolution« in amerikanischen Unternehmen und Druckers ehemaliger Kollege an der New York University, hielt MBO für schädlich für die Qualität, weil es nicht prozeßorientiert, sondern zielorientiert war, sich also mit Zwecken befaßte, statt mit Mitteln. Ein Unternehmen kann sich aller nur erdenklichen Mittel bedienen, um kurzfristig ein gewünschtes Ziel zu erreichen. Es kann zum Beispiel einen Gewinn ausweisen, »wenn es die Bücher manipuliert und die gesündesten Geschäftszweige verkauft«, um Demings Ansichten mit den Worten seines Biographen Andrea Gabor zusammenzufassen. Deming verstand Druckers »Ziele« als »Quoten« und meinte dazu: »Eine Quote ist ein Bollwerk gegen die Verbesserung von Qualität und Produktivität. Mir ist bislang noch keine Quote begegnet, die auch nur den Hauch eines Systems enthält, mit dem irgend jemand bessere Arbeit leisten kann.« Als Beispiel für die Gefahren des MBO führt Deming den Polizisten an, der jeden Tag seine Quote von Strafzetteln verteilen muß. Der Fairneß halber muß man allerdings anmerken, daß es Drucker in erster Linie um die Unterscheidung zwischen MBO und Management durch Überwachung ging. Durch die Verdrängung der Überwachung sollte MBO zu einem umfassenden Ziel führen, das Drucker und Deming gemeinsam anstrebten: Ein nichtautoritäres Arbeitsumfeld, das der Qualität sicherlich weit förderlicher ist als alles, was davor kam.

Schließlich muß ein Manager, der andere Manager führt, bei der Einstellung auf »Integrität« achten. Diese mag schwer zu definieren sein, sagt Drucker, »aber es ist nicht schwer zu definieren, was einen Mangel an Integrität von solcher Tragweite ausmacht, daß jemand überhaupt nicht in Frage kommt«. Drucker empfiehlt folgende Integritätsprobe: »Niemand sollte in eine Managementstellung berufen werden, wenn sich seine Vision an den Schwächen der Menschen orientiert statt an ihren Stärken.« Drucker begreift Integrität als eine Art soziales Vertrauen – das aus einer großzügigen Haltung gegenüber den Möglichkeiten anderer Menschen und aus Nachsicht gegenüber ihren Beschränkungen hervorgeht. Seine moralische Intelligenz strahlt menschliche Wärme aus, Toleranz gegenüber Fehlbarkeit und eine kluge Würdigung ihrer Nützlichkeit. »Je größere Fähigkeiten ein Mensch besitzt«, schreibt er, »desto mehr Fehler wird er auch machen – weil er um so mehr Dinge probieren wird. Ich würde niemals einen Menschen in eine Führungsposition befördern, der keine Fehler gemacht hat, und zwar große. Denn andernfalls ist er mit Sicherheit mittelmäßig.«[25]

Das Credo, nach dem ein Manager von Managern leben sollte, steht als Inschrift auf Andrew Carnegies Grabstein:

> Hier liegt ein Mensch
> Der Bessere als sich selbst
> Für seinen Dienst
> Zu gewinnen wußte

Drucker empfiehlt Managern, mehr Manager zu führen als notwendig, um sich davon abzuhalten, den Überwacher zu spielen
und die untergebenen Manager zu Assistenten zu degradieren.[26]

Die dritte Funktion des Managements liegt in der Leitung von
Arbeitern und Arbeit. Als Beleg zitiert Drucker das Beispiel von
IBM, einem anderen seiner großen Klienten.

IBM verdient sich Druckers Lob, weil das Unternehmen, neben
anderen die Moral fördernden Maßnahmen, die Aufgabenbereiche
erweitert und damit jedem Arbeiter angemessenen Spielraum
und Herausforderungen gibt. Die zentrale Innovation bei IBM ist
jedoch die Einstellungsstrategie des Hauses. IBM ist bestrebt,
sichere Arbeitsplätze zu bieten, damit seine Mitarbeiter ihr Bestes
geben können ohne Furcht, sich durch ihren Einsatz um ihren
Arbeitsplatz zu bringen. Dies zeigt, daß zumindest ein führendes
amerikanisches Unternehmen die Argumentation von *The Concept
of the Corporation* verstanden hatte. Selbst in der schlimmsten
Phase der Depression hielt IBM seine Mitarbeiter. Um ihnen weiter
Arbeit geben zu können, mußte IBM neue Märkte für seine Produkte finden. Die Beschäftigungspolitik bestimmte also die Kon-
zernstrategie. »Es wäre falsch zu sagen, daß wir während der
Depression die Mitarbeiter halten konnten«, teilte ein IBM-Mana-
ger Drucker mit. »Nein, wir sind gewachsen. Wir sind gewachsen,
weil wir uns darauf festgelegt hatten, unsere Mitarbeiter zu halten.
Das zwang uns dazu, neue Anwender und neue Anwendungen für
unsere existierenden Produkte zu suchen … unbefriedigte Bedürfnisse im Markt zu finden und neue Produkte zu entwickeln, um sie
zu befriedigen … Auslandsmärkte zu erschließen und den Export-
umsatz voranzutreiben.« Leider ändern sich die Zeiten, und was
die Depression nicht geschafft hat, hat der Wettbewerbsdruck des
Weltmarktes erreicht: IBM wurde gezwungen, Tausende von Mitarbeitern zu entlassen.[27]

»Wir können uns nicht zurücklehnen und erwarten, daß sich
die Motivation der Arbeiter spontan verbessert, weil jetzt die
Furcht verschwunden ist«, schreibt Drucker über die größte Her-

ausforderung des Managements von Arbeitern und Arbeit. »Die Beseitigung [der Furcht] war das Hauptresultat des durch die Industrialisierung produzierten größeren Reichtums. In einer Gesellschaft, die so reich ist, daß sie sogar die Arbeitslosen ernähren kann, hat die Furcht ihre motivierende Kraft verloren.« Bemerkenswert ist hier die apolitische und ahistorische Wendung: Die Industrialisierung hat die Furcht verbannt, und nicht die sozialen und politischen Reaktionen darauf – Gesetze zur Regelung von Lohn und Arbeitszeit sowie zur Abschaffung der Kinderarbeit, Arbeitslosenversicherung, Arbeiterabfindungen, rebellierende Gewerkschaften, der Wagner-Act und die liberale Arbeitspolitik des New Deal.[28]

Die Suche nach Möglichkeiten positiver Motivation als Ersatz für Furcht ist »eine der dringendsten Aufgaben des Managements«. In seinem gesamten Werk verwirft Drucker materielle Anreize (eine Haltung, die vielleicht dem Bewußtsein seiner eigenen Motive entspringt: Geld kann kein entscheidender Beweggrund für einen Menschen sein, der seit fünfzig Jahren die Hälfte seiner Beratungszeit gemeinnützigen Organisationen gratis zur Verfügung stellt). Der Fabrikarbeiter im 19. Jahrhundert mag ausschließlich materielle Ziele verfolgt haben, so argumentiert Drucker, aber das »stimmt nicht mehr seit dem Augenblick, als die Bezahlung das Subsistenzniveau überschritten hat« – eine ziemlich spartanische Auffassung menschlicher Bedürfnisse und Wünsche. Auch der »Wissensarbeiter« – eine weitere Wortschöpfung Druckers – von heute hat materielle Bedürfnisse. Das Fehlen materieller Befriedigung wirkt zwar abschreckend auf den Wissensarbeiter, schreibt Drucker in *Die ideale Führungskraft*. »Aber sie allein reicht nicht aus. Er braucht Aufstiegschancen, er braucht Ziele, er braucht Erfüllung, er braucht Werte.« Der Handarbeiter erwartete »einen Lebensunterhalt von der Arbeit, doch der Wissensarbeiter erwartet einen Lebensinhalt von ihr«.[29]

Manager können zwei Dinge von Arbeitern fordern: Einsatz für ihre Arbeit und die Bereitschaft, »Veränderungen zu akzeptieren«. Das Management muß in der Lage sein, die Gestaltung der Arbeit und die Abstimmung zwischen Arbeiter und Arbeit zu erneuern. Der Wandel wird jedoch auf Widerstand stoßen, wenn er die »psychologische Sicherheit« des Arbeiters bedroht. »Und da der Mensch sterblich, zerbrechlich und begrenzt ist, ist seine Sicherheit immer gefährdet.« In einer Ära schneller wirtschaftlicher und technologischer Veränderungen heißt dies: Sicherheit des Arbeitsplatzes. Um den Wandel zu akzeptieren, benötigen die Arbeiter eine Gegenleistung. IBM hat es vorgemacht: Offenheit für Innovation erfordert die echte, nicht nur psychologische, Sicherheit des Arbeitsplatzes. Im härteren Klima unserer Zeit muß der Arbeiter den Wandel *ohne* die Garantie akzeptieren, daß er von seinen Folgen verschont bleiben wird.[30]

Ein vernichtendes Kapitel widmet Drucker dem Personalmanagement, jener Managementschule, die nach positiven Motivationsmöglichkeiten für die Arbeit sucht. »Eine böse Zunge hat einmal behauptet, daß [diese Schule] alle Dinge sammelt und als Personalmanagement bezeichnet, die nichts mit der Arbeit der Leute und mit Management zu tun haben.« Das klingt fast, als würde Drucker sich selbst zitieren. Der prinzipielle Fehler von Personalmanagern ist philosophischer Natur: Sie unterstellen, daß die Menschen nicht arbeiten wollen und daher durch Manipulation zur Arbeit bewegt werden müssen. Eine Politik, die auf dieser Annahme beruht, kann zu nichts Gutem führen, sagt Drucker, der fest daran glaubt, daß Menschen nicht nur arbeiten und durch ihre Arbeit etwas erreichen wollen, sondern daß sie die Arbeit *brauchen*. »Die meisten Menschen verfallen moralisch und körperlich, wenn sie nicht arbeiten.«[31]

Die Schule der Mitarbeiterbeziehungen, die mit einem therapeutischen Ansatz an die Motivation der Arbeiter herangeht, ist nur unwesentlich besser als die Schule des Personalmanagements. »Sie hat das Management von der Vorherrschaft grauenhaft falscher Ideen befreit, aber es ist ihr nicht gelungen, sie durch neue Konzepte zu ersetzen.« Der Ansatz der Mitarbeiterbeziehungen zielt auf die individuelle Psychologie und die zwischenmenschlichen Beziehungen am Arbeitsplatz. »Und daher geht er davon aus,

Wie man den Chef managt: »Gebote« und »Verbote«

Gebote:

Fragen Sie den Chef einmal im Jahr: »Was mache ich oder meine Mitarbeiter, was Ihnen bei Ihrer Aufgabe hilft?« und »Was mache ich oder meine Leute, was Sie behindert?«

Es ist nicht Aufgabe des Untergebenen, den Chef zu reformieren oder zu erziehen oder ihn dazu zu bewegen, sich an die Vorstellungen von Business Schools oder Managementbüchern über den idealen Chef zu halten. Der Untergebene hat die Aufgabe, einem bestimmten Chef individuelle Leistung zu ermöglichen.

Aufgabe des Managers ist es, die Stärken von Menschen effektiv und ihre Schwächen irrelevant zu machen – und das gilt gleichermaßen für den Chef des Managers wie für seine Untergebenen.

Halten Sie den Chef auf dem laufenden. Chefs müssen sich schließlich gegenüber ihren Chefs für die Leistung ihrer Untergebenen verantworten. Sie müssen sagen können: »Ich weiß, was Anne [oder Joe] anstrebt.«

Verbote:

Bereiten Sie dem Chef nie Überraschungen – auch keine angenehmen (wenn es so etwas überhaupt gibt). Eine Überraschung in einer Organisation, für die man verantwortlich ist, ist eine Demütigung und meist auch eine öffentliche Demütigung. Unterschätzen Sie den Chef nie! Der Chef mag wirken wie ein Analphabet, er mag wirken wie ein Trottel. Aber man geht kein Risiko ein, wenn man den Chef überschätzt. Wenn Sie ihn unterschätzen, wird er einen Groll gegen Sie hegen oder Ihnen den Mangel an Denkfähigkeit und Wissen unterstellen, den Sie ihm unterstellt haben.

– Die Zukunft managen

daß es keine Rolle spielt, welche Art von Arbeit jemand macht, da nur seine Beziehung zu seinen Mitmenschen über sein Verhalten und seine Effektivität bestimmt.« Außerdem, fügt Drucker hinzu, muß der Beziehungsansatz oft dazu herhalten, »um das zu ›verkaufen‹, was das Management gerade macht«. (Gleiches ließe sich freilich auch gegen das Konzept der »Haltung eines Managers« einwenden.) »Es ist kein Zufall, daß bei den Mitarbeiterbeziehungen so viel davon die Rede ist, den Arbeitern ein Verantwortungsgefühl zu geben, und so wenig von ihrer Verantwortung, daß ihr ›Gefühl von Bedeutung‹ so sehr und die Möglichkeiten, ihnen und ihrer Arbeit Bedeutung zu geben, so wenig im Vordergrund stehen.« Diese Finessen illustrieren den Wandel der Managementmethode nach dem Krieg, um Daniel Bell zu zitieren, »von der Autorität zur Manipulation als Mittel der Machtausübung«.[32]

Das vorherrschende Konzept für das Management der Arbeiter und Arbeit ist jedoch die von Lenin favorisierte Methode des »wissenschaftlichen Managements« oder der nach seinem Begründer Frederick W. Taylor (1856-1915), dem Erforscher von Zeit und Bewegung, benannte »Taylorismus«. Als Junge zählte Taylor auf dem Weg zur Schule seine Schritte, um seinen effizientesten Gang zu entdecken. »Den Anblick einer unbenutzten Werkbank oder eines untätigen Arbeiters konnte er nicht ertragen«, schreibt Bell. »Er faulenzte nie, und er wollte dafür sorgen, daß auch kein anderer faulenzte.«[33]

Für Drucker ist dieser Moses der Effizienz ein viel zu wenig gewürdigter Held des Wohlstands. »Das wissenschaftliche Management war eine der großen befreienden und bahnbrechenden Erkenntnisse.« Die wissenschaftliche Analyse kleinster Bewegungsabläufe bei einfachsten Tätigkeiten machte die Massenproduktion und vor allem die Fließbandproduktion erst möglich. Und diese wiederum machte die »Produktivitätsrevolution« möglich, der wir unseren Wohlstand verdanken. »Nur wenige Gestalten der Geistesgeschichte hatten einen größeren Einfluß als Taylor – und nur wenige sind mit solchem Mutwillen mißverstanden und mit solcher Emsigkeit falsch zitiert worden«, schreibt Drucker in *Die postkapitalistische Gesellschaft*. All dies mag seine Richtigkeit haben, aber es erscheint auch widersprüchlich, die Wissenschaft, die zum *Fließband* führte, als »befreiende … Erkenntnis« zu bezeichnen.[34]

Ungeachtet seiner grundsätzlichen Wertschätzung für den Taylorismus beklagt Drucker dessen Trennung zwischen Denken und Tun:

Aus der Trennung von Planen und Tun bei der Analyse der Arbeit folgt nicht zwangsläufig, daß Planender und Tuender zwei verschiedene Menschen sein müssen. Es folgt auch nicht daraus, daß die industrielle Welt in zwei Klassen von Menschen eingeteilt werden soll: einige wenige, die entscheiden, was gemacht wird, die die Arbeit gestalten, das Tempo, den Rhythmus und die Abläufe vorgeben und andere herumkommandieren; und die vielen, die tun, was ihnen befohlen wird.

Es folgt nicht daraus, aber es ist daraus gefolgt. Gebraucht wird ein Taylorismus des Qualitativen, sagt Drucker, ein Arbeitsverständnis, das »die besonderen Eigenschaften des Menschen« schätzt, »das heißt seine Fähigkeit, aus vielen Dingen ein Ganzes zu machen, zu urteilen, zu planen und zu verändern«. Drucker hoffte, daß ein solches Arbeitsverständnis im Laufe der Jahre entstehen würde. Und wahrscheinlich hat er diese Hoffnung noch immer.[35]

Druckers Vorschlag für die Ablösung von Furcht, Manipulation und der Tyrannei der Stoppuhr als Methoden des Managements von Arbeitern und Arbeit ist sein aristokratischer Maßstab von »Verantwortung«. Dies bedeutet im Grunde die Ausdehnung des für die Führung von Managern verwendeten Ansatzes der Selbstkontrolle auf die Arbeiter. »Es spielt keine Rolle, ob der Arbeiter Verantwortung will oder nicht«, schreibt Drucker in ungewohnt scharfem Ton. »Das Unternehmen muß sie von ihm einfordern.« Der Arbeiter muß seine Leistung am höchstmöglichen Maßstab ausrichten – an seinem eigenen.[36]

Diese Idee führt zu beunruhigenden Konsequenzen. Nach Druckers Argumentation in *Die ideale Führungskraft* müssen sich Vorstandsvorsitzende selbst führen, Manager von Managern müssen sich selbst führen, einfache Manager müssen sich selbst führen, und anscheinend müssen sich sogar Arbeiter selbst führen. »Der Arbeiter braucht weder Lob noch Tadel, um zu wissen, wie gut er arbeitet. Er weiß es von alleine.« Druckers Lösung des Motivationsproblems besteht darin, das Über-Ich zu ermächtigen. Die Menschen sollen so gegen ihre menschliche Neigung ankämpfen, sich mit schlampiger Arbeit zufriedenzugeben, Zeit zu verschwenden, miteinander zu plaudern, sich in Tagträumen über ihre Liebsten zu ergehen, sich Sorgen über ihre Kinder zu machen, den nächsten Campingausflug zu planen – kurz, zu zeigen, daß sie nicht immer ganz bei ihrer Arbeit sind. Viele Menschen tun dies nicht, und viele können es auch nicht. In seiner Schrift *Eupsychian Management* kritisierte der berühmte Psychiater Abraham Maslow das Konzept des verantwortlichen Arbeiters als unrealistischen Perfektionismus. (Stets fair, setzt sich Drucker schon seit Jahren für eine Neuauflage von Maslows Buch ein.)

> Drucker spricht viel von »Verantwortung« und der Neigung zu Verantwortung und zitiert alle möglichen Industrieuntersuchungen zum Beweis, daß die Menschen besser arbeiten, wenn man ihnen Verantwortung überträgt. Dies trifft sicherlich zu, aber nur auf reifere und gesündere [sic] Menschen, von denen Drucker grundsätzlich ausgeht. Aber es muß festgestellt werden, daß dies nicht dem Typus des gewöhnlichen Menschen entspricht … Ganz offensichtlich müssen wir uns mehr als Drucker darüber im klaren sein, daß es sich hier … nur um bestimmte Menschen handelt.

Als Lehrer, Autor und Berater übernimmt Drucker die Verantwortung für seine Arbeit. Er nimmt sie ernst, weil sie ernst *ist*. Aber kann die Fertigung von Lampenschirmen und Glühbirnen selbst durch noch so viel »Verantwortung« an Ernst gewinnen? Im Konzept des verantwortlichen Arbeiters wird der individuelle dem gesellschaftlichen Charakter geopfert, denn die Arbeit erhält eine existentielle Intensität, die sie nicht tragen kann und vielleicht auch gar nicht tragen sollte. Schließlich, so lehrt uns Kierkegaard, schulden wir dem Vorläufigen nur vorläufige Loyalität und müssen uns unsere absolute Loyalität für das Absolute aufbewahren.[37]

Beim Versuch, Druckers wichtige Bücher der fünfziger Jahre – *The New Society*, *The Practice of Management* und *Landmarks of Tomorrow* – in ihren zeitlichen Kontext einzuordnen, fällt auf, wie schwierig dies ist. In ihrer allgemeinen Ausrichtung unterscheiden sie sich deutlich von den stärksten kulturellen Strömungen dieser Ära. Die meisten Schriftsteller und Intellektuellen der fünfziger Jahre waren beunruhigt über die zunehmende »Konformität« in der amerikanischen Gesellschaft.

Als sich die politisch orientierten Intellektuellen nicht mehr
mit Fragen wirtschaftlicher Gerechtigkeit (als noch ein Drittel der
Amerikaner arm waren) oder sozialer Gerechtigkeit (als im Süden
noch Jim Crow regierte) auseinandersetzen mußten, wandten sie
sich der von David Riesman in *The Lonely Crowd* so bezeichneten
»Malaise des Wohlstands« zu. »Die Erschöpfung politischer Ideen
in den 50er Jahren«, so der Untertitel von Daniel Bells *The End of
Ideology*, darf als weiterer Beleg für die herrschende Stimmung gelten. Nach Harold Rosenbergs unvergeßlicher Einschätzung blick-
ten »die New Yorker Intellektuellen« – die zwölf oder fünfzehn
Autoren, durch die spätere Generationen die fünfziger Jahre kennen – beunruhigt wie eine »Herde unabhängiger Geister« auf die
Konformität, und wenn sie die Schuld dafür nicht bei den Massen-
medien suchten, dann suchten sie sie bei einem ebenso neuen Phänomen der amerikanischen Gesellschaft: dem Großunternehmen.
Populäre Romane (und Filme) wie Sloan Wilsons *The Man in the
Grey Flannel Suit*, Sachbuchbestseller wie William H. Whytes *The
Organization Man* und soziologische Werke wie *The Lonely Crowd*
und *Individualism Reconsidered* beschrieben das Großunternehmen als kalt, unpersönlich, individualitätsfeindlich und als Fried-
hof der Kreativität, Phantasie und Autonomie – als eine fremde,
das Leben aussaugende Kraft. Er wisse den altmodischen »Chef«
von früher jetzt zu schätzen, schrieb Whyte nach seinem Bericht
über die menschliche Wüste des Großunternehmens. Der Chef
verlangte nur »deinen Schweiß«; das Unternehmen »verlangt
deine Seele«.[38]

Ein himmelweiter Unterschied zu Drucker: »Das Unternehmen
ist das spezifische Instrument, das menschliche Stärken in Leistung [umsetzt], während menschliche Schwächen neutralisiert
und weitgehend entschärft werden.« Was die Intellektuellen als
angstbesetzte Konformität sahen, sah er als aufgabengeleitete
Kooperation. »Moral in einer Organisation«, schreibt er, »heißt
nicht, daß ›die Leute gut miteinander auskommen‹; entscheidend
ist nicht die Anpassung, sondern die Leistung.« Die Intellektuellen
sahen das Großunternehmen als eine Art Gefängnis; er sah es als

eine Art Gemeinschaft. Was sie für geisttötend hielten, hielt er für befreiend. Wenn sie das Leben im Unternehmen schlechter erscheinen ließen, als es war, ließ er es besser erscheinen. Während sie das, wogegen sie eintraten, auf das Unternehmen projizierten, projizierte er das, wofür er eintrat. Fürchteten sie die Übergriffe der Gesellschaft auf den einzelnen, so fürchtete Drucker die Übergriffe der Wirtschaft auf die Gesellschaft. Die Intellektuellen sahen das Unternehmen als das Problem; Drucker sah es als Lösung – nicht nur zur Überwindung der Behinderung menschlicher Entwicklungsmöglichkeiten im Verlauf der gesamten Geschichte, sondern auch der Anomie, des regellosen Individualismus des Kriminellen, der jenseits moralischer Verpflichtungen lebt.[39]

Für Drucker besitzt die Kooperation innerhalb eines Unternehmens eine »intrinsische Moral«. Dieser Ausdruck stammt von Emile Durkheim, der die »organische Solidarität«, die durch die auf Arbeitsteilung beruhende Zusammenarbeit innerhalb eines Unternehmens entsteht, als den Ursprung von Moral im modernen Zeitalter sah. »Alles, was eine Quelle der Solidarität ist, ist moralisch«, schreibt Durkheim, »alles, was den Menschen zwingt, andere Menschen zu berücksichtigen, ist moralisch, alles, was ihn dazu zwingt, sein Verhalten durch etwas anderes zu regulieren als die Bestrebungen seines Egos, ist moralisch, und die Moral ist so fest, wie diese Bande zahlreich und stark sind.« Diese Auffassung der Gesellschaft und ihrer kleinen Einheit – des Unternehmens – ist Drucker ins Soziologische gewendet.

Wenn man davon überzeugt ist, daß das Unternehmen die menschlichen Fähigkeiten und Chancen erweitert wie kein anderes Werk von Menschenhand davor; und wenn man überzeugt ist, daß das Unternehmen einzig und allein durch seine Gemeinschaft der Kooperation Moral erzeugt, dann wird man Konformität wohl kaum als gesellschaftliches Problem oder das Unternehmen als Dieb menschlicher Seelen betrachten. »Die grundlegende Wirklichkeit für jeden Arbeiter, vom Straßenkehrer bis hin zum Ressortleiter«, schreibt Drucker, »sind die ungefähr acht Stunden, die er bei der Arbeit verbringt. In unserer Gesellschaft der Organisationen ist es die Arbeit, durch die eine große Mehrheit Zugang findet zu Leistung, Erfüllung und Gemeinschaft.«[40]

Ende der fünfziger Jahre mußte Drucker den Manager und das Management nicht mehr rechtfertigen. Er konnte sich nun der profanen Praxis zuwenden. Dies tat er in *Managing for Results* (1964). Weniger umfangreich und schwärmerisch als *The Practice of Management*, ist es das einzige Buch Druckers, das Tabellen enthält.

Der ursprünglich vorgesehene Titel hieß »Business Strategies« (»Unternehmensstrategien«), aber er wurde verworfen, nachdem Autor und Verlag damit bei Geschäftsleuten auf wenig Gegenliebe gestoßen waren. »Strategie«, so hörten sie immer wieder, »gehört zum Militär oder vielleicht noch zu politischen Kampagnen, aber nicht zum Geschäftsleben.« Inzwischen hat sich der Begriff Strategie zu einem lukrativen Klischee der Managementliteratur entwickelt. Doch Drucker bevorzugt immer noch den Titel *Managing for Results (Ergebnisorientiertes Management)*. Er hat etwas Dynamisches, mit dem sich Ideen verknüpfen. »Vor allem drückt er die Prämisse des Buches aus: Unternehmen sind dazu da, um außerhalb ihrer selbst Ergebnisse zu erzielen – im Markt und in der Wirtschaft.«[41]

Managing for Results beginnt mit einem Inventar der »Geschäftsrealitäten – der Anforderungen von ›draußen‹, die der Unternehmensmanager als ›Gegebenheiten‹, als Konstanten, als Herausforderungen betrachten muß«.

Drucker präsentiert acht dieser Realitäten.

1. *Ressourcen und Ergebnisse liegen nicht innerhalb, sondern außerhalb des Unternehmens.* Wissen, »eine universelle gesellschaftliche Ressource«, liegt außerhalb, das heißt, jeder technologische Wettbewerbsvorteil eines Unternehmens ist vergänglich. Auch der Kunde befindet sich außerhalb des Unternehmens. »Die Ergebnisse hängen nicht von Personen innerhalb des Unternehmens

und auch nicht von Umständen ab, die der Kontrolle des Unternehmens unterliegen.«

2. *Ergebnisse entstehen nicht durch die Lösung von Problemen, sondern durch die Ausnutzung von Chancen.* »Alles, was man sich von der Lösung eines Problems erhoffen kann, ist die Wiederherstellung der Normalität.« Doch in der Zwischenzeit werden Chancen verpaßt. Die Unterscheidung zwischen Problemen und Chancen ist eine von Druckers begrifflichen Meisterleistungen. Er wendet sie wiederholt auf Manager an, die reagierend von Problem zu Problem springen, statt aktiv Chancen zu ergreifen.

3. *Um Ergebnisse zu erzielen, müssen sich die Ressourcen an den Chancen orientieren, nicht an den Problemen.*

4. *»Wirtschaftliche Ergebnisse« werden nicht von unbedeutenden Wettbewerbern in einem bestimmten Markt erzielt, sondern von den Marktführern.* »Wenn ein Unternehmen, ein Produkt oder ein Serviceangebot keine führende Position einnimmt, gleitet es in die Bedeutungslosigkeit ab … Es heißt entweder führen oder scheitern.« Auf die Gründe geht Drucker ausführlich ein.

5. *Eine Führungsposition ist selten von Dauer.* »Im Geschäftsleben herrscht die Tendenz, sich von einer Führungsstellung in die Mittelmäßigkeit zu entwickeln«. Der Manager muß beginnende Rückschritte spüren und korrigieren, indem er das Unternehmen aus Problembereichen herausführt und zu neuen Chancen hinsteuert.

6. *»Was existiert, altert.«* Vergangene Entscheidungen, Grundsätze, Strategien müssen immer wieder neu betrachtet, in Frage gestellt und im Lichte neuer Herausforderungen auf ihre Gültigkeit überprüft werden.

7. *Das Bestehende ist wahrscheinlich falsch verteilt.* Die ersten 10 Prozent der Anstrengungen machen unter Umständen bis zu 90 Prozent der Ergebnisse aus. Das heißt, daß 90 Prozent der Anstrengungen praktisch wirkungslos verpuffen und anderswo eingesetzt werden könnten.

8. *Um wirtschaftliche Ergebnisse zu erzielen, bedarf es der Konzentration.* Echte Erfolge sind nur in einigen wenigen Bereichen

möglich. Vor einer Aufsplitterung der Anstrengungen sollte man sich hüten. Die Ressourcen müssen gebündelt werden, um nur die »entscheidenden Chancen« zu ergreifen.[42]

Es gibt mehrere Listen dieser Art in *Managing for Results*, aber sie eignen sich nicht unbedingt für die Augen Unberufener. Drucker unterläuft etwas, was bei ihm sehr selten anzutreffen ist: Er verfällt in professionellen Jargon mit bedauerlichen Auswüchsen wie: »Ein Grund dafür ist der bei Managern häufig zu beobachtende Fehler, die Gewinnspanne mit dem Gewinn zu verwechseln, der immer der Gewinnspanne multipliziert mit dem Umsatz entspricht«; und »Man sollte keine weiteren Güter einsetzen, solange die Produktionssteigerung für jeden zusätzlichen Einsatzfaktor nicht sinkt.«

Mit solchen Sätzen sollte sich Drucker bei Wirtschaftsakademikern beliebt machen können, denn dies ist ihre Sprache. Aber dies scheint nicht der Fall zu sein. In 18 Jahren als Dozent an einer führenden Managementschule, so teilte mir ein Professor mit, hat er nicht ein einziges Mal mit einem Buch von Drucker gearbeitet. Weder seine Kollegen noch Professoren an anderen Hochschulen arbeiteten damit, soweit ihm bekannt sei. »Wir machen empirische Forschung«, sagte er, »Drucker sitzt in seinem Büro und denkt« – unvorstellbar, aber wahr. Tom Peters, der Koautor von *Auf der Suche nach Spitzenleistungen*, hat nach eigenem Bekunden zwei Graduiertenabschlüsse an der Business School erworben, ohne je ein Buch von Drucker zu studieren. Dennoch erklärt Peters, daß »alles, was wir in *Auf der Suche nach Spitzenleistungen* geschrieben haben, in der einen oder anderen Ecke« von *The Practice of Management* zu finden ist. Als ich den Dekan einer Business School anrief, um mich nach Druckers Einfluß auf das Management (im Unterschied zu Managementschulen) zu erkundigen, teilte er mir mit, Drucker habe einen geschichtlichen Beitrag geleistet. »Das Management hat sich in vier Strängen entwickelt«, meinte er: »die Florentiner Bankiers, die die Buchhaltung einführten, Frederick Taylor, der das wissenschaftliche Management erfand, Alfred P. Sloan und die Dezentralisierung in den zwanziger Jahren – und Peter Drucker in der Nachkriegszeit, vor allem mit seinen Arbeiten über Unternehmen und Strategie.« Man darf es vielleicht als Hinweis auf ein neuerwachtes akademisches Interesse an Drucker werten, daß in einem jüngst erschienenen Lehrbuch für Business Schools Drucker neben anderen dafür gewürdigt wird, »den Begriff der Strategie an vorderster Front der Managementpraxis« verankert zu haben. Weder in diesem noch in einem anderen lobenden Zitat halten es die Autoren für nötig, Drucker näher vorzustellen. Offensichtlich gehen sie davon aus, daß die Studenten Drucker bereits kennen.[43]

In Wirklichkeit sind die Ausführungen zum Thema Strategie in *Managing for Results* relativ kurz. Nach den überschwenglichen Rückblicken hätte man sich fast mehr erwartet. Es ist die Rede von solchen Fragen wie: Was sind die Vor- und Nachteile einer Diversifizierung im Gegensatz zu einer Spezialisierungsstrategie? Wie groß sollte mein Unternehmen sein? Das Kleinunternehmen, das mittlere Unternehmen, das Großunternehmen: wo liegen die jeweiligen Probleme, die in erster Linie von der Größe herrühren?

Die ideale Führungskraft ist Newt Gingrichs Lieblingsbuch von Drucker. Zumindest ein Grund dafür liegt auf der Hand. Jeder, der Marathonbesprechungen durchstehen muß, wird dieses Buch lieben und sich Sätze wie den folgenden ans schwarze Brett im Büro hängen: »Entweder man konferiert, oder man arbeitet ...«.[44]

Die ideale Führungskraft ist Druckers unterhaltsamstes Managementbuch. Es steckt voller witziger Sprüche, und man merkt, daß es mit viel Klugheit und Vergnügen geschrieben worden ist.

Den Auftakt bildet wieder einmal eines von Druckers Begriffspaaren: Es ist ein Unterschied, ob man das Richtige macht oder ob man dafür sorgt, daß das Richtige gemacht wird. Ersteres ist der Effizienzstandard fur Handarbeit. Letzeres ist der Standard für *Effektivität*. Die effektive Führungskraft sorgt dafür, daß die richtigen Dinge gemacht werden.[45]

Effektivität, schreibt Drucker, ist nicht abhängig von Intelligenz oder Phantasie. Schwerfällige Arbeiter können effektiv sein, während kreative Typen dafür berühmt sind, daß sie nichts schaffen. Auch »eine effektive Persönlichkeit« gibt es nicht. Angefangen bei Alfred P. Sloan hatten die Führungskräfte, die Drucker beobachtet hat, »nichts miteinander gemeinsam außer der Fähigkeit, dafür zu sorgen, daß das Richtige gemacht wird«. »Effektivität … ist eine Gewohnheit, das heißt ein Komplex von Praktiken. Und Praktiken können immer erlernt werden.« *Die ideale Führungskraft* erweist sich als Handbuch zur Effektivität.[46]

Effektive Führungskräfte leben nach dem Grundsatz: »Erkenne deine Zeit.« Sie fangen nicht bei ihren Aufgaben an. »Sie beginnen bei ihrer Zeit.« Sie managen die Zeit, die knappste aller menschlichen Ressourcen. Zu diesem Zweck »teilen sie sie in die größtmöglichen kontinuierlichen Einheiten ein«, und sie delegieren alles, was delegiert werden kann. Wenn die Aufgabe keine »irreversible Wirkung« auf das Unternehmen hat, dann kann sie delegiert werden.[47]

Effektive Führungskräfte konzentrieren sich auf *Ergebnisse*, die draußen in der veränderlichen Welt des Kunden liegen, und nicht auf die *Arbeit*, die drinnen passiert. Regelmäßig stellen sie sich eine weitere patentierte Drucker-Frage: »Mit welchem Beitrag kann ich die Leistung und die Ergebnisse meines Unternehmens wesentlich beeinflussen?« Durch die Betonung des Beitrags liegt der Schwerpunkt auf den besonderen Talenten des Managers, im Gegensatz zu der Frage: »Welche Arbeit sollte ich machen?«, die den Schwerpunkt auf die Arbeit legt.[48]

Effektive Führungskräfte »gehen nicht von Schwächen aus. Sie bauen nicht auf Dinge, die sie nicht beherrschen.« Sie gehen von Stärken aus. Sie fragen nie: »Wie kommt er mit mir aus?«, sondern: »Was trägt er bei?« Sie wissen, daß der Versuch, auf Schwächen auszugehen, oder die Annahme, daß jeder alles beherrschen sollte, dem Zweck des Unternehmens schadet.[49]

Effektive Führungskräfte machen »das Wichtigste zuerst – und das weniger Wichtige überhaupt nicht«. Sie erkennen ihre Lage zwischen zwei widersprüchlichen Zeitströmen – zwischen der Zukunft, in der die Ergebnisse liegen, und der Vergangenheit, in der die Probleme liegen. Um der Zukunft Raum zu verschaffen, »schütteln sie das Gestern ab« mit der Frage: »Wenn wir es noch nicht gemacht haben, würden wir jetzt damit anfangen?« und dem Verzicht auf alles, zu dem die Antwort »Nein« heißt. Zugegebenermaßen ist dieser Verzicht ein taktisch schwieriges Unterfangen, da die Vergangenheit das Innenleben prägt, und der Druck von innen »immer das Geschehene gegenüber der Zukunft, die Krise gegenüber der Chance, das Unmittelbare und Sichtbare gegenüber dem Echten und das Dringende gegenüber dem Relevanten bevorzugt«.[50]

Effektive Führungskräfte treffen effektive Entscheidungen. Sie unterscheiden zwischen dem wiederkehrenden und dem einmaligen Ereignis. Die Unternehmenspolitik kann sich der Routinesituationen annehmen; über die besonderen Fälle befinden die Führungskräfte. Sie überlegen sich die richtige Lösung vor den Kompromissen und Anpassungen, die »benötigt werden, um die Enscheidung akzeptabel zu machen«. Sie verknüpfen die Entscheidung mit »den Maßnahmen zu ihrer Durchführung«. Schließlich messen sie ihre Entscheidung an ihren Ergebnissen. Und sie treffen nie eine Entscheidung ohne ein gewisses Maß an Widerspruch.

**Die vier Fragen effektiver Führungskräfte
bei Mitarbeiterentscheidungen**

»Was hat er [oder sie] gut gemacht?«

»Was kann er [oder sie] daher wahrscheinlich gut machen?«

»Was muß er [oder sie] lernen oder sich aneignen, um vollen Nutzen aus seiner [ihrer] Stärke ziehen zu können?«

»Wenn ich eine Tochter oder einen Sohn hätte, würde ich es zulassen, daß sie oder er für den Betreffenden arbeitet?«

1) »Wenn ja, warum?«

2) »Wenn nein, warum nicht?«

– Die ideale Führungskraft

Im »informationsgestütztes Unternehmen« von heute verliert die Führungskraft als »General« immer mehr an Boden gegenüber der Führungskraft als »Dirigent« oder »Bandleader«. »Der Dirigent einer Oper muß eine große Zahl verschiedener Gruppen zusammenbinden«, erklärt Drucker. »Die Solisten, der Chor, das Ballett, das Orchester, alle müssen zusammenhalten – aber sie haben eine gemeinsame Partitur. Heute geht es zunehmend um diversifizierte Gruppen, die die Partitur während der Aufführung schreiben müssen ... Was man heute wirklich braucht, ist eine gute Jazzgruppe ... Aber wie kann man ein großes Unternehmen oder eine große Organisation führen, wenn man nebenher auch noch die Partitur erarbeiten muß? Heute stellt man verschiedene Teams zusammen. Klingt gut. Aber niemand hat bisher herausgefunden, wie man das macht.«

Drucker beschließt *Die ideale Führungskraft* mit einer Warnung an die Führungskräfte: Vorsicht vor dem Computer. Er kann den Effektivitätsradius der Führungskraft ausdehnen, aber er hat auch die gegenläufige Tendenz, die Führungskraft von der Außenwelt abzuschotten, ihre Aufmerksamkeit auf Daten statt auf Geschäftsrealitäten zu lenken. Führungskräfte sollten dem Vorbild Alfred P. Sloans folgen, der den Händlern und Servicestellen von General Motors regelmäßige Besuche abstattete. »Die Gefahr besteht darin, daß die Führungskräfte voller Verachtung auf Informationen und Anregungen herabblicken, die sich nicht auf Computerlogik und Computersprache reduzieren lassen.« Und der Hauptmangel des Computers läßt sich nicht aus der Welt schaffen: »Die Stärke des Computers liegt darin, daß er eine logische Maschine ist«, schreibt Drucker. »Er tut genau, wozu man ihn programmiert hat. Das macht ihn schnell und präzise. Aber es macht ihn auch zum kompletten Trottel, denn Logik ist im Grunde dumm.« Aber wenn die Berechnungen von Maschinen vorgenommen werden, »werden auch die Mitarbeiter der unteren Ebenen lernen müssen, Führungskräfte zu sein und effektive Entscheidungen zu treffen«, schrieb Drucker 1966, als Computer ungefähr die Größe von Kraftwerken hatten. George Orwell hat einmal gesagt, Shake-

speare habe eine derartige soziale Vorstellungskraft besessen, daß
er aus einem Zugfahrplan das gesamte viktorianische England
hätte ableiten können. Viel mehr Hinweise würde anscheinend
auch Peter Drucker nicht benötigen.[51]

Als Mitte der vierziger Jahre Druckers Interesse am Management
erwachte, konnte er nur zwei Unternehmen finden – Sears,
Roebuck und den britischen Einzelhändler Marks & Spencer –,
die eine Weiterentwicklung ihrer Manager anstrebten. Nur drei
Universitäten hielten Fortbildungskurse für Manager ab: die Graduate Business School der New York University, an der Drucker
Manager und Experten aus dem Bank- und Finanzwesen unterrichtete; das Sloan Program am Massachusetts Institute of Technology; und das Advanced Management Program an der Harvard
Business School. Zehn Jahre später ging aus einer Untersuchung
hervor, daß 3 000 Unternehmen über hauseigene Entwicklungs-
programme für Manager verfügten und daß Dutzende Universitäten – Ende der sechziger Jahre waren es schon Hunderte – Gradu-
iertenstudiengänge für Manager anboten.[52]
    »Der Wandel von der Nichtbeachtung zur Wahrnehmung des
Managements und dann zur Orientierung am Management war
eine Folge des Zweiten Weltkriegs«, sagt Drucker. »Es war vor
allem die Leistung der amerikanischen Fertigungsindustrie während des Krieges, die die Aufmerksamkeit auf das Management
lenkte.« Der Marshall-Plan nach dem Krieg, der »das Management
für den wirtschaftlichen und gesellschaftlichen Wiederaufbau
mobilisierte ... machte das Management zum Renner.« Die größte
industrielle Produktionswelle der Geschichte *und* die Erneuerung
der kriegsgeschädigten europäischen Wirtschaft war vom Management gelenkt worden. Dies führte zu einem Boom des Interesses
und der Nachahmung, der erst in den frühen siebziger Jahren ver-
ebbte.[53]
    »Auf einmal war der Mythos des Managements verschwun-
den.« Spektakuläre Unternehmenspleiten in den späten sechziger
Jahren – Penn Central, Lockheed, Rolls-Royce – »ließen das pro-

fessionelle Management in einem weniger heroischen Licht erscheinen«. Noch schwerer fiel ins Gewicht, daß die Wissensbasis des Managements aus dem Krieg aufgebraucht war. »Es zeichnete sich ab, daß neues Wissen, neue Ansätze und neue Auffassungen vonnöten waren. Und die hatte der Managementboom nicht zu bieten.«[54]

Der Zeitpunkt war günstig für eine Erneuerung des Managements durch Peter Drucker. Er destillierte die Kenntnisse und Überlegungen aus Jahrzehnten in ein Buch, dessen Umfang und Mannigfaltigkeit dazu geeignet waren, einer inzwischen nicht mehr ganz jungen Institution den frischen Wind einzuhauchen, den sie für die neuen Herausforderungen der Zeit brauchte. 1973, als das OPEC-Ölkartell die Ölpreise vervierfachte und damit von der industriellen Welt eine wachstumsgefährdende Abgabe erhob, veröffentlichte Drucker ein 1 000-seitiges Monument der Beruhigung: *Neue Management-Praxis*.

In *The Practice of Management* versprach Drucker, dem Manager »alles« mitzuteilen, was er zur Verbesserung seiner Leistung wissen mußte. *Neue Management-Praxis* macht sich gewissenhaft an die Einlösung dieses Gelöbnisses, zum Teil sogar in den Worten von *The Practice of Management*: Weite Teile dieses Buches sind eine Umarbeitung von Druckers drei Managementbüchern aus den fünfziger und sechziger Jahren.

»Der wichtigste Grund für die Beschäftigung mit dem Unternehmensmanagement liegt darin«, schreibt Drucker im Eingangskapitel, »daß es die Erfolgsgeschichte des Jahrhunderts ist.« Dieser vielsagende Satz gehört an den Anfang des Buches. Er eröffnet den direkten Zugang zu Druckers Welt und umreißt in groben Zügen sein Denken. »Die Leistung des Unternehmensmanagements ermöglicht es uns heute – vielleicht vorzeitig (und bestimmt voreilig) –, das Ende ... drückender Armut zu verheißen ...« Fortschrittliche Gesellschaften können sich dank des vom Unternehmensmanagement geschaffenen ökonomischen Überschusses eine höhere Bildung für breite Bevölkerungsschichten leisten. Daß gebildete Menschen als Wissensarbeiter tätig sein und daß wir (im

Jahre 1973) statt der sozialen Versteinerung aller früheren Gesellschaften soziale Mobilität praktizieren können – auch diese historische Errungenschaft verdanken wir dem Erfindungsreichtum und der Initiative des Unternehmensmanagements. Alles in allem ist die Erfindung des Managements »vielleicht das zentrale Ereignis unserer Zeit ... Nur selten hat sich in der Geschichte der Menschheit eine Institution so schnell als unverzichtbar erwiesen«.[55]

Doch in der Zukunft warten drei schwierige Herausforderungen auf uns. Die erste besteht in der Notwendigkeit, die Produktivität voranzutreiben. Drucker schrieb dies nach dem Yom-Kippur-Krieg zwischen Israel und seinen arabischen Nachbarstaaten und noch vor dem arabischen Ölboykott und war damit wie gewöhnlich seiner Zeit voraus. Der Hauptmotor des Nachkriegswachstums war nach Drucker der weltweite Zustrom von Menschen aus landwirtschaftlichen Regionen mit niedriger Produktivität in die Industriearbeiterschaft. In Japan zum Beispiel lebte 1946 60 Prozent der Bevölkerung auf dem Land, und in den siebziger Jahren war diese Zahl auf unter 10 Prozent gesunken. Aber dabei handelte es sich um ein einmaliges Phänomen. Weitere Produktivitätssteigerungen müssen nun von dieser Arbeiterschaft ausgehen; die relativen Produktivitätssteigerungen durch den Wandel von Landarbeitern zu Maschinenarbeitern gehören der Vergangenheit an.[56]

Die zweite neue Herausforderung für das Management ist die von Drucker so bezeichnete »Krise des Handarbeiters«. Der große Gewinner der industriellen Nachkriegswirtschaft, der einfache Arbeiter, sieht sich jetzt bedroht durch die Anstrengungen des Managements, die durch die Weltwirtschaft bedingten Produktivitätsanforderungen zu erfüllen, das heißt: durch Ausbildung und Technologie den Wissensgehalt aller Arbeiten zu erhöhen. Nach einer Phase der Chancengleichheit, in der Familienhintergrund und Schullehrer nicht über das wirtschaftliche Schicksal entscheiden konnten – in der ein für die Schule nicht sonderlich begabter, aber in der Arbeit fleißiger junger Mensch zum gewerkschaftlich organisierten Industriearbeiter werden und Zugang zur Mittelschicht finden konnte – wandte sich das Blatt zuungunsten der praxisorientierten Fabrikarbeit. In *Neue Realitäten* prophezeit Drucker Anfang der neunziger Jahre, daß die Zahl der Fabrikarbeiter bis zum Jahr 2010 »auf einen Stand sinken wird, auf dem sich heute die Bauern befinden, das heißt zwischen 5 und 10 Prozent der Beschäftigten«. In Kalifornien machen die Wissensarbeiter schon heute 25 Prozent der Beschäftigten aus – genauso viel wie die Fabrikarbeiter.

Diese Entwicklung ist eigentlich weniger eine Herausforderung für das Management als für die Gesellschaft und die Politik. Drucker sieht die Auswirkungen auf das Management vor allem in der schwindenden Bedeutung der Gewerkschaften, die sich, begleitet von demagogischen Untertönen, für das Management genauso irritierend erweisen kann wie die frühere Bedrohung durch starke Gewerkschaften. Eine schwache Gewerkschaft »bedeutet nicht Stärke des Managements; sie bedeutet Frustration des Managements«.[57]

Für die Gesellschaft noch schlimmer als schwache Gewerkschaften sind gar keine Gewerkschaften, und zwar aus einer Vielzahl von Gründen. Besondere Bedeutung hat das Absinken der Quote gewerkschaftlicher Organisation im privaten Sektor der USA von 35 Prozent Mitte der fünfziger Jahre auf mittlerweile nur noch 12 Prozent. Dies hat dazu geführt, daß die gesellschaftliche Mobilität, die Drucker (und Amerika) 1973, am Ende einer Phase, in der der Reallohn um 2 Prozent pro Jahr stieg, für selbstverständlich hielt, verschwunden ist, weil die Krise des Arbeiters auch immer mehr Angestellte erfaßt hat. Die Gründe können wir einer Statistik entnehmen: Der durchschnittliche Wochenverdienst von männlichen Vollzeitarbeitern ist seit 1979 um 13 Prozent gesunken.[58]

Die dritte neue Herausforderung für das Management liegt in der Bewertung und Steigerung der Produktivität von Wissensarbeit. Eine Karikatur im *New Yorker* bringt das Dilemma zum Ausdruck. Sie zeigt eine Bürotür mit der Aufschrift: CHAS. SMITH, GENERALDIREKTOR VERKAUF, AJAX SEIFENFABRIK. Die Wände sind kahl bis auf ein großes Schild mit der Aufschrift:

DENKEN. Der Mann im Büro hat die Beine auf dem Schreibtisch liegen und bläst Rauchringe zur Decke. Zwei Männer kommen am Büro vorbei, und einer von ihnen fragt: »Aber wie können wir sicher sein, daß Smith an *Seife* denkt?« Frederick Taylor konnte die Produktivität eines Arbeiters messen, der Sand schaufelte. Zu messen, was Smith macht, ist nicht so leicht. »Eins steht fest«, schreibt Drucker, »die Bemühung, Wissen produktiv zu machen, wird zu Veränderungen der Arbeitsstruktur, der Aufstiegsmöglichkeiten und der Organisation führen, die nicht weniger drastisch sein werden als diejenigen, die sich aus der Anwendung des wissenschaftlichen Managements auf die Handarbeit in der Fabrik ergaben.« Das *klingt* wie eine Prophezeiung des Business Reengineering zwanzig Jahre vor dessen Eintreffen.[59]

Innerhalb von Druckers Gedankengebäude beantwortet *Neue Management-Praxis* eine Frage, die zum erstenmal in *The Future of Industrial Man* gestellt und dort als eine den Kapitalismus im Zeichen des Managements bedrängende Problematik dargestellt wird: die Frage nach der Legitimität der Managementmacht in einer Zeit, in der die großen Unternehmen nicht mehr von Eigentümern geführt werden (können). »Legitim ist eine Macht, wenn sie durch ein von der Gesellschaft akzeptiertes ethisches oder metaphysisches Prinzip gerechtfertigt wird«, schrieb Drucker in *The Future of Industrial Man*. Im modernen Großunternehmen besaß die Macht der Manager, »die sich nur von den Managern selbst herleitet«, keine Legitimität. Es war »... unbegründete, ungerechtfertigte, unkontrollierte und unverantwortliche Macht«. Nach Druckers Ansicht fehlte es dem Großunternehmen aufgrund dieser Legitimitätskrise an der notwendigen gesellschaftlichen Sanktion, um als integrierender Kern der Industriegesellschaft nach dem Krieg dienen zu können. Die neue Gesellschaft konnte erst nach Beendigung dieser Krise funktionieren.[60]

Auf den letzten Seiten von *Neue Management-Praxis* erklärt Drucker die Krise für behoben. »Vor fast drei Jahrhunderten«, erklärt er, »formulierte der englische Pamphletschreiber [Bernard] Mandeville in dem Lehrgedicht ›The Fable of the Bees‹ (›Die Fabel von den Bienen‹) einen Satz, der hundert Jahre später zum Prinzip des Kapitalismus werden sollte: ›Private Laster werden zu öffentlichen Wohltaten.‹« Dieses Wunder der Verwandlung von Habsucht und Gier in gesellschaftliche Tugenden wurde von der »unsichtbaren Hand« des Marktes bewerkstelligt. Doch trotz aller günstigen wirtschaftlichen Auswirkungen bleibt Mandevilles Maxime moralisch inakzeptabel. »Und die Tatsache, daß der Kapitalismus mit zunehmendem Erfolg immer weniger akzeptabel wurde – worauf der große austro-amerikanische Ökonom Joseph Schumpeter immer wieder hinwies – hat sich als die grundlegende Schwäche der modernen Gesellschaft und Wirtschaft erwiesen.«

Um den Kapitalismus akzeptabel zu machen, bedarf es eines moralischen Prinzips, das die Rolle des Managements in der Gesellschaft der Organisationen rechtfertigt. »Es gibt nur ein solches Prinzip. Es ist der Zweck von Organisationen und somit auch die Grundlage für die Autorität des Managements, die darin bestehen, *menschliche Stärke produktiv zu machen*. An die Stelle der alten Maxime »Private Laster werden zu öffentlichen Wohltaten« tritt der neue Grundsatz: »Persönliche Stärken werden zu öffentlichen Wohltaten.« Druckers Suche nach einer moralischen Basis für die Autorität des Managements ist an ihr Ziel gelangt. »Dies kann als Grundlage für die Legitimität dienen. Dies ist ein moralisches Prinzip, auf der Autorität beruhen kann.«[61]

In der Moderne leistet die Organisation mehr als nur die Erledigung aller gesellschaftlichen Aufgaben. Sie rechtfertigt das Wirtschaftssystem. Diese erhabene Anschauung wurde in den nächsten Jahren auf eine harte Probe gestellt, als die Unternehmen begannen, sich mit der Entlassung von Hunderttausenden von Mitarbeitern gegen die Gesellschaft zu wenden.

7
DAS ZEITALTER
DER DISKONTINUITÄT

Nur wenige gesellschaftsanalytische Bücher der sechziger Jahre haben uns heute noch etwas zu sagen. Sie sind auf die drängenden Probleme einer Ära fixiert, die das Land mit lyrischen Gedichten von Rassismus und Krieg erlösen wollte. Die Zeit hat es wahrlich nicht gut gemeint mit drei der wichtigsten Bücher des Jahrzehnts. *The Greening of America* (1970) war damals ein Bestseller, der genau den Nerv der Zeit traf und von dem umfangreiche Auszüge sogar im *New Yorker* abgedruckt wurden. Doch heute bringt diese Hymne auf das fortschrittliche Bewußtsein der Hippies sogar Nostalgiker in Verlegenheit. *The New Industrial State* (1967) des Ökonomen John Kenneth Galbraith ist ein brillantes Buch, aber inzwischen leider völlig überholt. Die Geschichte ist an seiner Hauptthese gleichgültig vorübergezogen. Professor Galbraith schilderte das Unternehmensmanagement als die Vorhut einer neuen Elite oder »Technostruktur«, die von hilflosen Aktionären und schwachen Aufsichtsräten nicht in die Schranken verwiesen werden kann. Damit kam er der damaligen Realität sehr nahe, doch schon zwölf Jahre später begann unter dem Applaus der Aktionäre eine Welle feindlicher Übernahmen, bei der die Manager reihenweise auf der Strecke blieben. Michael Harringtons *The Other America* (1962) war das einflußreichste Buch des Jahrzehnts zum Thema Gesellschaft, dem das Verdienst gebührt, die beschämende Armut von 50 Millionen Amerikanern aufgezeigt zu haben. Aber die heutigen Ursachen und Folgen der Armut sind ganz andere als die von Harrington beschriebenen, und so bleibt zwar das moralische Zeugnis von *The Other America* intakt, aber die faktische Substanz des Buches ist nicht mehr zeitgemäß.

Im Gegensatz dazu liest sich Druckers *Weltwirtschaftswende: Tendenzen für die Zukunft (The Age of Discontinuity)* aus dem Jahre 1969, als wäre das Buch erst gestern geschrieben worden.

Als Konzept zur Erklärung des zeitgenössischen Denkens und Fühlens wirkt *Weltwirtschaftswende: Tendenzen für die Zukunft* diagnostisch richtig – es spricht etwas in uns an. Andererseits ist es, obwohl es Vietnam, die Studentenproteste und die Bürgerrechtsbewegung weitgehend ignoriert, auch ein Buch seiner Zeit mit der ihm eigenen Überzeugung, daß die Wahrheit unter der Oberfläche liegt. Drucker will nichts wissen von der altbekannten Liste von Problemen und Lösungen, die er für keineswegs erschöpfend hält. Es gibt Realitäten neben den offiziellen Realitäten, Trends unterhalb der Trends. Drucker bedient sich der Geologie, um den neuen Rahmen für *Weltwirtschaftswende: Tendenzen für die Zukunft* abzustecken: »Es versucht … Veränderungen zu identifizieren und zu definieren, die sich in den Tiefenschichten abspielen. Es behandelt nicht die Kriege, die zu neuen Grenzverläufen führen, sondern die Kontinentaldriften, aus denen neue Kontinente entstehen.«[1]

Diese Diskontinuitäten sind »umfassende Veränderungen in der zugrundeliegenden sozialen und kulturellen Realität«. Diese »und nicht die massive Dynamik offensichtlicher Trends werden wohl … die letzten Jahrzehnte des 20. Jahrhunderts gestalten und prägen«. Die Veränderungen der Technologie, der Wirtschaft, der Verwaltung und des Wissens, die Drucker anspricht, haben sich als die bestimmenden Faktoren des heutigen Amerika herausgestellt. Er schien die Zukunft des Landes intuitiv vorauszuahnen.[2]

Der grundlegende Denkansatz Druckers in seinem gesamten Werk liegt darin, das Bestehende nicht nur mit dem zu vergleichen, was sein sollte, sondern auch mit dem, was angeblich so ist. *Weltwirtschaftswende: Tendenzen für die Zukunft* baut auf dieser geistigen Konfrontation auf. Da Drucker die Grundannahmen der Wirtschaftswissenschaften nicht sklavisch übernimmt, erkennt er

Realitäten, deren Existenz die Wirtschaftslehre leugnet. Dabei stellt er nicht den Wahrheitsgehalt vorhandener Theorien in Frage, sondern ihre Angemessenheit. Er entwirft keine neue Theorie, die auf die neuen Realitäten paßt, sondern er weist auf die Notwendigkeit neuer Theorien hin. Ironie ist für ihn mehr als ein Stilmittel, sie ist eine Denkgewohnheit.

Druckers erste Diskontinuität vollzieht sich in Industrie und Technologie. Um dies zu verstehen, müssen wir das 20. Jahrhundert mit seinen Augen sehen. Seine Geschichtsauffassung unterscheidet sich von der der Lehrbücher. Er sieht keine neuen Dinge, sondern neue Verbindungen zwischen längst bekannten Dingen. Druckers Vergangenheit ist so frisch und unerwartet wie seine Zukunft. Zum Beispiel betrachten wir unser Jahrhundert als revolutionäre Zeit für die Industrie und Technologie. Drucker erhebt Einspruch. Nehmen wir einmal an, fordert er uns auf, an dem Tag, an dem sein Vater und Thomas Masaryk das Ende eines Zeitalters beklagten, sei ein Ökonom in Schlaf versunken und erst 1968 wieder aufgewacht. Wäre er überrascht von den wirtschaftlichen Veränderungen um ihn herum? Keineswegs, meint Drucker, er wäre überrascht darüber, wie *wenig* sich verändert hat. Als hätten die beiden Weltkriege nicht stattgefunden, erreichten die Industrieländer in den sechziger Jahren ein Produktivitäts- und Einkommensniveau, das ein Ökonom des Jahres 1914 auf der Grundlage von Trends des 19. Jahrhunderts durchaus hätte vorhersagen können. Gleiches gilt für die Technologie. Vom Telefon über das Auto bis hin zur Bedeutung des Stahls für die städtische Zivilisation lebte das 20. Jahrhundert weitgehend von den technologischen Innovationen der dreißig Jahre *vor* 1914. Der Überhang aus dem 19. Jahrhundert hielt bis in die sechziger Jahre an, doch dann ging ein Riß durch die Zeit, der die lange Kontinuität zu Edison, Marconi und den Gebrüdern Wright unterbrach. »Als wir mit der Vollendung des großen Wirtschaftsgebäudes aus dem 19. Jahrhundert beschäftigt waren, hat sich unter unseren Füßen das Fundament verschoben.« Diese Veränderung in den Tiefenschichten und das

damit verbundene Lebensgefühl einer bevorstehenden historischen Wende ist die grundlegende Diskontinuität unserer Zeit.[3]

»Vier neue Industriebranchen sind bereits in Sicht.« Die erste
ist die Informationsindustrie. Information, so Drucker, ist »Energie« für den Geist, und wir erleben »das erste Zeitalter, in dem
Energie für Geistesarbeit zur Verfügung steht«. Preiswerte, zuver-
lässige und allgemein zugängliche Informationen werden ähnlich
weitreichende Auswirkungen haben wie die Elektrizität. »Mit
Sicherheit werden junge Menschen schon in einigen Jahren Infor-
mationssysteme als alltägliche Instrumente benutzen, so wie sie
heute Schreibmaschinen und das Telefon benutzen.« Mit Sicherheit.[4]

Die zweite neue Industriebranche, die bislang noch in der
Zukunft liegt, ist die Entdeckung des Ozeans als »größte wirtschaftliche Ressource der Erde«. Vor 7000 Jahren wurden wahrscheinlich in einer Generation die Pyramiden gebaut und der
Pflug erfunden. »Ich vermute, die Erforschung des Weltraums
sind unsere ›Pyramiden‹ und die Erforschung des Meeres unser
›Pflug‹.«

»Werkstoffe« sind die dritte neue Industriebranche, die Drucker
am Horizont der sechziger Jahre erkennt. Er betrachtet die Kunst-
stoffbranche als »die einzige wichtige Industrie, deren Wurzeln
nicht im 19. Jahrhundert, sondern im 20. Jahrhundert liegen.« Die
im Laufe der Jahrtausende entwickelten Werkstoffe wie Papier,
Glas, Stahl, Beton, Holz werden bald durch stärker durchkon-
struierte Materialien wie Plastik ergänzt werden. Der Schwerpunkt
»wird sich verlagern von der Orientierung an dem, was die Natur
bietet, hin zu dem, was der Mensch erreichen will«. Dieser Satz ist
Ausdruck für Druckers Humanismus. Sein Maßstab ist immer der
Mensch. Er hat kein Interesse an Technologie um ihrer selbst
willen und wendet sich häufig kritisch gegen technologischen
Hochmut. Für Drucker ist Technologie nur eine Brücke und nicht
das Ziel.[5]

»Von dem, was die Natur bietet, hin zu dem, was der Mensch
will …« Dieser Satz läßt auch die Gründe für Druckers zuversicht-

liche Denkweise anklingen – besonders in *Weltwirtschaftswende: Tendenzen für die Zukunft*. Das Buch identifiziert und erörtert zwar »sehr ernste Probleme«, aber es betrachtet sie »als großartige Chancen für neue Ideen und Strategien und für einen Ausbruch kreativer Energie im politischen Denken und Handeln, in den Anschauungen zum Bildungswesen und im wirtschaftlichen Denken«.[6]

Vier Marketinglektionen für die Zukunft

– mit preiswerten »Bumerangprodukten« Kunden gewinnen;
– Marktforschung taugt nur für Dinge, die schon auf dem Markt sind;
– nicht der Hersteller, sondern der Kunde definiert einen Markt;
– Marketing beginnt bei *allen* Kunden im Markt, nicht bei unseren Kunden.

– Die Zukunft managen

Viertens und letztens werden die Metropolen eine ganze Reihe neuer Industriebranchen hervorbringen. Die Menschen werden nicht mehr zur Arbeit gehen – um ein Beispiel zu nennen –, die Arbeit wird zu ihnen kommen. Lange vor unserer Zeit, in der laut *US News & World Report* sieben Millionen Menschen mindestens einen Tag pro Woche ihre Arbeit per Telekommunikation erledigen, kann Drucker keinen Grund erkennen, weshalb Wissensarbeiter nicht zu Hause tätig sein sollten. »Die große Leistung des 19. Jahrhunderts, die Menschen zur Mobilität angehalten zu haben«, schreibt Drucker 1989 in dem Aufsatz »The Future's Already Around Us«, »hat ihren Nutzen verloren; man denke nur an den Schrecken des täglichen Pendlerverkehrs in den meisten Großstädten und den Smog, der über den verstopften Verkehrswegen liegt.« (Einmal sagte er zu einer Gruppe von Geschäftsleuten, die die Innenstadt von Dallas durch den Bau von Bürogebäuden wiederbeleben wollten: »Wozu solche riesigen Summen ausgeben,

um einen 90-Kilo-Körper in die Innenstadt zu bringen, wenn Sie
doch eigentlich nur sein 4-Kilo-Hirn brauchen?«) Nur ein Massenverkehrssystem, das allgemein zugänglich ist und gleichzeitig
beliebige Bewegungsfreiheit erlaubt, »kann die Krise lösen, die die
Großstadt zu lähmen droht ...«. Dieses alternative Verkehrssystem,
dessen Mindestanforderungen – allgemeiner Zugang und beliebige
Bewegungsfreiheit – Drucker festlegt, würde zu den wichtigsten
Innovationen des 21. Jahrhunderts gehören.[7]

Wissen ist die Triebfeder der neuen Industriebranchen. »Wissen, das heißt systematische, zweckgebundene, organisierte Information, hatte mit den Innovationen des 19. Jahrhunderts fast nichts
zu tun.« Sie gingen von Erfahrungen aus; die neuen Industriebranchen gehen von Wissen aus. Sie stellen keine »Ergänzungen«
dar, sondern echte »Innovationen«, und auch die Unternehmen
und die Verwaltungen müssen sich erneuern, um sich auf sie einzustellen.[8]

Die dominierende Stellung des Wissens in der neuen Wirtschaft
bringt nicht nur Vorteile mit sich. »Wissensarbeiter können mit
einer Arbeit, die nur dem Lebensunterhalt dient, nicht zufrieden
sein.« Nachdem er vom Kelch des Wissens gekostet hat, wird der
Wissensarbeiter das stimulierende Potential seiner Aufgabe vielleicht schnell erschöpfen. Wenn er nicht befördert wird oder keine
anregende neue Herausforderung sieht, wird er sich in den inneren
Ruhestand zurückziehen und unter der Bürde der Langeweile leiden, bis er seinen Abschied vom Berufsleben nimmt. Amerika ist
voll von Arbeitskräften, die zu klug für ihre Jobs sind. Diese ungenutzte Kapazität verwandelt die Arbeit in einen Käfig und stellt
außerdem eine Verschwendung von Wirtschaftskraft dar. Eine
Umstrukturierung der Arbeitswelt wird der Gesellschaft freilich
keinen Vorteil bringen, wenn sie in eine Massenarbeitslosigkeit
mündet. Michael Hammer, der Guru des Reengineering, der
angeblich 50 000 Dollar täglich dafür erhält, daß er die Unternehmen zu ihren Einsparungsmöglichkeiten berät, soll gesagt haben:
»Ich glaube nicht, daß wir auch nur annähernd das herausgequetscht haben, was sich herausquetschen läßt.« Würde man die

gesamte US-Wirtschaft in die neotayloristische Mangel des Reengineering nehmen, könnte das, so schätzt er, die inoffizielle Arbeitslosenquote auf 20 Prozent hochschnellen lassen.[9]

Das Militär löst das Problem des Job-Burnout durch Beförderung der Offiziere in den gutbezahlten Ruhestand, aber außerhalb des Militärs kann das eine Bürgerrechtsverletzung darstellen. Auch Hobbys sind keine Antwort: »Wer gelernt hat, professionell zu arbeiten, gibt sich mit einem Dasein als Amateur nicht zufrieden.« Eine Umschulung oder ein beruflicher Neuanfang kann sich ebenfalls als enttäuschend erweisen. »Die Erfahrung und das Wissen eines reifen Menschen bleiben völlig unberücksichtigt.« Die Lehrer »halten es für moralisch falsch, wenn sie nicht auf dem zweijährigen Betriebswirtschaftskurs bestehen bei einem Menschen, der sich im Arbeitsleben bereits als fähiger Ökonom bewährt hat ...« Schließlich ist auch der normale Ruhestand mit fünfundsechzig keine Lösung, weil »der Ruhestand nach der ersten beruflichen Tätigkeit der großen Mehrheit der Wissensarbeiter einfach viel zu spät kommt«. Wenn der Wissensarbeiter einfach in den Ruhestand geht, ohne eine neue Arbeit aufzunehmen, »dann wird er wahrscheinlich schnell daran zerbrechen, weil Wissensarbeit in viel höherem Maße als die Handarbeit eine Sache der Gewohnheit ist«.[10] Was also soll ein rastloser Wissensarbeiter tun?

In einem 1968 mit *Psychology Today* geführten Interview, nach dem Drucker 700 persönliche Briefe und Hunderte von Telefonanrufen von Menschen erhielt, die sich nach neuer Arbeit und neuen Herausforderungen sehnten, sagte Drucker: »Ich bin fest davon überzeugt, daß eine der größten Notwendigkeiten im systematischen Ausbau des zweiten Bildungsweges liegt.« Er fügte hinzu: »Die älteren Berufe sind am besten für eine zweite Laufbahn geeignet. Das mittlere Alter ist tatsächlich der beste Zeitpunkt für das Umsteigen auf eine Tätigkeit als Anwalt, Arzt oder Sozialarbeiter.« (In seinen späteren Schriften vertritt er etwas gemäßigtere Anschauungen. Die Anwendung des eigenen Fachwissens auf eine Tätigkeit in einem neuen Aufgabengebiet wird zu seinem Erneuerungsrezept.) Letzten Endes muß der Wissensarbeiter einfach ...

… lernen, daß es keine Schande ist, mit fünfundvierzig noch einmal von vorne anzufangen … Und er wird lernen müssen, daß eine zweite Karriere in diesem Alter viel befriedigender ist – und mehr Spaß macht – als der Griff zur Flasche, eine stürmische Affäre mit einem jungen Ding … oder irgendeiner der anderen Versuche zur Verschleierung der Frustration und Langeweile durch eine Arbeit, die noch vor wenigen Jahren so aufregend und erfüllend war.[11]

Nach Auffassung einiger Autoren besteht ein immanenter Konflikt zwischen dem Bedürfnis des Unternehmens, die Arbeit nach tayloristischen Gesichtspunkten der Effizienz zu gestalten, und dem menschlichen Bedürfnis, sich durch neue Erfahrungen weiterzuentwickeln. Wenn diese Ansicht zutrifft, dann ist das einzige sichere Mittel zur Einschränkung der Langeweile am Arbeitsplatz die Verkürzung der Zeit, in der man sie ertragen muß. In *Das Ende der Arbeit und ihre Zukunft (The End of Work)* berichtet Jeremy Rifkin, daß in den letzten 30 Jahren die Jahresarbeitszeit im Schnitt um 163 Stunden gestiegen ist, während der durchschnittliche US-Arbeiter dreieinhalb Urlaubs- und Krankheitstage weniger hat. Mehr als ein Viertel der amerikanischen Beschäftigten arbeiten inzwischen über 49 Stunden pro Woche. Entsprechend ist die Freizeit um ein Drittel gesunken. Eine kürzere Arbeitswoche würde dem Wissensarbeiter mit ersten Anzeichen von Langeweile mehr Zeit für Dinge geben, die ihn unter Umständen mehr interessieren als seine Arbeit. Auch wenn Drucker vielleicht eine kürzere Arbeitswoche befürworten würde, von dieser Argumentation würde er bestimmt nichts halten. Für ihn ist die Arbeit das Feld, in dem man etwas erreichen und leisten kann. Freizeit ist nichts weiter als »Hobbys«.[12]

Über Flöhe und Elefanten

»Große Organisationen können nicht flexibel sein. Eine große Organisation ist nicht durch ihre Beweglichkeit effektiv, sondern durch ihre Masse. Flöhe erreichen im Sprung ein Vielfaches ihrer Körpergröße, aber Elefanten nicht.«
— *Weltwirtschaftswende: Tendenzen für die Zukunft*

Theoretiker des *Homo ludens* sind da anderer Meinung. Sie sehen die unpersönliche moderne Arbeit als Fesselung des Geistes. »Wohl nur in unserer westlichen Industriekultur«, schreibt David Riesman, »steht die Arbeit in solch scharfem Gegensatz zu Liebe, Vergnügen, Konsum und fast jeder anderen Art von Freiheit.« Deshalb benötigen wir nicht mehr oder andere Arbeit. Schließlich wird fast alles irgendwann zur Routine. Wir benötigen ein neues gesellschaftliches Ideal: »Freiheit im Spiel«. Noch einmal Riesman: »Das Spiel muß keineswegs die Restsphäre sein, die nach der Arbeitszeit und dem Arbeitsgefühl noch übrig bleibt, es kann zunehmend zur Sphäre für die Entwicklung der Fähigkeit und Kompetenz in der Kunst des Lebens werden.«[13]

Auf die Frage nach seiner Freizeit antwortete Drucker: »*Welche* Freizeit?« Auf die Frage nach dem scheinbaren Widerspruch zwischen seinem Forscherinteresse an Großunternehmen und der Tatsache, daß er nie in einem gearbeitet hat, erwiderte er: »In einem Großunternehmen könnte ich nicht arbeiten. Sie langweilen mich zu Tode.« Glaubt er, daß andere mehr Langeweile vertragen als er? Auf jeden Fall überträgt er diesen aufrichtigen Realitätssinn nicht auf seine Arbeit. Was er überträgt, ist seine eigene Arbeitserfahrung unerschöpflicher Kreativität. So kann die Biographie sowohl Quelle als auch Grenze des Denkens sein.[14]

In den Bereichen Technologie und Industrie sieht Drucker ungeheure Umwälzungen auf uns zukommen. Aber eine vielleicht noch größere Erschütterung wird von der zweiten Diskontinuität ausgehen, mit der er sich befaßt: der Wandel von einer internationalen Wirtschaft zur Weltwirtschaft. Diese Entwicklung nimmt mittlerweile einen so breiten Raum in unserem Bewußtsein ein, daß wir uns erst daran erinnern müssen, daß Drucker sein Buch in den späten sechziger Jahren geschrieben hat, als man unter »Made in Japan« noch billige Ramschware verstand.

Die im 18. Jahrhundert von Europa begonnene und seit 1900 weltweit dominierende »internationale Wirtschaft« beruhte laut Drucker auf verschiedenen Volkswirtschaften »mit ihren eigenen wirtschaftlichen Werten und Vorlieben, ihren eigenen ›Märkten‹ und ihren eigenen ›weitgehend unabhängigen Informationen‹«. Adam Smith und David Ricardo definierten das Prinzip der internationalen Wirtschaft: wechselseitiger Vorteil. Da das Klima Portugals günstig für Trauben und das Klima Englands günstig für die Schafzucht ist, wird portugiesischer Wein gegen britische Wolle getauscht. So entsteht zwischen Volkswirtschaften, die »komplementär« sind oder verschiedene Dinge produzieren, ein natürlicher Handel – im Gegensatz zu »wettbewerbsorientierten« Volkswirtschaften, die die gleichen Dinge produzieren, wie zum Beispiel England und Amerika.[15]

Die neue Weltwirtschaft stellt diese Theorie des Handels auf den Kopf. »Je ähnlicher sich zwei Länder in ihrer ökonomischen Struktur, ihrer Technologie und ihren Herstellungskosten sind«, schreibt Drucker, »desto umfassender und intensiver ist auch der Handel zwischen ihnen.« Die entscheidende Ware in der Weltwirtschaft ist das Wissen, und ein Wissenstransfer, ob in Gestalt direkter Investitionen oder durch die Migration von Wissensarbeitern »zwischen Regionen mit vergleichbarem Wissensniveau, also zwischen Ländern auf einer vergleichbaren Entwicklungsstufe«, ist viel leichter als in einer Situation, in der viele Menschen mit dem angebotenen Wissen nichts anfangen können. Natürlich gibt es in Branchen wie Landwirtschaft oder Ölförderung, die von ihrer Region abhängig sind, nach wie vor einen komplementären Handel. Aber der wettbewerbsorientierte, auf Wissen beruhende Handel ist die Dynamik, die das »globale Einkaufszentrum« bestimmt.[16]

»In einer internationalen Wirtschaft existieren keine gemeinsamen Wünsche und Bedürfnisse.« Aber in einer Weltwirtschaft herrscht auch weltweite Nachfrage, die nicht mehr durch Volkswirtschaften eingeschränkt ist. In einer bemerkenswerten Passage geht Drucker diesem Phänomen nach.[17]

> Ein universeller Wunsch nach kleinen Luxusartikeln ist entstanden. Sie bedeuten ein wenig Unabhängigkeit, ein wenig Kontrolle über das materielle Schicksal. Sie sind ein Symbol der Freiheit. Wo die Mittel sehr begrenzt sind – bei armen Leuten oder bei Teenagern, die kaum über ein eigenes Ein-

kommen verfügen –, kann dieser kleine Luxus ein Softdrink sein, ein Lippenstift, eine Filmzeitschrift oder ein Schokoriegel. Für die aufstrebende Mittelschicht ist es vielleicht ein Küchengerät. Für die wirklich Wohlhabenden kann es ein höherer akademischer Grad sein. Daß man auch ohne ihn auskommen könnte, macht den kleinen Luxus zu einer psychologischen Notwendigkeit.

Dies sind Beobachtungen eines Moralisten, der von wirtschaftlichen Fakten ausgeht. Wir erhalten nicht Einblick in den Handel, sondern in das Verhalten und die Psyche von Menschen. Mit Drucker kehrt die Ökonomie zu ihren Wurzeln in der Moralphilosophie zurück.

»Die Weltwirtschaft ist noch keine Gemeinschaft – noch nicht einmal eine Wirtschaftsgemeinschaft«, schreibt er, und dies hat sich in den nachfolgenden Jahren bestätigt. »Aber die Existenz des ›globalen Einkaufszentrums‹ ist eine Tatsache, die sich nicht ungeschehen machen läßt. Die Vision einer Wirtschaft für alle wird nicht mehr in Vergessenheit geraten.« Eine Wirtschaft für alle: der Gral der Globalisierung.[18]

Druckers letzte »Diskontinuität« ist die »Desillusionierung über Regierungen«. Seine Amtszeit, so versprach es Präsident Nixon, werde Peter Drucker widerlegen; sie werde zeigen, daß Regierungen mehr können als »die Währung zu entwerten und Krieg zu führen«. Tatsächlich war es so, daß die Regierung Nixon die Währung entwertete und Krieg führte. Dies hat die Unzufriedenheit mit der Politik nur verstärkt. Watergate vertiefte sie noch mehr. Die Amerikaner entwickelten sich auf ihr Rendezvous mit Ronald Reagan zu, der bei seiner Antrittsrede 1981 sagte: »Die Regierung ist nicht die Lösung, sie ist das Problem.«

Im Gegensatz dazu »liebten die Generationen, die zwischen 1918 und 1960 das Erwachsenenalter erreichten« ihre Regierung. Was ist seither geschehen? Und wie läßt sich eine Kluft zwischen Menschen und Politik schließen, die nur noch ein Zerrbild des demokratischen Ideals der Selbstbestimmung darstellt?[19]

In seinem Kapitel über die »Krankheit der Regierung« weist Drucker den Weg zu Antworten, die auch heute noch zu denken geben. »Was ist der Grund für diese Desillusionierung über die Regierung?« fragt er. »Wir haben Wunder erwartet – und daraus entstehen immer Enttäuschungen.«[20]

Aber war es wirklich die Erwartung von Wundern, die zu dieser Politikverdrossenheit geführt hat – oder vielleicht doch bestimmte Maßnahmen der Regierung? *Nach einem jüngst erschienenen Aufsatz von Gary Orren von der Kennedy School of Government sank das Vertrauen der Öffentlichkeit in die Regierung zwischen 1964 und 1968, den Jahren der US-Eskalation in Vietnam, um 15 Prozent; in Nixons ersten zwei Jahren um weitere 8 Prozent; und in der Folge von Watergate und der Begnadigung Nixons durch Präsident Ford um weitere 17 Prozent.* Offensichtlich war nicht Wundergläubigkeit für die Vertrauenskrise der Politik verantwortlich, sondern Fehlleistungen und schamloser Machtmißbrauch. Mit seinem ausgeprägten Gespür für Entwicklungen erkannte Drucker ein künftiges Problem, verkannte aber seinen Ursprung.

Drucker will nichts wissen von der konservativen Doktrin, daß eine Regierung um so besser ist, je schwächer sie ist. Die Regierung kann sich den komplexen Verpflichtungen, die ihr die moderne Gesellschaft und Wirtschaft auf allen Ebenen aufgeladen haben, nicht einfach entziehen. Ganz im Sinne der »Leistungsbeurteilung«, die Vizepräsident Al Gore der US-Bundesregierung verordnet hat, will Drucker die Regierung instand setzen. Er will sie jedoch nicht zum Einsturz bringen, um einem darwinistischen Kapitalismus den Weg zu ebnen. Nie, so schreibt er, »hatten wir eine starke, effektive und wirklich leistungsfähige Regierung nötiger als in der gefährlichen Welt von heute«. Die Regierung ist nicht einfach nur eine Belastung der Wirtschaft: »Eine effektive Regierung ist eine unabdingbare Voraussetzung für gesellschaftliches und wirtschaftliches Wachstum.«[21]

Mit fein nuancierten Argumenten verteidigt Drucker die Regierung gegen freiwirtschaftliche Klischees. Ja, die Regierung widersetzt sich dem Wandel, aber ihre »Unfähigkeit zur Innovation beruht auf ihrer legitimen und notwendigen Funktion als schützendes und bewahrendes Organ der Gesellschaft«. Ja, die Regierung ist schlecht im Management, aber »sie ist sich auch auf angemessene Weise der Tatsache bewußt, daß sie öffentliche Mittel verwaltet und für jeden Penny Rechenschaft ablegen muß. Sie hat keine andere Wahl, als bürokratisch vorzugehen … Jede Regierung, die ohne bürokratische Regelungen auskommen will, verkommt rasch zu einer Gesellschaft des gegenseitigen Ausplünderns.« Die Regierung wäre zu einem besseren Management fähig, wenn sie nicht so unmittelbar auf die Politik reagieren würde, die sich »völlig zu Recht« auf »neue«, »brandaktuelle« Programme, Krisen, Probleme und nicht auf »die Erledigung einer Aufgabe« konzentriert. Demzufolge könnte die Regierung viel besser arbeiten, wenn es keine oder weniger Störungen des bürokratischen Friedens durch die Wahlen gäbe. Damit gibt Drucker eine klassische Antwort auf die konservative Frage: Weshalb kann die Regierung nicht wie ein Unternehmen geführt werden?[22]

Die charakteristischen Merkmale der Regierung behindern sie in ihrer »Tatkraft« und machen sie anfällig für die von der Politik verursachten Ineffizienzen. »Die Regierung verfolgt das Ziel, grundlegende Entscheidungen zu treffen … die politischen Kräfte der Gesellschaft zu bündeln … Sachverhalte zu dramatisieren … wesentliche Alternativen aufzuzeigen« – und nicht, Verwaltungen zu betreiben. In der Wirtschaft trennt man »die Organe der Entscheidungsfindung vom Handeln«. »In Unternehmen bezeichnet man dies als ›Dezentralisierung‹ … Dies ermöglicht es der Unternehmensführung, sich auf Entscheidungen zu konzentrieren« und »das Handeln dem operativen Management zu überlassen«. Weshalb, so fragt Drucker, kann die Regierung nicht auch so arbeiten: Grundsätzliche Richtlinien vorgeben, die Mittel zur Verfügung stellen und gesellschaftliche Aufgaben den »neuen nichtstaatlichen Institutionen« überlassen, »die in den letzten 60, 70 Jahren entstanden und groß geworden sind«? Die GI-Bill nach dem zweiten Weltkrieg, die den heimkehrenden Soldaten ein College- und Universitätsstudium ermöglichte, ist ein besonders beliebtes Beispiel dafür, was Drucker meint. Sie schuf ein neues Modell, »mit dem die Regierung *regulierte* und *bereitstellte*, aber nicht selber handelte«, schreibt der Historiker Michael J. Bennett in seinem Buch *When Dreams Came Through* (1993), das sich mit der GI-Bill auseinandersetzt und zur Bedeutung und zum Modell dieses Gesetzes Drucker zitiert.[23]

Drucker nennt diese gesellschaftliche Innovation »Reprivatisierung«. In ihrem Rahmen sollen Unternehmen und gemeinnützige Organisationen mit Aufgaben betraut werden, »die im letzten Jahrhundert auf die Regierung übergegangen sind, weil die ursprüngliche private Institution der Gesellschaft, die Familie, sie nicht mehr bewältigen konnte …«. Reprivatisierung, um die Vorsilbe verkürzt, ist wohl das am häufigsten angeführte Konzept Druckers.

Und sie wird wohl im 21. Jahrhundert zum Patentrezept öffentlicher Haushalte werden, wenn man nach den immer lauter werdenden Stimmen geht, die nach der Privatisierung von allem rufen – von der Instandhaltung von Autobahnen bis hin zur Einkommensteuerverwaltung. Tony Blair, der erste Labour-Premierminister Großbritanniens seit 20 Jahren, spricht für Politiker des linken und rechten Spektrums, die eine Zukunft vorhersehen, in der »die Rolle des Staates nicht unbedingt in der Bereitstellung aller sozialen Leistungen besteht, sondern in deren Organisation und Regulierung«. Drucker hat dies schon vor dreißig Jahren gefordert. Wie bei der Fremdbeschaffung sieht Drucker die Vorteile der Privatisierung nicht nur in der größeren Effizienz. Die Vergabe der früher von großen Verwaltungsbehörden erledigten Aufgaben an kleinere Privatunternehmen führt zu neuen Aufstiegsmöglichkeiten für Mitarbeiter, da das im öffentlichen Dienst geltende Prinzip der Beförderung und Versetzung nach Dienstjahren vom Leistungsprinzip der Geschäftswelt verdrängt wird. Drucker war in der Ära Kennedy-Johnson als Berater des Pentagon tätig, eine Erfahrung, die lebhafte Erinnerungen an die Nachteile der Bürokratie bei ihm hinterlassen hat.

Unternehmen wären besonders geeignet für die Ausführung gesellschaftlicher Aufgaben, weil sie »von allen Institutionen die einzigen sind, die zu dem ausdrücklichen Zweck geschaffen sind, Änderungen herbeizuführen und zu lenken«. Und als »einzige aller Institutionen« haben Unternehmen einen Leistungsmaßstab: Rentabilität (auch wenn die Anwendbarkeit dieses Maßstabes auf die Durchführung gesellschaftlicher Aufgaben zweifelhaft erscheint).[24]

Das Problem an Druckers gewagten Thesen zur Neugestaltung der Regierung liegt darin, daß er den wesentlichen Unterschied zwischen Regierung und Unternehmen beziehungsweise gemeinnützigen Organisationen übergeht: die demokratische Verantwortlichkeit. Die Regierung mag schwerfällig sein, aufgebläht und scheinbar unzugänglich für Meinungsäußerungen, Einflüsse und Appelle, aber *im Prinzip* ist sie immer noch dem Volk verantwortlich. Auf die anderen Institutionen trifft dies nicht zu. Druckers Plan würde demokratischen Konsens und Überprüfung gegen gesellschaftliche Innovation eintauschen. Auch wenn dies funktionieren würde, wäre dies ein schlechtes Geschäft, weil der Bürger dem Kunden untergeordnet wäre.

Darüber hinaus können Millionen von Amerikanern bezeugen, daß eine Privatisierung gesellschaftlicher Leistungen wie im Gesundheitswesen, etwa bei der medizinischen Versorgung, durchaus zu einer Verringerung der Wahlmöglichkeiten führen kann. Health Maintenance Organizations könnten kein Geld sparen – das erklärte Ziel gemeinnütziger Organisationen – und bestimmt keinen Gewinn erzielen, wenn die Patienten ihre Ärzte frei wählen dürften. Für private Organisationen kann Privatisierung mehr wirtschaftliche Freiheit bedeuten, aber für den Einzelnen kann sie weniger wirtschaftliche Freiheit bedeuten.

Zweifellos hat Drucker recht, wenn er sagt, daß »wir eine neue politische Theorie und wahrscheinlich sehr neue Verfassungsgesetze brauchen«, um das ganze Projekt der Privatisierung abwägen und vor allem umsetzen zu können. Für ihn ist Privatisierung kein ideologisches Totem, das auf der pubertären Annahme beruht, »öffentlich« sei schlecht und »privat« gut. Privatisierung ist ein Mittel zur Wiederherstellung des Vertrauens in eine Regierung, die nicht »handelt« oder »verwaltet«, sondern die »regiert«. Daher sollte man Privatisierung nicht im Gegensatz zu »staatlichen« Leistungen betrachten, sondern im Gegensatz zu anderen Vorschlägen zur Wiederherstellung des Vertrauens in die Regierung, wie etwa eine Reform der Wahlkampffinanzierung, Begrenzung von Amtszeiten, bundesweite Volksentscheide und Recallverfahren (von den Wählern ausgehendes Verfahren zur Amtsenthebung), eine Verfassungsänderung zur Aufhebung der Entscheidung des Supreme Court von 1979, die dem Geld gleiches Recht wie der Sprache einräumt, Gesetze, die Wahltage zum nationalen Feiertag erklären, und Gesetze, die großzügige Werbe- oder Sprechzeiten für politische Kandidaten im Fernsehen vorschreiben. Verglichen mit diesen eindimensionalen Schritten zur Milderung der Politikverdrossenheit wirkt die Privatisierung wie die Lösung eines völlig anderen Problems.[25]

Im Hinblick auf die »starke, effektive und wirklich leistungsfähige Regierung« meint Drucker: »Nie war sie so notwendig wie in der heutigen Weltwirtschaft.« Die Regierung muß in der internationalen Sphäre stark genug sein, »damit wir die Souveränitätsopfer erbringen können, die zur Schaffung supranationaler Institutionen für die Weltgesellschaft und die Weltwirtschaft notwendig sind«. Genau diese Punkte wurden bei der Kongreßdebatte 1993-94 über den Beitritt der USA zur Welthandelsorganisation behandelt. Drucker war seiner Zeit wie üblich um 25 Jahre voraus.[26]

   Die neue Weltwirtschaft und die Desillusionierung über die Regierungen ergeben zusammen eine gefährliche Mischung. Die Weltwirtschaft führt zu den größten Erschütterungen, die Drucker im Rahmen seiner Diskontinuitäten anspricht, weil sie sich auf den Lebensunterhalt und das Leben von Millionen Menschen auswirken. Die Desillusionierung über die Politik wird die Konkurrenzfähigkeit der USA in der neuen Wirtschaft einschränken. »Solange wir nicht begreifen, daß der globale Wettbewerb genauso viel mit der Qualität unserer Regierung zu tun hat wie mit der Effizienz unserer Unternehmen«, schreibt Derek Bok in Worten, denen Drucker uneingeschränkt beipflichten würde, »werden wir wohl in der Verfolgung der allerwichtigsten Ziele anderer Demokratien hinterherhinken.« Was soll die Regierung tun, um das Leben und die Lebensbedingungen der Menschen zu schützen? Oder, um Druckers Maßstab der Effektivität anzulegen: Was *kann* die Regierung tun?

Drucker denkt an eine deutliche Neuorientierung im Bildungswesen. Er rät zur Abkehr von der ausschließlichen Ausrichtung auf ein »ausgedehntes Lernen« für junge Menschen und zu einer Verlagerung des Schwerpunkts auf ein »kontinuierliches Lernen« für Erwachsene. »Die akademische Gemeinschaft sieht es immer noch mit einem gewissen Mißtrauen, wenn Menschen über einem bestimmten Alter etwas lernen wollen«, schreibt Drucker. »Wenn Wissen auf die Arbeit angewendet wird, ist es notwendig … daß erfahrene und kompetente Erwachsene häufig in die formelle Ausbildung zurückkehren.« Kontinuierliches Lernen wäre eine innovative Antwort des öffentlichen Sektors auf den Kontakt der Beschäftigten mit einer Weltwirtschaft, in der die größten Hoffnungen der USA auf Wissensarbeit ruhen. Und es gibt sehr viel Spielraum für unternehmerisches Vorgehen nach dem Vorbild der GI-Bill. »Die Wachstumsindustrie der Zukunft«, sagte Drucker 1994 zu einem Interviewer, »wird meiner Meinung nach die kontinuierliche Ausbildung von Erwachsenen sein. Kein anderer Bereich wächst so schnell wie dieser … Ich glaube, der Gebildete von morgen wird jemand sein, der die Notwendigkeit ständigen Lernens erkannt hat. Das ist die neue Definition von Bildung, und sie wird die Welt, in der wir leben und arbeiten, verändern.«[27]

Ausgedehntes Lernen sollte nicht nur im Hinblick auf die Wirtschaft überdacht werden, sondern auch im Hinblick auf die Chancengleichheit. »Eine Eingrenzung der Aufstiegschancen auf Leute mit Diplom ist ein eklatanter Verstoß gegen alle Grundüberzeugungen – Überzeugungen im übrigen, die von der Erfahrung immer wieder bestätigt worden sind.« Wer den Professor zum Pförtner sozialer Hoffnung macht, »beschränkt, schädigt und unterdrückt den Einzelnen und die Gesellschaft gleichermaßen«. Drucker freut sich auf eine Zeit, wenn der Gesetzgeber Volksentscheide zur Abschaffung von Fragen in Bewerbungsunterlagen nach dem »Ausbildungsstatus« unterstützt, so wie heute bereits Fragen nach der Rasse des Bewerbers verboten sind. »Ich zumindest werde für diese Vorlage stimmen«, schreibt er, denn die akademische Ausbildung ist wie die Rassenzugehörigkeit »ein Zufall der Geburt, und nicht einmal ein besonders wichtiger.« Von *The Future of Industrial Man* bis *Weltwirtschaftswende: Tendenzen für die Zukunft* pocht Drucker darauf, daß bedeutende gesellschaftliche Institutionen nicht im Widerspruch zu den Grundüberzeugungen der Gesellschaft stehen dürfen. Deshalb strebt er seit fünfzig Jahren nach einer Veränderung autoritärer Arbeitsverhältnisse und der die Ungleichheit fördernden Schulen.[28]

Doch Drucker ist dagegen, daß die Regierung auf Protektionismus und Subventionen zurückgreift, um Arbeitsplätze zu erhalten. »Ein Land, eine Branche oder ein Unternehmen, das die Bewahrung von Arbeitsplätzen in der Produktion vor die internationale Wettbewerbsfähigkeit (die einen steten Abbau solcher Stellen mit sich bringt) stellt«, schreibt er in »The Changed World Economy«, einem wichtigen Aufsatz der achtziger Jahre, »wird bald weder Produktion noch sichere Arbeitsplätze haben … Ein Land wird um so weniger *allgemeine* Arbeitslosigkeit haben, je schneller es die Arbeitsplätze in der Produktion abbaut.« Beispiel Großbritannien: Das Land konnte beim Abbau von Arbeitsplätzen in der Produktion mit seinen Handelspartnern nicht Schritt halten und zahlte dafür den Preis hoher allgemeiner Arbeitslosigkeit in den siebziger und achtziger Jahren. In seiner Debatte mit Karl Polanyi könnte Drucker Großbritannien als Beleg für die oft verheerenden Konsequenzen einer Politik zitieren, die die Gesellschaft vor wirtschaftlichen Veränderungen schützen will.

»Die neue Realität kann somit bedeuten, daß wir das ökonomische ›Wetter‹ von Rezession und Konjunkturaufschwung, von Arbeitslosigkeit, Spar- und Ausgabenquote nicht mehr kontrollieren können«, erklärt Drucker 1989 in einem Interview und führt dabei eine weitere seiner begrifflichen Unterscheidungen ein. »Kontrollieren können wir nur noch das ›Klima‹: Vermeidung von

Protektionismus oder eine an den Notwendigkeiten einer Wissensgesellschaft ausgerichtete Ausbildung der arbeitenden Bevölkerung. Kurz gesagt, vorbeugende Medizin statt blindes Ringen um kurzfristige Provisorien.«[29]

Natürlich können eine Neugestaltung des Bildungswesens und die Vermeidung von Protektionismus allein keinen Wohlstand garantieren, wenn es keine »supranationalen Organisationen« gibt, die der Weltwirtschaft ein gewisses Maß an Stabilität verleihen. Damit beim Übergang von lokalen Wirtschaftsformen des 19. Jahrhunderts zur nationalen Wirtschaft nicht Millionen von Amerikanern auf der Strecke blieben, bedurfte es von der Ära der Progressiven bis zum New Deal wachsender innovativer Anstrengungen von seiten der Regierung. Jetzt wird die nationale Wirtschaft von der Weltwirtschaft verdrängt, doch die Ernüchterung über die Regierung, genährt und gefördert von mächtigen Interessen, läßt nicht einmal eine Debatte über staatliche Innovationen auf nationaler oder supranationaler Ebene zu, die einen breiten Wohlstand und ein Gleichgewicht zwischen Wachstum und Sicherheit garantieren würden. Aus diesem Grund bleibt der Vertrauensverlust der Regierung, der einen für Drucker 1968 noch undenkbaren Tiefstand erreicht hat, die laut Drucker »schwerwiegendste Diskontinuität« unserer Zeit.

Mit einer verwandten Diskontinuität befaßt sich Drucker in seinem späteren Werk, vor allem in *Neue Realitäten* (1989): die Kluft zwischen einer mit den Wirtschaftsinteressen verschmelzenden Politik von früher – die Republikanische Koalition von Mark Hanna im Jahre 1896 und die Demokratische Koalition von Franklin D. Roosevelt im Jahre 1932 – und dem heute herrschenden »Pluralismus der Einzelinteressen«. 1994 schreibt Drucker in einem Aufsatz für den *Atlantic Monthly*: »In der Politik geht es zunehmend nicht mehr darum, ›wer was wann und wie bekommt‹, sondern um Werte, die jeweils als absolut betrachtet werden. Es geht um ›das Recht auf Leben‹ ... Es geht um die Umwelt. Es geht um die Gleichberechtigung von angeblich benachteiligten Gruppen ... Keines dieser Anliegen hat etwas mit Wirtschaft zu

tun. Sie sind alle grundsätzlich moralischer Natur.« Wirtschaftliche Interessen erlauben Kompromisse. »›Ein halber Laib Brot ist
auch Brot‹ ist ein bedeutsames Sprichwort … Für einen Umwelt-
schützer ist ›eine halbe vom Aussterben bedrohte Gattung‹ eine
ausgestorbene Gattung.«[30]

In dieser neuen Politik »gibt es bisher kein politisches Konzept,
keine politische Integration«, die auf den Wissensarbeiter zutreffen. Er ist parteipolitisch ungebunden. In *Neue Realitäten* schildert
Drucker die Schwierigkeit, den Wissensarbeiter nach dem Vorbild
Hanna/Roosevelt in eine neue politische Landschaft einzubinden:

> Wissensarbeiter sind weder Bauern noch Arbeiter noch Geschäftsleute. Sie
> sind Angestellte von Organisationen. Aber sie sind keine ›Proletarier‹, die
> sich als Klasse ausgebeutet fühlen. Zusammen sind sie [wie sich zeigen wird]
> durch ihre Pensionsfonds die einzigen »Kapitalisten«. Viele von ihnen sind
> selbst »Chefs« mit eigenen Mitarbeitern. Trotzdem haben sie auch einen
> Chef. Sie gehören auch nicht der Mittelschicht an. Sie sind, um einen neuen
> Begriff zu prägen, die »Unischicht« …

Dies ist keine Beschreibung des archetypischen Demokraten oder
Republikaners. 1992 erreichte Ross Perot 20 Prozent der Wähler-
stimmen, weil er vor allem die Wissensarbeiter für sich gewinnen
konnte. 1996 unterstützten sie hauptsächlich Bill Clinton. Die
Wissensarbeiter haben die »Reagan-Demokraten« aus der Arbei-
terschicht als Wechselwähler in der amerikanischen Politik
abgelöst. Und um sich in einer der beiden großen Parteien heimisch zu fühlen, müssen sie vielleicht eine Reform der jetzigen
anlegerorientierten Politik erzwingen.

In *The New Society* präsentierte Drucker seine Vision einer Industriegemeinschaft, in der die Beziehungen zwischen Arbeitnehmern und Arbeitgebern auf einem gemeinsamen Interesse am
Wohlergehen des Unternehmens beruht. Im Erscheinungsjahr des
Buches, 1950, entwickelten Drucker und Charles Wilson, der Präsident von General Motors, in enger Zusammenarbeit ein Pensionssystem für die Arbeiter von General Motors, das von beiden
als ein Schritt auf dem Weg zu einer Industriegemeinschaft be-

trachtet wurde. In *Die unsichtbare Revolution: Aspekte der Altersver-sorgung* (*The Unseen Revolution*, 1976, später *The Pension Fund Revolution*) erzählt Drucker die Geschichte ihrer Vision.

Ein an die wirtschaftliche Leistungskraft von General Motors gebundenes Pensionssystem, so hofften Wilson und Drucker, würde zu einer »Interessengemeinschaft« zwischen Arbeitnehmern und Arbeitgebern führen. Was gut für General Motors war, würde auch den Pensionsberechtigten nutzen. Außerdem würde die Pension militante Tendenzen in der Gewerkschaft hemmen, die ein Haupthindernis für die Industriegemeinschaft darstellten. Ein langer Streik in einem Unternehmen, von dessen Pensionszahlungen die Ruheständler abhingen, konnte innerhalb der Gewerkschaft zu einem Interessenkonflikt zwischen pensionierten und aktiven Mitgliedern führen. Drucker hätte sicherlich jede antigewerkschaftliche Absicht von sich gewiesen, aber die Pension schuf eine unerwartete Verbindung zwischen Arbeitnehmer und Arbeitgeber. »Ein linientreuer UAW-Gewerkschafter bei General Motors«, schreibt er in *Die unsichtbare Revolution*, »schlug damals allen Ernstes vor, die Gewerkschaft solle eine Beschwerde wegen unlauterer Arbeitskampfmethoden gegen Wilson einreichen, da sein Pensionsvorschlag nur dem Zweck diene, die Gewerkschaft zu unterminieren.«[31]

Es sollte sich herausstellen, daß das von General Motors gewählte – und von den meisten anderen Großunternehmen schon bald darauf nachgeahmte – Pensionssystem verhängnisvolle Folgen für die gesamte Wirtschaft hatte *und* auch nicht zu einer Interessengemeinschaft führte. Die Mitarbeiter betrachteten den Pensionsfonds, dessen Verwalter »von der Unternehmensführung bestimmt und nur ihr Rechenschaft schuldeten« als »Fonds des Unternehmens«. »Für die Mitarbeiter spielt es keine Rolle, welche Leistungen der Fonds erreicht«, schrieb Drucker 1986, als die eindeutigen Ergebnisse vorlagen.

»Und sie haben recht. Wenn das Unternehmen nicht bankrott geht, spüren sie keinen Unterschied.« Ein weiterer Versuch Druckers zur Schaffung eines Modells für die Industriegemeinschaft war fehlgeschlagen.[32]

So blieb Drucker eine letzte Möglichkeit, um die Mauer zwischen Arbeitnehmern und Arbeitgebern einzureißen: Die Arbeiter sollten Managementaufgaben übernehmen. Wie berichtet, lehnte Drucker diesen Schritt 1950 als wirtschaftlich riskante Bürde für die Unternehmensführung ab. *Die unsichtbare Revolution* zeigte keine Änderung dieser Ansicht. Doch in den achtziger Jahren änderte sie sich. 1982 kamen drei Gewerkschaftsführer unabhängig voneinander zu Drucker und baten ihn um Rat. Alle drei machten sich Sorgen darüber, daß sich die Gewerkschaften womöglich für irrelevante Belange einsetzten. Zur Erklärung beschrieb einer von ihnen den Gegensatz zwischen den ökonomischen Erfordernissen der neuen Weltwirtschaft und der politischen Realität der Gewerkschaften: »Wir brüsten uns damit, daß die Gesamtvergütung in unserer Branche 30 bis 40 Prozent über dem Durchschnitt anderer Herstellerbranchen in den USA liegt.« Aber gäbe es eine Rekordarbeitslosigkeit in unserer Branche … wenn diese 30 bis 40 Prozent nicht in die Löhne und Prämien gesteckt worden wären, sondern in die Modernisierung von Fabriken? Ich weiß, daß sich alle Führungskräfte in unserer Gewerkschaft diese Frage stellen. Aber keiner traut sich damit an die Öffentlichkeit – so etwas würde er keine zehn Minuten überleben.« Aus Angst vor dem Vorwurf des »Ausverkaufs an die Arbeitgeber« wagten es die Gewerkschaftsführer nicht, ihre Mitglieder mit Fragen zu konfrontieren wie Kapitalbildung (um in die Modernisierung zu investieren) und Produktivitätssteigerung (um sich hohe Löhne leisten zu können). Eine Ausrichtung an diesen Fragen, schreibt Drucker, »wäre gleichbedeutend mit dem Eingeständnis, daß die Interessen des Unternehmens und die Interessen der Mitarbeiter identisch sind – und dies würde wie eine Leugnung der Existenzberechtigung der Gewerkschaften erscheinen«.[33]

In dem Aufsatz »Are Labor Unions Becoming Irrelevant?« im *Wall Street Journal* schreibt Drucker, daß man die amerikanischen Arbeiter nur durch die in Deutschland praktizierte »Mitbestimmung« dazu bewegen könne, der Einsicht ihrer Gewerkschaftsführer zu folgen. In der neuen Weltwirtschaft müssen sie mehr

Flexibilität bei Löhnen und Prämien zeigen, um nicht die Arbeitsplätze von morgen zu verlieren. Gemeinsam mit den Arbeitgebern
könnten die Gewerkschaften mit den Kräften ringen, die die
Arbeitsplätze bedrohen. Zu diesen Kräften zählen vor allem die
Mobilität der Unternehmen im Zeitalter tragbarer Technologie
und offener Märkte, aber auch die Managergehälter und Aktiendi-
videnden sowie unzureichende Investitionen in neue Fabriken
und Anlagen. Drucker will nicht, daß die Gewerkschaften in die
Bedeutungslosigkeit versinken. »Die moderne Gesellschaft ist eine
Gesellschaft der Unternehmen, die alle ein starkes Management
benötigen, und sie kann auf ein Organ wie die Gewerkschaft nicht
verzichten – das haben die Ereignisse in Polen bewiesen« (gemeint
ist die Rolle der Gewerkschaft Solidarnosc in der Protestbewegung
gegen die kommunistischen Machthaber). Aber wenn die Gewerkschaften zu keinem Ausgleich zwischen der wirtschaftlichen Realität und ihrer Politik finden, dann befürchtet er das Schlimmste.
Dieser Gegensatz ist eine andere Form des Widerspruchs zwischen
Wachstum und Sicherheit. Um unter den Bedingungen der Weltwirtschaft Sicherheit zu bewahren, muß die Gewerkschaftsbewegung ihre nationale Ausrichtung aufgeben. Nach Druckers Auffassung müssen die Gewerkschaften den Weg gesellschaftlicher
Innovation beschreiten und genauso global werden wie das Kapital. Damit erwacht die Vision eines universellen demokratischen
Sozialismus, die 1914 zerstört wurde, zu neuem Leben. Um die
lokale Gemeinschaft vor dem Ruin durch die entstehende nationale Wirtschaft zu bewahren, mußten die Reformer Kontrolle über
den Nationalstaat erlangen. Und entsprechend muß sich die
Gewerkschaftsbewegung von heute global organisieren, um das
auf nationaler Ebene Errungene zu verteidigen.[34]

Nur wer ständig Begriffe wie »Rentenpapiere« im Munde führt,
wird sich für *Die unsichtbare Revolution* interessieren. Es ist
zugleich Druckers provokantestes und langweiligstes Buch, auch
wenn man ihm zugute halten muß, daß sich wahrscheinlich sogar Shakespeare am Thema Renten die Zähne ausgebissen hätte.

Drucker hat sein Buch wohl vor allem deshalb mit Spezialwissen gespickt, um seiner umstrittenen These Autorität zu verleihen. Diese lautet, auf einen Satz verkürzt: Da die Mitarbeiterpensionsfonds den größten Einzelanteil des Eigenkapitals amerikanischer Unternehmen bereitstellen, sind sie die Kapitalisten von heute. Die »Eigentümer« der Großunternehmen sind die Arbeiter, die von den Großunternehmen beschäftigt werden.

Die unsichtbare Revolution beginnt mit einem von Druckers aufmerksamkeitheischenden ersten Sätzen: »Wenn ›Sozialismus‹ als ›Eigentum an den Produktionsmitteln‹ definiert wird – und diese orthodoxe Definition ist die einzig strenge – dann sind die Vereinigten Staaten das erste wirklich ›sozialistische‹ Land.« Drucker war von einigen seiner früheren Studenten an der New York University auf das Phänomen der Pensionsfonds hingewiesen worden. Sie hatten schon 1960 die Maklerfirma Donaldson, Lufkin & Jenrette gegründet, die sich mit ihren Diensten ausschließlich an Pensionsfonds wandte. Vierzehn Jahre später waren die Pensionsfonds die führenden institutionellen Anleger an der Wall Street. Über diese Fonds hielten die amerikanischen Beschäftigten 25 Prozent des Eigenkapitals an Unternehmen (als sich Drucker 15 Jahre später dem Thema erneut zuwandte, war diese Zahl auf 40 Prozent gestiegen). »Die Produktionsmittel, das heißt die amerikanische Wirtschaft werden zum Nutzen der Beschäftigten des Landes eingesetzt. Die Unternehmensgewinne fließen zunehmend in Pensionen, also in eine ›latente Vergütung‹ der Mitarbeiter.«[35]

Allerdings waren viele Arbeiter von dieser neuen *Pensionärsschicht* der Mitarbeiter-Eigentümer ausgeschlossen. Nach Druckers Schätzungen gehörten nur 50 Millionen der 85 bis 90 Millionen Beschäftigten in den USA 1973 einer Pensionskasse an. Und ein volles Zehntel der Amerikaner, die das Rentenalter erreichten, würden »überhaupt keine Leistungen« erhalten. Der Pensionsfonds-Sozialismus erzeugte fast genauso viel Ungleichheit wie der altmodische Kapitalismus.[36]

Der Gründer dieser Form des amerikanischen Sozialismus war Charles Wilson, dessen Instrument der Pensionsfonds von General Motors war. Vorher hatte es »Rentenpläne« gegeben, deren Gelder in Standardanlageformen zur Lebensversicherung wie etwa Staatsanleihen investiert wurden. Wilsons »wesentliche Innovation war ein Pensionsfonds, der in die ›amerikanische Wirtschaft‹ investierte – das heißt in das System freier Unternehmen«.

Der Aufstieg des Pensionsfonds-Sozialismus war Ausdruck einer dramatischen demographischen Veränderung der Altersstruktur. Menschen, die in den neunziger Jahren des 19. Jahrhunderts geboren waren, lebten bis in die siebziger und achtziger Jahre unseres Jahrhunderts. Die demographische Revolution der letzten 70 Jahre hatte zu einer großen Gruppe von Menschen geführt, die kurz vor oder im Ruhestand waren und »für die die Renten ein wesentliches Anliegen sind ...«.

Einer von Druckers Lieblingsartikeln trägt den Titel: »The Problem of Success«. In diesem Artikel skizziert Drucker mehrere »Probleme des Erfolgs«, mit denen der Pensionsfonds-Sozialismus zu kämpfen hat. Zwei seien hier kurz erwähnt:

- Ältere und jüngere Arbeiter werden bei Verhandlungen zwischen Gewerkschaften und Arbeitgebern zunehmend unterschiedliche Interessen verfolgen. Die Älteren werden auf höhere Pensionen, die Jüngeren auf höhere Löhne dringen. »Genauso von Spannungen geprägt ist das Verhältnis von Beschäftigten, die mit ihrer Arbeit Geld verdienen, und ehemaligen Beschäftigten, die auf ihre Pensionen angewiesen sind.«
- Die Kontrolle des Kapitalmarktes verlagert sich von den »Unternehmern« zu den »Treuhändern; von denen, die in die Zukunft investieren sollen, zu jenen, die Vorsicht walten lassen müssen und daher nur in vergangene Leistungen investieren«. Werden die Pensionsfondsverwalter durch übervorsichtiges Investieren das Wirtschaftswachstum verlangsamen?

Im Gegensatz zum Sozialismus hat der Pensionsfonds-Sozialismus »kaum einen Einfluß auf amerikanische Institutionen, die amerikanische Machtstruktur, die amerikanische Politik, die amerikanische Politrhetorik ausgeübt … Was den Einfluß auf das System angeht, kann man den Pensionsfonds-Sozialismus nur als unbedeutend bezeichnen.« Dies ist im wesentlichen darauf zurückzuführen, daß der Pensionsfonds-Sozialismus mit einem Finanzkapitalismus einhergeht – »wenn man unter ›Kapitalismus‹ die Ressourcenverteilung im und durch den Marktmechanismus versteht«. Die geringfügigen Auswirkungen des Pensionsfonds-Sozialismus auf den wirtschaftlichen, gesellschaftlichen und politischen Status quo rühren eben daher, daß es sich in Wirklichkeit um einen Pensionsfonds-Kapitalismus handelt. Nicht sozialistische, sondern kapitalistische Werte bestimmen über die Investitionsentscheidungen der Pensionsfondsverwalter, die in ihrer treuhänderischen Funktion dazu verpflichtet sind, ausschließlich in die gewinnträchtigsten Unternehmen zu investieren. Es spielt nicht die geringste Rolle, ob die Pensionäre Unternehmensmanager oder sozialistische Collegeprofessoren sind. Die Mittel werden in jedem Fall dafür eingesetzt, maximale Gewinne für die Kapitaleigner zu erzielen.[37]

In einer langen Besprechung von *Die unsichtbare Revolution* für die *New York Revue of Books* argumentierte Jason Epstein, daß der »Pensionsfonds-Sozialismus« eigentlich nur eine Einbildung Druckers sei. »Druckers Unaufrichtigkeit in diesem Buch läßt sich am besten vergleichen mit den lahmen Kuriositäten, die sich hochbezahlte Unternehmensberater zur Unterhaltung ihrer Kunden ausdenken. Im vorliegenden Fall handelt es sich wohl um eine Übung in schwarzem Humor à la Habsburg – Drucker ist ja auch ein Relikt dieser putzigen Epoche.« Tatsächlich bemüht sich Drucker, die Sozialismusthese mit jesuitischer Argumentationskraft aufrechtzuerhalten. So wendet er zum Beispiel Marx' Definition der »Produktionsmittel« und ähnliches auf das Phänomen der Pensionsfonds an, verliert sich dabei jedoch in zwar brillanten, aber auch immer unplausibleren Ausführungen. Diesen Sozialismus gibt es nur auf dem Papier – die Beweisführung bleibt trocken und schematisch. Die Suche nach der Industriegemeinschaft war zum reinen Wortgeplänkel geworden.[38]

Das Verdienst von *Die unsichtbare Revolution* liegt darin, die Aufmerksamkeit auf die Anomalie einer ungeheuren Konzentration von Reichtum gelenkt zu haben, die noch keinen Einfluß auf die Wirtschaft ausgeübt hatte. In den 80er Jahren begannen die Pensionsfonds ihre Macht zu zeigen – mit Folgen, die den stolzen Turm des Managements bis in seine Grundfesten erschütterten.

8
DEINE MACHETE MUSST DU
SELBST MITBRINGEN

Im Frühjahr 1950 verständigten sich General Motors und die United Auto Workers (UAW) auf den größten Pensionsfonds der USA im privaten Sektor, dessen Vertragsbedingungen seither zu ruinösen Konsequenzen geführt haben. Druckers Freund und Klient (Drucker half General Motors bei den Überlegungen zur Pensionsfrage) Charles Wilson und der UAW-Präsident Walter Reuther wollten ein System mit »festen Beiträgen«. Dabei sollte General Motors einen jährlichen Festbetrag in den Fonds einzahlen, und der Pensionär sollte entweder feste Jahresbezüge oder eine von den Erträgen des Fonds abhängige Summe erhalten. Der Finanzausschuß von General Motors lehnte Wilsons Vorschlag ab und entschied sich für ein System mit »festen Leistungen«. Dabei würde das Unternehmen dem Pensionär einen festen Anteil seines letzten Gehalts zahlen, und die Beiträge des Unternehmens würden mit steigenden Fondserträgen sinken und mit sinkenden Fondserträgen steigen. General Motors vertraute darauf, daß die Aktien nicht fallen würden – eine unkluge Einschätzung, wie sich herausstellen sollte. Die Veränderlichkeit des Fondsbeitrags von General Motors war ein Garant für konstanten Druck des Unternehmens auf die Fondsverwalter, durchweg positive Leistungen an der Börse zu erzielen.[1]

Die Vereinbarung zwischen General Motors und der UAW wurde landesweit zum Vorbild für die Gestaltung der Pensionen. »Ein Jahr nach dieser Vereinbarung«, schreibt Drucker in *Die unsichtbare Revolution,* »waren 8 000 neue Pensionsfonds entstanden – viermal so viele wie in den hundert Jahren davor«, von denen die meisten dem Vorbild von General Motors folgten. Diese Vereinbarung war es aber auch, die eine solch schwerwiegende Krise in Gang setzte, daß nach Drucker sogar das »Überleben des freien Unternehmenssystems« bedroht war.

Die Krise begann 1980 mit der ersten Welle »feindlicher Übernahmen« von Großunternehmen. In seinem 1986 in *Public Interest* erschienenen Artikel »The Hostile Takeover and Its Discontents«, einer scharfsinnigen Auseinandersetzung mit dem Phänomen, beziffert Drucker die Zahl der Übernahmen auf 400 bis 500 – »wobei mindestens die Hälfte mit dem Verschwinden des betroffenen Unternehmens endete …«. (Eine spätere Schätzung zu feindlichen und sonstigen Übernahmen: »Zwischen 1980 und 1987 wechselten 20 Prozent aller Vermögenswerte aus dem Produktionsbereich in einer Finanztransaktion den Besitzer.«)[2]

Ein typisches Übernahmeszenario sieht so aus: Nach dem Kauf einiger Aktien des betroffenen Unternehmens legt der »Raider« ein Kaufangebot für das Unternehmen vor, das von der Unternehmensführung und vom Aufsichtsrat erwartungsgemäß abgelehnt wird. Daraufhin nimmt der Raider Kapital auf (häufig in Milliardenhöhe), um zumindest annähernd einen Kontrollanteil der verfügbaren Aktien des Unternehmens zu erwerben. Um die nun in greifbare Nähe gerückte Kontrolle an sich zu ziehen, bietet der Raider den anderen Aktionären, von denen meistens der größte Teil auf Pensionsfonds entfällt, »einen deutlich über dem aktuellen Kurs liegenden Preis« für ihre Anteile. Wenn genügend Aktionäre auf diese Form von Bestechung eingehen, macht der Raider die Akquisition perfekt und wälzt die bei der Übernahme entstandenen Schulden so schnell wie möglich auf das Unternehmen ab. Drucker findet ziemlich deutliche Worte für diesen Vorgang: »Bei einer feindlichen Übernahme bezahlt zuletzt das Opfer für seine eigene Hinrichtung.«[3]

Und die Pensionsfonds spielen die Rolle des Scharfrichters. »Ohne die Konzentration von Stimmrechten in einigen wenigen Pensionsfonds« schrieb Drucker 1991 in einem Artikel für die

Harvard Business Review, »wären die meisten feindlichen Übernahmeversuche überhaupt nicht gestartet worden.« Wenn die Pensionsfonds mit ihren Portfolios keine Spitzenerträge erzielen, können die von ihnen repräsentierten Unternehmen gezwungen sein, ihren Beitrag zu den festen Leistungen aus den laufenden Einnahmen zu bestreiten und auf diese Weise das für Zukunftsinvestitionen dringend benötigte Kapital zu verbrauchen. Um diesen finanziellen Rückgang zu vermeiden, müssen die Pensionsfondsverwalter kurzfristige Gewinne ausweisen, *selbst* wenn sie dadurch einem Raider in die Hände arbeiten. »Pensionsfondsmanager wissen, daß das Angebot des Raiders schädlich für das Unternehmen ist, dessen Aktien sie halten«, schreibt Drucker in einer Passage, die an Marx' bissigen Kommentar erinnert, daß »der Kapitalist das personifizierte Kapital ist«.

> Aber sie können auf das Wohlergehen und die Interessen ihres ›Besitzes‹ keine Rücksicht nehmen. Sie sind keine Eigentümer. Sie sind zwangsläufig Spekulanten, auch wenn sie mit der Verfügungsgewalt der Eigentümer ausgestattet sind. Und daher verhalten sie sich auch wie Spekulanten. Sie müssen das Angebot des Raiders annehmen, wenn nicht ein weißer Ritter eine bessere Offerte unterbreitet.[4]

Aus Angst vor einer feindlichen Übernahme verlegten sich die Unternehmen auf einen defensiven Kapitalismus. »Immer mehr Unternehmen, ob groß, mittelständisch oder klein, werden nicht im Hinblick auf gute Geschäftsergebnisse, sondern auf Vermeidung einer feindlichen Übernahme geführt.« Die Manager schränkten die Ausgaben für Forschung und Entwicklung ein und verschwendeten Geld, um den Raider ins Leere laufen zu lassen. Sie orientierten sich nur noch an kurzfristigen Ergebnissen und ließen »die Zukunft links liegen«. Auf Manager und Fachexperten wirkt »die Furcht vor einer feindlichen Übernahme demoralisierend und lähmend … ›Wozu soll ich gute Arbeit leisten, wenn mir morgen schon der Boden unter den Füßen weggezogen wird?‹ fragen sich viele.« Die Stimmung im Unternehmen verschlechterte sich durchgehend, als sich die Beschäftigten als »bewegliches Eigentum« zu sehen begannen, »das an den Meistbietenden verkauft wird«.[5]

Jede Institution, so schreibt Drucker in *Die postkapitalistische Gesellschaft*, »gleitet in Mittelmäßigkeit und Leistungsschwäche ab, wenn die klare Ergebnisverantwortung gegenüber einer bestimmten Instanz fehlt. So ist es den amerikanischen Großunternehmen in den 30 Jahren zwischen 1950 und 1980 ergangen.« Nach dieser langen Zeit »unbegründeter, ungerechtfertigter, unkontrollierter und unverantwortlicher Macht« mußte das Management den Preis für die Nichtbeachtung von Aktionären und Aufsichtsräten bezahlen (dies wurde von Galbraith richtig analysiert), die das Management sofort verrieten, als sich ihnen die Chance dazu bot. Der Unternehmenskapitalismus – »das heißt, das autonome, keinem verantwortliche, von niemandem kontrollierte Management ohne Lobby –« wurde gedemütigt, erniedrigt und verhöhnt.[6]

»Was besonders weh getan hat«, schrieb Drucker 1988 in einem Artikel für die *Industry Week*, »sind die ›goldenen Fallschirme‹, durch die Topmanager bei einer feindlichen Übernahme oder einem Leveraged Buyout reich werden, während ihre Kollegen der mittleren Führungsebene ihren Job verlieren …«

> Doch am meisten schmerzt, daß die neuen Herren der amerikanischen Unternehmen (zumindest werden sie von den Managern der mittleren Ebene und von den Fachexperten so wahrgenommen) – die Raider, die Junkbondagenten, die Arbitrageure und Börsenspekulanten – den Managern mit solch unverhohlener Verachtung begegnen, weil sie arbeiten, statt »Transaktionen« zu tätigen, weil sie ein Gehalt beziehen, statt reich zu werden, und vor allem weil sie das Unternehmen als etwas an sich Wertvolles betrachten, auf das man stolz ist und zu dem man »gehört«.[7]

Die Institution des Managements wurde durch die Logik des Geldes untergraben. Und Sozialplünderer verdienten ein Vermögen am Ruin großer Unternehmen. Der Preis uneingeschränkter wirtschaftlicher Freiheit (außerhalb der USA wurden Übernahmen durch staatliche Bestimmungen sorgfältig reguliert) schnellte in die Höhe. Nicht Druckers Anthropologie, sondern ausschließlich wirtschaftliche Motive zählten. »Die feindliche Übernahme«, schrieb Drucker voller Trauer, »ist … das endgültige Scheitern des Unternehmenskapitalismus.«[8]

Über zu alte Führungskräfte

»Es sollte die unzweideutige Grundregel gelten, daß Menschen jenseits der sechzig aus höheren Managementpositionen ausscheiden müssen. Es ist eine vernünftige Regel nicht nur für die Führungskraft, sondern für jeden, sich aus Entscheidungen herauszuhalten, wenn man weiß, daß man nicht mehr da sein wird, um dem Unternehmen aus den Schwierigkeiten herauszuhelfen, die sich Jahre später aus diesen Entscheidungen ergeben – wie es so häufig der Fall ist.«
– *Die Chance des Unternehmers*

Dies bildete den Rahmen für Druckers neue Orientierung am Unternehmertum und an der gemeinnützigen Organisation in den achtziger Jahren. Für Drucker ist »die Entstehung einer echt unternehmerischen Wirtschaft in den Vereinigten Staaten in den vergangenen 15 Jahren das bedeutendste Ereignis der jüngeren Wirtschafts- und Sozialgeschichte«.[9]

Er beschloß, ein Buch zu schreiben, das für Innovation und Unternehmertum das gleiche leisten sollte wie *The Practice of Management* für das Management: nämlich durch Erklärung ihrer Prinzipien und Praxis eine Fachdisziplin daraus zu machen. Auch diesmal hatte er den Zeitpunkt glücklich gewählt.[10]

Nach Druckers methodischer Berechnung schuf die US-Wirtschaft zwischen 1965 und 1985 40 Millionen Arbeitsplätze. Europa hingegen verlor Arbeitsplätze, und Japan schuf sie nur halb so schnell wie die USA. Die neuen Jobs entstanden nicht in den *Fortune*-500-Unternehmen, die im Gegenteil Stellen abbauten. Sie wurden auch nicht von staatlichen Stellen, Universitäten oder Krankenhäusern bereitgestellt. Sie entstanden in kleinen und mittleren Unternehmen. Der *Economist* schätzte, daß in Amerika Jahr für Jahr 600 000 neue Unternehmen gegründet wurden. *Innovations-Management für Wirtschaft und Politik (Innovation and Entrepreneurship)* wurde 1985 veröffentlicht, als dieser Boom den Höhepunkt erreicht hatte. Drucker war mit diesem Buch bestrebt, die Gründungseuphorie auf sachliche Weise zu unterstützen.[11]

Nach Druckers Auffassung war es eine *soziale* Technologie, die den Boom auslöste: das Management. Fast seit Ende des ersten Weltkriegs war das Management an die Großunternehmen gebunden. Betont wurde nicht die unternehmerische, sondern die steuernde Seite des Berufs. »Es war eine Zeit hoher technologischer und unternehmerischer Kontinuität«, schreibt Drucker, »eine Zeit, die statt Innovation Anpassung und statt des Muts zum Ungewohnten die Fähigkeit zu besseren Leistungen erforderte.« In den siebziger und achtziger Jahren brach das Management aus der engen Verbindung mit Unternehmen aus. Wie eine neue Technologie, die sich in alle Richtungen ausbreitet, wurde das Management auf neue Unternehmen, Kleinunternehmen, auf »Aktivitäten, die wie lokale Restaurants überhaupt nicht als Unternehmen

Die Rückkehr des Unternehmers

»Wir treten wieder in eine Ära, in der der Schwerpunkt auf dem Unternehmertum liegen wird. Aber es wird nicht das Unternehmertum von vor einem Jahrhundert sein, das heißt, die Fähigkeit eines einzelnen zur Organisation eines Geschäfts, das er selbst leiten, kontrollieren und sich zu eigen machen kann. Es wird vielmehr die Fähigkeit sein, eine am Neuen orientierte Organisation zu schaffen und zu lenken. Wir brauchen Menschen, die auf dem in den vergangenen 50 Jahren gelegten Managementfundament eine unternehmerische Struktur errichten können. Es wurde schon oft bemerkt, daß sich die Geschichte in einer Spirale bewegt. Man kehrt zur vorherigen Position oder Schwierigkeit zurück, aber auf einer höheren Ebene und auf einem korkenzieherartigen Weg. In diesem Sinne werden wir auf einem Weg zum Unternehmertum zurückkehren, der, ausgehend von der niedrigeren Ebene des einzelnen Unternehmers über den Manager und nun wieder zurück, aber aufwärts, zum Unternehmertum führt.«

– *Weltwirtschaftswende: Tendenzen für die Zukunft*

betrachtet wurden« und selbst auf die systematische Innovation angewendet. McDonald's ist Druckers klassisches Beispiel: keine neue Technologie, aber dafür wurden Managementkonzepte innovativ in lokalen Hamburgerrestaurants eingesetzt.[12]

Nach dem Erscheinen von *Innovations-Management für Wirtschaft und Politik* fragte ein Interviewer vom Magazin *Inc.* Drucker, ob er die »gängige Meinung« teile, daß »es Manager und Unternehmer gibt, daß sie jedoch nie das gleiche sind«? Ja und nein, antwortete Drucker. »Es gibt unternehmerische Arbeit und Managementarbeit. Aber man kann kein erfolgreicher Unternehmer sein, wenn man nicht managt, und wenn man ohne ein gewisses Maß an Unternehmertum managen will, läuft man Gefahr, zum Bürokraten zu werden.« Wollte man der gängigen Meinung zustimmen, daß »Manager« und »Unternehmer« in der Soziologie der Erscheinungen Antitypen darstellen, so würde man damit unerwünschte Klischeevorstellungen hervorrufen: der Manager als grauer Sklave des Bestehenden und der Unternehmer als kühner, schöpferischer Verfechter des Neuen. Der Unternehmer ist der »Held des Kapitalismus«, und Drucker wollte, daß ein wenig von seinem Prestige auf den Manager abfärbt, der es damals dringend nötig hatte. Es war bezeichnend, daß sogar Drucker selbst, als Erfinder des Managements, »bei dem Wort *Manager*« nicht mehr ganz wohl war: »Ich benutze inzwischen lieber das Wort ›Executive‹, weil es eher die Zuständigkeit für einen Bereich und weniger die beherrschende Stellung gegenüber Mitarbeitern impliziert.«

Drucker zeigte sich unempfänglich für die Romantik des Unternehmers. »Das beliebte Bild von Innovatoren – halb Populärpsychologie, halb Hollywood – läßt sie erscheinen wie eine Kreuzung zwischen Superman und den Rittern der Tafelrunde. Aber im wirklichen Leben sind die meisten von ihnen ziemlich unromantische Gestalten, die viel eher stundenlang an einer Cashflow-Berechnung arbeiten als sich wild in ein ›Risiko‹ zu stürzen.« Unternehmertum hatte nichts Magisches, es war eine erlernbare Disziplin wie Schach. Nicht Romantik, sondern biographische Umstände waren für Druckers Geistesverwandtschaft mit dem

Unternehmertum verantwortlich. Die Ökonomie der Innovation
war von einem Freund und früheren Kollegen seines Vaters an der
Ökonomiefakultät der Universität Wien eingeführt worden:
Joseph Schumpeter.[13]

In einem Aufsatz für *Forbes* mit dem Titel »Schumpeter und
Keynes« verglich Drucker 1983 die Auffassungen der »zwei größten Ökonomen unseres Jahrhunderts«. Beide wurden 1883 geboren, Schumpeter in einer österreichischen Kleinstadt, Keynes in
Cambridge. Im Jahr ihres hundertsten Geburtstags zog Keynes
»mit einer Flut von Büchern, Artikeln, Konferenzen und Reden«
zu seinen Ehren das gesamte Interesse auf sich. »Wenn Schumpeters hundertster Geburtstag überhaupt bemerkt wird«, schrieb
Drucker, »dann höchstens in einem kleinen Doktorandenseminar.
Und dennoch ist es Schumpeter, der in den verbleibenden Jahren
unseres Jahrhunderts, wenn nicht gar in den nächsten 30 bis 50
Jahren, das Denken bestimmen und die Fragen der Wirtschafts-
wissenschaft und -politik prägen wird.«[14]
    Drucker beschreibt Keynes als einen »Häretiker« der klassi-
schen Ökonomie, dessen Hauptfrage – »Wie kann man eine Wirtschaft im Gleichgewicht und in der Stasis halten?« – seine Treue
zur »Gleichgewichtsökonomie in David Ricardos Theorien aus
dem Jahre 1810« zeigte. Schumpeter hingegen war ein »Abtrünni-
ger« der neoklassischen Ökonomie seiner Lehrer aus der soge-
nannten österreichischen Schule. Und für Schumpeter stellte
Keynes die falsche Frage. »Ihm erschien die Annahme, daß sich
die gesunde, ›normale‹ Wirtschaft in statischem Gleichgewicht
befindet, als Grundirrtum.« Im Gegenteil: Unaufhörlich sich
bewegend und verlagernd, mit untergehenden und aufsteigenden
Branchen, ist die moderne Wirtschaft in einem Zustand »dynamischen Ungleichgewichts«.[15]
    Für Keynes und – nach Druckers Darstellung – für die gesamte
klassische Ökonomie fällt Innovation in die Kategorie »äußerer
Katastrophen« wie Kriege und Erdbeben, die manchmal einen tiefgreifenden Einfluß auf die Wirtschaft ausüben, aber wegen ihrer

Unberechenbarkeit als Phänomene keinen Platz in der Ökonomie
haben. Für Schumpeter »ist Innovation – das heißt, Unternehmertum, das Ressourcen aus veraltenden in neue und produktivere
Anwendungsbereiche verschiebt – der eigentliche Kern der ökonomischen Wissenschaft und auf jeden Fall der modernen Wirtschaft«.[16]

Wenn der Held der Keynesschen Ökonomie der staatliche Ökonom ist, der die Hebel von Geld, Kredit, Ausgaben und Nachfrage
betätigt, um das Gleichgewicht zu bewahren, so ist Schumpeters
Held der Unternehmer, der sich hinauswagt aufs Meer der Risiken,
gepeitscht von Stürmen »kreativer Zerstörung« – Schumpeters
berühmter Ausdruck für die anarchische Energie der Innovation.
Keynes war der Prophet der Nachkriegswirtschaft mit ihrer »hohen
technologischen und unternehmerischen Kontinuität«. Schumpeter ist der Prophet des Zeitalters der Diskontinuität. Er behandelt
den tiefgreifenden Wandel von einer »managementgeführten« zu
einer »unternehmerischen« Wirtschaft – eine Unterscheidung, die
in diesem allgemeinen Kontext auch Drucker akzeptiert.

Schumpeters Unternehmer stemmten sich im großen Boom
zwischen 1965 und 1985 gegen die ungeheure Kondratieff-Welle
und bewahrten so die US-Wirtschaft vor der Stagnation. Nikolai
Kondratieff war ein russischer Ökonom, den Stalin töten ließ, weil
er (zutreffend) vorhersagte, daß die Kollektivierung der Landwirtschaft zu Hungersnöten führen würde. Kondratieff vertrat die
These, daß die grundlegenden Kräfte im Wirtschaftsleben 50 Jahre
dauernde Wellen technologischer Innovation, gefolgt von Pe-
rioden der Stagnation sind. »Alle 50 Jahre … erreicht eine lange
technologische Welle ihren Höhepunkt«, schrieb Drucker in
Innovations-Management für Wirtschaft und Politik. »In den letzten
20 Jahren des Zyklus scheint es den Wachstumsbranchen des letzten technologischen Fortschritts außerordentlich gut zu gehen.«
Aber in Wirklichkeit sind dies nur die hektischen Nachwehen der
Technologie von gestern. Wenn der wahre Stand der Dinge offen-
bar wird und die Branche zu schrumpfen beginnt, tritt die Wirtschaft in eine zwanzigjährige Phase der Stagnation und wartet auf

die noch im Entstehen begriffene bahnbrechende Technologie, die jedoch zunächst noch nicht genügend Arbeitsplätze schaffen kann, um die nächste Welle der Innovation zu tragen.

Über das Risiko

>Natürlich ist Innovation riskant. Aber mit dem Auto zum Supermarkt zu fahren, um ein Brot zu kaufen, ist auch riskant. Jede ökonomische Tätigkeit geht per definitionem ein >hohes Risiko< ein. Aber die Welt von gestern zu verteidigen – und sich somit gegen Innovation zu entscheiden – ist viel riskanter als die Arbeit an der Welt von morgen.«
     – Innovations-Management für Wirtschaft und Politik

In der Anwendung dieses Modells auf die Nachkriegsära erkennt Drucker, daß die führenden Branchen – »Automobil, Stahl, Gummi, elektrische Geräte, Unterhaltungselektronik, Telefon, aber auch Öl« – auf bahnbrechenden technologischen Neuerungen des 19. Jahrhunderts beruhen, wie er in *Weltwirtschaftswende: Tendenzen für die Zukunft* argumentiert. Scheinbar florierend »verrosteten« sie in den sechziger Jahren von innen und verzeichneten erste dauerhafte Arbeitsplatzverluste. Die entstehenden High-Tech-Industrien konnten noch nicht genügend Arbeitsplätze schaffen, um die »Stagflation« der Jahre nach dem Ölschock von 1973 aufzuhalten. »Von den über 40 Millionen Arbeitsplätzen, die seit 1965 entstanden sind«, schreibt Drucker, »schuf die Hochtechnologie nicht mehr als fünf oder sechs Millionen.« Die neuen Arbeitsplätze, die das Wellental der Kondatrieff-Prognose verhinderten, stammten aus dem völlig unvorhergesehenen Höhenflug des Unternehmertums, der auf der sozialen Innovation der Managementarbeit in Kleinunternehmen beruhte. Als Theorie zur Beschreibung des Verhaltens der amerikanischen Wirtschaft in der Zeit von 1965 bis 1985 »darf Kondratieff als widerlegt und entkräftet gelten« – widerlegt durch den Unternehmer.[17]

Das Wesen des Unternehmertums besteht darin, »etwas anderes zu machen, statt etwas besser zu machen, was bereits gemacht wird«. Ein Unternehmer erneuert. »Innovation ist das besondere Instrument des Unternehmertums. Es ist der Akt, der Ressourcen mit einer neuen Fähigkeit zur Schaffung von Reichtum ausstattet.« Die häufig als technologische Veränderung apostrophierte Innovation ist in Wirklichkeit »ein wirtschaftlicher oder gesellschaftlicher, und kein technischer Begriff«. Unter Verwendung vertrauter und entlegener Beispiele aus der Geschichte der Unternehmen widmet Drucker Abschnitte und Kapitel den »sieben Quellen für Innovationschancen«, den »Prinzipien der Innovation«, der »guten Idee«, dem »neuen Vorhaben« und einem munteren Duo unternehmerischer Strategien für etablierte Unternehmen: »Fustest with the Mostest« (sinngemäß: als erster und am besten ausgestattet) und »Hit Them Where They Ain't« (sinngemäß: Schwachstellen ausnutzen). Außerdem geht er auf »den unternehmerischen Konzern« ein und entkräftet anhand von Beispielen (Johnson & Johnson, 3M) und Argumenten die Vorstellung, daß große Unternehmen wegen »der Hürde des Bestehenden« nicht zur Innovation fähig sind. Zur Überwindung dieser Hürde schlägt er Kunstgriffe vor wie die organisatorische Trennung der innovativen Gruppe von der existierenden operativen Gruppe. »Immer wenn wir versucht haben, die bestehende Einheit

Das innovative Unternehmen

»Ideen sind vergleichbar mit Babys – sie kommen klein zur Welt, unreif und gestaltlos. Sie sind keine Erfüllung, sondern eine Verheißung. Im innovativen Unternehmen sagen die Führungskräfte nicht: ›Was für eine blöde Idee.‹ Nein, sie fragen: ›Was wäre nötig, um aus dieser unreifen, unausgegorenen, albernen Idee etwas zu machen, was Sinn ergibt und uns eine Chance eröffnet?‹«

– Die Chance des Unternehmers

zum Träger des unternehmerischen Projekts zu machen, sind wir gescheitert.« Selbst Riesen können Innovationen erreichen – aber nur, wenn sie gezielt ein »unternehmerisches Management« betreiben – das Drucker durchaus nicht als Oxymoron betrachtet.

Innovations-Management für Wirtschaft und Politik ist nicht als historische Analyse gedacht. Dennoch ist es seltsam, daß Drucker mit keinem Wort erwähnt, welche Rolle der Staat für die unternehmerische High-Tech-Revolution dieser Jahre gespielt hat. Eigentlich möchte man meinen, die ideologische Ironie dieser Konstellation hätte ihn unwiderstehlich anlocken müssen. In Band 1 seiner kompetenten Darstellung des Informationszeitalters mit dem Titel *The Rise of the Network Society* stellt Manuel Castells die These auf, daß der wirkliche Unternehmer der Steuerzahler gewesen sei:

> In den entscheidenden fünfziger und sechziger Jahren waren Rüstungsaufträge und das Raumfahrtprogramm wesentliche Märkte für die Elektronikindustrie, und zwar sowohl für die großen Rüstungsunternehmen in Südkalifornien als auch für die innovativen Jungunternehmen in Silicon Valley und New England. Sie hätten nicht überleben können ohne die großzügige Finanzierung und die geschützten Märkte einer US-Regierung, die nach der Wiederherstellung ihrer technologischen Überlegenheit über die Sowjetunion strebte … Die aus den Projekten großer Forschungsuniversitäten, Krankenhäuser und Gesundheitsforschungsinstitute hervorgegangene Gentechnik wurde weitgehend mit staatlichen Mitteln finanziert und subventioniert. Daher war in Amerika wie auch überall sonst auf der Welt der Staat – und nicht der innovative Unternehmer in seiner Garage – der Initiator der Revolution in der Informationstechnologie.[18]

Aus heutiger Sicht fällt an *Innovations-Management für Wirtschaft und Politik* auch die unbekümmerte Haltung zu den neuen Arbeitsplätzen auf, die von den Unternehmern in den sechziger bis achtziger Jahren geschaffen wurden. Immerhin handelt es sich um die gleichen Arbeitsplätze, die beim Präsidentschaftswahlkampf 1996 zur Zielscheibe von Witzen wie dem folgenden wurden: »Ja, ich habe gehört, daß die Politiker davon reden, wie viele neue Arbeitsplätze es gibt. Und recht haben sie, es gibt viele neue Jobs – ich habe selber drei.« Junk-Jobs werden sie genannt, und man braucht drei davon, um auf den Lohn zu kommen, den man früher an einer Arbeitsstelle erhalten hat. »60 Prozent der im vergangenen Jahr geschaffenen Arbeitsplätze«, berichtet das *Wall Street Journal* über das Jahr 1993, »sind in drei Branchen: Gesundheitswesen, Gastronomie und Zeitarbeit. Einige davon sind gute Anstellungen. Aber in einem durchschnittlichen Restaurant-Job verdient man nur 5,53 Dollar pro Stunde. Zeitarbeit bietet wenig Sicherheit und oft keine Leistungen im Krankheitsfall.« Von 1994 bis einschließlich April 1997, so meldet die *New York Times*, schuf die Wirtschaft 19 000 Arbeitsplätze »in gutbezahlten Bereichen wie der Produktion ... während sie gleichzeitig 428 000 Arbeitsplätze im Einzelhandel schuf ...«.

Ja, die Unternehmer feierten glänzende Erfolge. Viele ihrer Mitarbeiter hatten (und haben) weniger Glück. »Sowohl Großunternehmen als auch Gewerkschaften spielen bei der Beschäftigung eine untergeordnete Rolle«, stellt der Ökonom Robert Z. Lawrence fest. »Daher wird die Bezahlung von immer weniger Arbeitnehmern anhand von geltenden Abmachungen und Normen bestimmt, und immer mehr Arbeitnehmer sind den Launen und der Willkür in der Praxis kleiner Firmen ausgesetzt.« Und diese zahlen in der Regel niedrigere Gehälter als Großunternehmen. In den Jahren des Booms entwickelten sich die USA von einer Volkswirtschaft, in der der Tariflohn alle anderen Löhne nach oben drängte, zu einer Volkswirtschaft, in der so wenige Arbeitnehmer in den Genuß des Tariflohns kommen, daß davon keine stimulierende Wirkung ausgeht. Nicht zufällig wurde zur gleichen Zeit der breite demokratische Wohlstand in den USA zu einer »Apartheid-Wirtschaft«, wie es in der *Harvard Business Review* bezeichnet wurde, die nicht gerade für links-liberale Parolen bekannt ist. Der Autor des Artikels, der Harvard-Ökonom Richard B. Freeman, beschreibt eine Volkswirtschaft wachsender Ungleichheit und stagnierender Reallöhne, in der einige wenige prosperieren, während die Mehrheit (Schätzungen liegen zwischen 60 und 80 Prozent der Amerikaner) immer weiter zurückfällt. Bevor wir also das Phänomen des Unternehmers beklatschen, sollten wir uns eine Druckersche

Frage stellen: Welchen gesellschaftlichen Wert kann dieser Erfolg in einer Apartheid-Wirtschaft haben?[19]

Wie können wir in einer Zeit, da sich die Erfahrung öffentlichen Lebens für die meisten Amerikaner darin erschöpft, manchmal zu wählen und »ständig Steuern zu zahlen«, eine reichere bürgerliche Identität gestalten? Verbraucher, Mitarbeiter, Eltern – wie viele von uns sind in mehr als einem dürftigen Sinne Bürger? Wie können wir unsere Stimme in der Politik und gegenüber der Regierung, bei der Arbeit und in unserer lokalen Gemeinschaft hörbar machen? Wo können wir die moralische Schmiede unserer Solidarität finden?

Zu Beginn seiner Karriere dachte Drucker, er habe die Antwort auf Fragen wie diese: Durch unsere Rolle als Mitarbeiter eines Großunternehmens oder einer Organisation können wir zu Bürgern der Industriegesellschaft werden. Aber als die relative Stabilität der Ära Keynes' der kreativen Zerstörung der Ära Schumpeters wich, mußte Drucker diese Vorstellung aufgeben. Das Unternehmen war kein Medium der Kontinuität mehr, sondern eines des Wandels. Seit *The End of Economic Man* pocht Drucker auf die Notwendigkeit einer starken nichtökonomischen Gesellschaft, um »die Ungleichheit weniger unerträglich zu machen« und die Menschen gegen den Nihilismus des Marktes zu schützen. Die Ungleichheit wächst, der Nihilismus gedeiht. Ein gesellschaftlicher Raum, in dem nicht das Geld bestimmt – nie war er so nötig wie heute.[20]

Drucker hat sich nicht nur theoretisch über diesen gesellschaftlichen Raum geäußert. Seit fünfzig Jahren arbeitet er an seiner Schaffung und Ausdehnung. Durch seine langjährige *unvergütete* Zusammenarbeit mit gemeinnützigen Organisationen und kommunalen Gruppen hat er versucht, die Welt zu verändern.

Um seinem Rat auch über seine Klienten hinaus Gehör zu verschaffen, veröffentlichte Drucker Anfang der neunziger Jahre *Managing the Non-Profit Organization*. Und 1994 äußerte er sich in dem Aufsatz »The Age of Social Transformation« für den *Atlantic Monthly* besonders ausführlich über die Rolle nichtmaterieller Befriedigung in der heutigen Wissensgesellschaft.

»Das Wesen der Wissensgesellschaft«, so schreibt er, »ist Mobilität im Hinblick auf den Wohnort, auf die Tätigkeit und auf die persönlichen Verbindungen.« Diese Mobilität geht zu Lasten der »Wurzeln«, der »Nachbarschaft« und der organischen Solidarität der »Gemeinde«. Mobilität – nach oben, aber zunehmend auch nach unten – führt zu neuen gesellschaftlichen Herausforderungen und Aufgaben.

> Die Wissensgesellschaft wird zwangsläufig viel wettbewerbsintensiver sein als alle bislang bekannten Gesellschaftsformen – aus dem einfachen Grund, daß es keine Entschuldigung mehr gibt für fehlende Leistung, wenn das Wissen allgemein zugänglich ist ... Es ist eine Gesellschaft, in der viel mehr Menschen als je zuvor Erfolg haben können. Aber aus dem gleichen Grund ist es auch eine Gesellschaft, in der viel mehr Menschen scheitern oder zumindest nur die zweite Geige spielen können.[21]

Wenn die traditionelle Gemeinschaft durch die Mobilität erschüttert wird, stellt sich die Frage: »Wer wird sich in der Wissensgesellschaft um die sozialen Aufgaben kümmern« – um Armut, Familienzerfall, Drogensucht, Obdachlosigkeit, Verbrechen? Und wie kann das hohe Maß an Mißerfolgen, das die Wissensgesellschaft mit sich bringt, aufgewogen werden?

Das 20. Jahrhundert hat zwei noch anwendbare Antworten auf diese Frage gegeben: »ein Mehrheitsvotum und eine abweichende Meinung. Beide haben sich als falsch erwiesen.«[22]

Die abweichende Meinung äußerte Drucker in *The Future of Industrial Man*: Das Großunternehmen würde die Gemeinschaft wiederbeleben, würde »zum Ort werden, an dem und durch den soziale Aufgaben organisiert werden«. Zu Druckers großer Enttäuschung hat sich diese Hoffnung zerschlagen. »Wir müssen Abschied nehmen von unserer früheren Vorstellung von Arbeitsplätzen oder Karrierewegen und uns darauf einstellen, Aufträge zu übernehmen, und zwar einen nach dem anderen«, sagte er 1993 zu T. George Harris, dem früheren Herausgeber der *Harvard Business Review*. »Die Stufenleiter ist verschwunden, und es gibt nicht einmal mehr die implizite Struktur der Strickleiter einer Branche. Es ist mehr wie Weinranken, und deine Machete mußt du selbst mitbringen.«

Nach Druckers Auffassung hat die Entlassungswelle Mitte der neunziger Jahre – IBM trennte sich von 85 000, General Motors von 74 000, Sears von 50 000 Mitarbeitern – das Loyalitätsgefühl der Manager der mittleren Führungsebene praktisch zerstört. Tom Peters faßt die Loyalitätsvorstellung nach der Entlassungswelle so zusammen: »Wir sind die Vorstandsvorsitzenden unserer eigenen Unternehmen: ›Ich Inc.‹ Um heute im Geschäft zu bleiben, müssen wir vor allem Marketingleiter für die Marke mit dem eigenen Namen sein.« »Die Mitarbeiter müssen sich als Selbständige begreifen, als Anbieter, die dem Unternehmen ihre Fähigkeiten verkaufen«, sagt James Meadows, ein Vice President von AT&T, und macht damit die Auffassungen deutlich, die der Entscheidung des Unternehmens zur Entlassung von 13 Prozent seiner Belegschaft im Jahre 1996 zugrunde lagen. In *Corporate Executions* bringt der Unternehmensberater Alan Downs mit der Freimütigkeit eines Machiavelli die kalte Logik des Stellenabbaus zum Ausdruck: »Mitarbeiter sind austauschbare Komponenten, die eingesetzt werden können, wo und wann sie gebraucht werden. Wenn ihre Dienste nicht mehr unmittelbar erforderlich sind, können sie verabschiedet werden.« Nichts könnte weiter entfernt sein von Druckers Lehre, den Mitarbeiter nicht als zu reduzierenden Kostenfaktor, sondern als zu bewahrende Ressource zu behandeln.

Im Hinblick auf die wirtschaftlichen Ergebnisse des Stellenabbaus berichtet die American Management Association laut *Economist*, daß »weniger als die Hälfte der Unternehmen, die seit 1990 Arbeitsplätze abgebaut haben, langfristige Verbesserungen der Qualität, Rentabilität und Produktivität erreicht haben«.

Im Hintergrund dieser von dem Historiker Nicholas Mills als »Unternehmensdarwinismus« bezeichneten Entwicklung stehen ungeduldige Aktionäre, unter anderem auch die Pensionsfonds. Zugunsten pensionierter Arbeiter werden die Jobs der jetzigen Beschäftigten aufs Spiel gesetzt. Aber die wirklichen Nutznießer des Aktionärskapitalismus sind immer noch die Aktienbesitzer. Von 1989 bis 1995 stieg der Anteil der US-Familien mit Aktienbesitz von 31 auf 41 Prozent, wie ein Federal-Reserve-Bericht meldet.

Aber nur 29 Prozent aller Familien besitzen Aktien im Wert von mehr als 2 000 Dollar, und die oberen 5 Prozent der Familien besitzen die Hälfte aller Aktien. Sie und nicht die Arbeiter der Mittelschicht mit Ansprüchen aus Pensionsfonds sind die großen Gewinner des Aktionärskapitalismus. »In den neunziger Jahren«, schreibt Mills in *The Triumph of Meanness*, »besteht die letztliche Bedeutung einer Unternehmenskultur, die die Treue zum Aktionär so sehr in den Vordergrund stellt, in der Erkenntnis, daß alles erlaubt ist.« Drucker beschreibt die neue Realität mit einer Metapher von charakteristischer Anschaulichkeit: »Unternehmen, die einmal gebaut wurden, um wie Pyramiden zu überdauern, sind heute eher wie Zelte.«

Die zweite Antwort lautet, daß der Staat die sozialen Aufgaben übernehmen wird, die durch das Schwinden der Gemeinschaft und die Schwächung der Absicherungssysteme Familie und Nachbarschaft entstehen. Das hat sich als »völlig falsch« erwiesen (das »völlig« der Konversation). Staat und Regierung sollten die politischen Richtlinien vorgeben und die Mittel bereitstellen. »Aber als Instanz zur *Durchführung* sozialer Dienste hat der Staat seine fast totale Inkompetenz gezeigt …«

Die sozialen Aufgaben werden weder vom privaten noch vom öffentlichen Sektor wahrgenommen, sondern von »einem eigenen und neuen *sozialen Sektor*«. In den USA gibt es ungefähr eine Million gemeinnützige und karitative Organisationen, die »Sozialarbeit« leisten. Fast 70 Prozent, so Drucker, wurden nach 1960 gegründet. In den sechziger Jahren verschlimmerten sich auch die gesellschaftlichen Probleme, und der Aufstieg der Wissensgesellschaft führte dazu, daß Millionen von Menschen soziale Verbindungen und Befriedigungen brauchten. Die Ernährung der Hungrigen, die Beherbergung der Obdachlosen, die Heilung der Kranken, die Ausbildung der Jungen, die Stärkung der Gemeinschaften und Familien: der soziale Sektor hat Großes für die USA geleistet. »Die Regierung … macht Gesetze und setzt sie durch. Die Geschäftswelt leistet gegen Bezahlung. Der soziale Sektor zielt mit seinen Institutionen darauf, *den Menschen zu verändern*.«[23]

Darin liegt der Hauptzweck dieser Institutionen; doch mehr
und mehr »verfolgen sie ein zweites, genauso wichtiges Ziel. *Sie
stellen Bürgerschaft her* … Als Freiwilliger in einer Institution des
sozialen Sektors kann der einzelne etwas bewirken.« Und in Kir-
chen und anderen gemeinnützigen Organisationen leisten nahezu
100 Millionen Amerikaner durchschnittlich drei Stunden pro
Woche ehrenamtliche Arbeit – was den gemeinnützigen Sektor
zum »größten Arbeitgeber Amerikas« macht. Im nächsten Jahrhundert werden gemeinnützige Institutionen im Auftrag des Staates die Durchführung sozialer Aufgaben übernehmen. Und sie
werden auch für Millionen freiwilliger Wissensarbeiter »eine
Sphäre schaffen, in der sie … Gemeinschaft herstellen können«.[24]

In Druckers Welt von morgen werden die Wissensarbeiter Sinn
und Gemeinschaft durch freiwillige Arbeit in Organisationen des
sozialen Sektors finden, während die von den Organisationen Betreuten von einem zugleich fürsorglichen *und* effizienten Dienst-
leistungssystem profitieren. Aber *wer* werden diese Betreuten sein?
In der Medienberichterstattung zum »Gemeinnützigengipfel«
1997 in Philadelphia klang wiederholt an, daß nur die allerwenig-
sten Organisationen des sozialen Sektors an den Problemen der
Innenstädte arbeiten.

Diese Probleme, schreibt Drucker an anderer Stelle in seinem
Aufsatz im *Atlantic Monthly*, sollten im Kontext der Veränderungen
auf dem Arbeitsmarkt gesehen werden, die ihrerseits von Veränderungen in der unerreichbar fernen Weltwirtschaft herrühren. Dies
zeigt die Dimensionen dieser Probleme und die Schwierigkeit, bei
ihrer Lösung Fortschritte zu erzielen. Vor einer Generation konnten
junge Afroamerikaner gutbezahlte Arbeitsplätze in der Massenproduktion bekommen. Aber, schreibt Drucker, »der Niedergang des
Industriearbeiters trifft die amerikanischen Schwarzen unverhält-
nismäßig hart – quantitativ, doch qualitativ sogar noch mehr. Damit
wird das stärkste Rollenvorbild für die schwarze Gemeinschaft in
Amerika entwertet: der gutbezahlte Industriearbeiter mit sicherem
Arbeitsplatz, voller Krankenversicherung und einer garantierten
Altersrente, obwohl er keine Berufsausbildung und nur eine kurze

Schulausbildung hat.« Der Harvardsoziologe William J. Wilson kommt in seinem 1996 erschienenen Buch *When Work Disappears* zu einem ziemlich ähnlichen Schluß: Die wirtschaftliche Freiheit, die die Gehälter der oberen 25 Prozent der Amerikaner in die Höhe steigen ließ, ging zu Lasten der Industriearbeiter in den Städten. Wilson sieht ein staatliches Programm zur Arbeitsplatzförderung als einzige taugliche Lösung für die Probleme der amerikanischen Innenstädte. Aufgaben dieser Größenordnung übersteigen ganz offensichtlich die Kräfte des sozialen Sektors. Außerdem liegt in der Feier des sozialen Sektors und ehrenamtlicher Tätigkeit die Gefahr, daß beim Steuerzahler der erfreuliche Eindruck entsteht, die Probleme der Innenstädte ließen sich auch ohne seinen Beitrag lösen. Das ist eine egoistische Selbsttäuschung. Rebecca Blank, eine Ökonomin von der Northwestern University, rechnet in ihrem 1997 erschienenen Buch *It Takes a Nation* vor, daß die US-Bundesregierung jährlich 77 Milliarden Dollar für Wohlfahrt, Essensmarken und finanzielle Hilfe für mittellose ältere Menschen ausgibt. Eine entsprechende Versorgung durch die Religionsgemeinschaften

> … würde erfordern, daß jede der 258 000 Religionsgemeinschaften (Katholiken, Protestanten, Moslems und auch andere) in diesem Land Jahr für Jahr zusätzlich 300 000 Dollar aufbringt … und diese Mittel ausschließlich für die Armen ausgibt. Und wenn die Versorgung der Armen über private gemeinnützige Organisationen erfolgen sollte, müßten diese Gruppen *siebenmal* soviel an privaten Spenden erhalten wie zur Zeit.[25]

Bescheinigte Drucker dem Management einerseits Rückschrittlichkeit gegenüber dem unternehmerischen Boom, so hält er ihm andererseits das Wachstum und den Erfolg der gemeinnützigen Organisationen zugute. »Vor fünfzig Jahren«, schreibt er, »war ›Management‹ in gemeinnützigen Organisationen ein Schimpfwort. Für sie bedeutete es ›Geschäft‹, und genau das wollten sie auf keinen Fall sein … Schließlich machten sie doch keinen Gewinn.« Aber diese Haltung gehört der Vergangenheit an. Eine Steigerung der Spenden führt noch nicht zu Erfolgen in der gemeinnützigen Arbeit. In *Neue Realitäten* weist er darauf hin, daß die Amerikaner seit Jahren ungefähr den gleichen Prozentsatz ihres Einkommens spenden. »Erfolge beruhen auf einer deutlich höheren Produktivität. Die Institutionen des dritten Sektors – zumindest eine große Zahl von ihnen – erzielen mit den gleichen Ressourcen bessere Ergebnisse. Das Wachstum des dritten Sektors ist in erster Linie eine Leistung des Managements.« Man beachte die prägnante Definition der Managementfunktion: mit den gleichen Ressourcen bessere Ergebnisse erzielen.[26]

Zum Teil um letzte Zweifel gemeinnütziger Organisationen am Management zu zerstreuen, schrieb Drucker *Managing the Non-Profit Organization* (1990) und leistete damit für die gemeinnützige Arbeit, was er für Management und Unternehmertum bereits getan hatte. Eine sorgfältige Besprechung in der *New York Times* bezeichnete es als ein »einnehmendes Buch«, das »Managern im gemeinnützigen Sektor die dynamischen, vernünftigen und anregenden Ratschläge gibt, die ihm den Ruf des stimulierendsten Managementdenkers seiner Zeit eingetragen haben«.[27]

Die Lektüre von *Managing the Non-Profit Organization* ist wie ein Klassentreffen nach langer Zeit: Hier ist »Wer ist der Kunde?«, da ist die »Ergebnisorientierung«, dort drüben ist die Empfehlung, »bei dem anzusetzen, was der Betreffende gut gemacht hat«, und hier sind zwei alte Freunde, Führen »durch Vorbild« und »Immer auf die Leistung achten, nicht auf die Erwartungen«. Drucker spricht nicht in weisen Sentenzen, er gibt praktische Ratschläge, die normale Menschen anwenden können. Das Buch ist die Essenz seiner fünfzigjährigen Erfahrung mit gemeinnützigen Organisationen. Ergehen Sie sich nicht in moralischem Lob für bloße Bemühungen, instruiert er diese idealistischen Organisationen. Probieren Sie eine Strategie einmal, zweimal – dann versuchen Sie etwas anderes. »Zeit und Ressourcen sind begrenzt … Es gibt große Leistungen von Leuten, die sich 25 Jahre lang in der Wildnis abgemüht haben. Aber das ist selten. Die meisten Leute, die in der Wildnis ausharren, hinterlassen nichts als ausgebleichte Knochen.« Im Hinblick auf die Mittelbeschaffung beklagt er die Rückständigkeit gemeinnütziger Organisationen. Sie »glauben immer noch daran, daß sie Geld am ehesten bekommen, wenn sie mit *Bedürftigkeit* hausieren gehen. Aber die amerikanische Öffentlichkeit spendet für *Ergebnisse*. Sie spendet nicht mehr aus Nächstenliebe; sie ›kauft sich ein‹.« Und betrachten Sie die Spender nicht als Menschen, die »schenken«, sondern als Menschen, die etwas »beitragen« und als langfristige Mitglieder Ihrer Organisation behandelt werden wollen. Im Idealfall sollten die Spender »die Unterstützung der Institution als Selbsterfüllung betrachten« – eine Herausforderung an die Marketingarbeit. Es ist politisch klug, argumentiert er, die Steuerzahler 1,10 Dollar für jeden Dollar abschreiben zu lassen, den sie einer gemeinnützigen Organisation spenden, »denn eine gemeinnützige Organisation mit gutem Management nutzt die vorhandenen Mittel mindestens zweimal so gut wie eine staatliche Behörde«. Der Vater der »Privatisierung« fordert die gemeinnützigen Organisationen auf, das »Mißmanagement der Wohlfahrtsbürokratie« zu verdrängen.[28]

Trotz seiner praktischen Ausrichtung besitzt das Buch durchaus auch Unterhaltungswert. Drucker erzählt die Geschichte des deutschen Botschafters in London um die Jahrhundertwende. Dieser »trat von seinem Posten als Botschafter zurück, weil der neue englische König Edward VII. ein notorischer Schürzenjäger war, der es gerne sah, wenn ihm das diplomatische Korps Herrenfeste ausrichtete, bei denen die beliebtesten Londoner Kurtisanen nackt aus Torten heraussprangen. Der Botschafter sagte, er wolle keinen Zuhälter sehen, wenn er beim Rasieren am Morgen in den Spiegel blickte.« Seine Rücktrittsentscheidung war »essentielles Führungsverhalten«, so Drucker, und ein Gleichnis für Führungskräfte und Manager. »Sie sind sichtbar; Sie sollten sich klar machen, daß Sie ständig auf dem Prüfstein stehen. Die Regel heißt: Ich will keinen Zuhälter im Spiegel sehen, wenn ich mich am Morgen rasiere.« Führungspersönlichkeiten führen nicht durch Charisma, sondern durch das ansteckende Beispiel ihrer Integrität.[29]

Ein besonders vielsagender Titel im Drucker-Kanon ist das 1993 veröffentlichte *Die postkapitalistische Gesellschaft.* »Ich glaube zwar an den freien Markt«, erklärt er, »aber beim Kapitalismus habe ich ernste Vorbehalte.« Tatsächlich versucht Drucker seit nunmehr sechzig Jahren, über das Kapital im Kapitalismus hinwegzusehen. Wenn man zurückblickt auf seine Karriere, fällt es einem wie Schuppen von den Augen. Ob es um die gemeinnützige Organisation geht, um die Fabrikgemeinschaft, um den Manager, um den verantwortlichen Arbeiter, um die Vergütung von Führungskräften oder um Status, Funktion und Legitimität, Drucker erörtert das Wirtschaftsleben im Hinblick auf Werte, Integrität, Charakter, Wissen, Vision, Verantwortung, Selbstkontrolle, gesellschaftliche Integration, Teamarbeit, Gemeinschaft, Kompetenz, soziale Verantwortung, Lebensqualität, Selbsterfüllung, Führungsfähigkeit, Pflichten, Ziele, Würde, Sinn – aber nur selten im Hinblick auf Geld. Er verteidigt das Gewinnstreben, aber als würde es sich um Brokkoli handeln: eine unangenehme Verpflichtung von Managern, die viel lieber Kierkegaard lesen würden. Er lobt Führungskräfte wie Max De Pree, die ihre Bezahlung an ein vergleichsweise bescheidenes Vielfaches der Mitarbeitergehälter binden, während er die viel größere Gruppe von Führungskräften, deren Bezahlung das Zwei- oder Dreihundertfache des durchschnittlichen Mitarbeiterlohns beträgt, als korrupt beschreibt. Er schätzt wirtschaftliche Freiheit, aber die volle Tragweite ihrer Konsequenzen liegt ihm schwer auf dem Herzen, und er ist stets auf der Suche nach nichtmateriellen Motiven und Befriedigungen. Die größten Kapitalisten an der Wall Street, so jubelt er, sind nicht mehr die Tycoons von ehedem: »Pensionsfonds-Kapitalismus ist Kapitalismus *ohne* die Kapitalisten.« Der Zweck eines Unternehmens besteht nicht einfach darin, Gewinne zu erzielen (auch wenn daran nichts Schlechtes ist, wohlgemerkt), sondern darin, »einen Kunden zu schaffen«. Dieser »Unternehmensphilosoph«, »Managementguru«, »Erfinder der Gesellschaft der Organisationen« fühlt ein moralisches Unbehagen gegenüber dem Feuer amerikanischen Strebens, gegenüber dem handfesten Inhalt des Amerikanischen Traums.

In *Die postkapitalistische Gesellschaft* verabschiedet er den Kapitalismus vollständig und verkündet, daß die zentrale Rolle des

Kapitals in der Wirtschaft vom Wissen übernommen wird!«»Daß Wissen nicht mehr nur eine Ressource unter vielen ist, sondern *die* Ressource schlechthin, macht unsere Gesellschaft zur ›postkapitalistischen‹.«[30]

Wie ist es dazu gekommen, daß das Wissen diese zentrale wirtschaftliche Rolle spielt? Bis in die frühe Moderne wurde das Wissen auf das *Sein* angewandt. »Dann wurde es fast über Nacht auf das *Tun* angewandt«, schreibt Drucker. »Es wurde zur Ressource und damit nutzbar.« Die industrielle Revolution wandte das Wissen auf Werkzeuge an. Frederick W. Taylors Produktivitätsrevolution wandte das Wissen auf die Arbeit an. Und die Managementrevolution Mitte des 20. Jahrhunderts wandte das Wissen auf das Wissen an. (»Richtig definiert ist ein Manager jemand, der für die Anwendung und Leistung von Wissen verantwortlich ist.«) Die GI-Bill nach dem Krieg führte zur Demokratisierung des Wissens. »Die ›GI-Bill of Rights‹ – und die begeisterte Reaktion von seiten der amerikanischen Veteranen – war das Signal für den Wandel zur Wissensgesellschaft. Zukünftige Historiker werden dies vielleicht als das wichtigste Ereignis des 20. Jahrhunderts betrachten. Wir befinden uns mitten in dieser Umwälzung; und wenn man sich überhaupt noch nach der Geschichte richten kann, dann wird sie kaum vor 2010 oder 2020 abgeschlossen sein. Aber schon jetzt hat sie die politische, wirtschaftliche und moralische Landschaft der Welt verändert.« Heute der Wissensarbeiter, morgen die Wissensgesellschaft.[31]

Die Wissensgesellschaft wird vor zwei ernsten Herausforderungen stehen, die eine wirtschaftlicher, die andere gesellschaftlicher Natur.

> Diese Gesellschaft, in der die Wissensarbeiter dominieren, wird gefährdet durch einen neuen »Klassenkonflikt« zwischen der großen Minderheit der Wissensarbeiter und der Mehrheit der Menschen, die ihren Lebensunterhalt auf herkömmliche Weise verdienen, entweder mit Handarbeit … oder durch Dienstleistungen. Es ist abzusehen, daß die Produktivität der Wissensarbeit – derzeit noch verschwindend gering – zur *wirtschaftlichen* Herausforderung der Wissensgesellschaft werden wird … Und die Produktivität der Servicearbeit, die nicht zum Wissensbereich gehört, wird immer mehr

zur *gesellschaftlichen* Herausforderung der Wissensgesellschaft werden. Von ihr wird die Fähigkeit der Wissensgesellschaft abhängen, den Menschen, die nicht im Wissensbereich tätig sind, ein anständiges Einkommen und damit auch Würde und Status zu geben.[32]

Die Gebildeten

>»Waren die Ritter im frühen Mittelalter und die ›Bürger‹ im Kapitalismus die deutlichste Verkörperung der Gesellschaft, so werden in der postkapitalistischen Gesellschaft, in der das Wissen zur zentralen Ressource geworden ist, die Gebildeten diese Rolle übernehmen.«
> — *Die postkapitalistische Gesellschaft*

Darin liegt das Wagnis der Wissensgesellschaft. Sie verspricht die erste Gesellschaft zu sein, »in der ganz gewöhnliche Menschen – also die meisten Menschen – ihr tägliches Brot nicht im Schweiße ihres Angesichts verdienen. Es ist die erste Gesellschaft, in der ›ehrliche Arbeit‹ nicht gleichbedeutend ist mit schwieligen Händen.« Das ist weit mehr als eine gesellschaftliche Herausforderung. »Es ist eine Veränderung der *menschlichen Lebensbedingungen*.«

Nach Erscheinen von *Die postkapitalistische Gesellschaft* stellte sich Drucker den Fragen von *Industry Week*. Der Interviewer fragte ihn, ob er der Meinung sei, seine Bücher seien verstanden worden, und welche Wirkung sie seiner Meinung nach gehabt haben. So wie vielleicht ein Dichter über seinen Einfluß auf andere Dichter spricht, erwähnte Drucker zunächst seinen Einfluß auf andere Kontinente.

Frage: Wie steht es mit den USA?
Antwort: Nach meinem Eindruck haben die Manager in den Vereinigten Staaten zwei wichtige Dinge aus meinen Büchern und Ratschlägen gelernt. Erstens haben sie zumindest angefangen zu verstehen, daß Mitarbeiter nicht nur ein Kostenfaktor sind, sondern eine Ressource ... Damit kommen wir zum zweiten wichtigen Punkt, den die Manager an meiner Arbeit erkennen, nämlich, daß ich ihnen geholfen habe, das Management *wahrzunehmen* ...

Ich glaube, viele sehen es als mein Verdienst, diese Fachdisziplin entdeckt und gefordert zu haben, daß die Unternehmen das Management ernst nehmen – als Berufsstand, der im Gang der Geschäfte etwas bewirken kann.

Ich hoffe, daß amerikanische Manager – und Manager auf der ganzen Welt – weiterhin beherzigen, was ich fast vom ersten Tag an gesagt habe: daß das Management viel mehr ist als die Wahrnehmung von Rang und Privilegien, daß es viel mehr ist als das »Abschließen von Geschäften«. Das Management beeinflußt die Menschen und wirkt sich auf ihr Leben aus.[33]

9
»GOTT BRAUCHT KEINEN UNTERNEHMENSBERATER«

»Wir haben unsere Badehosen nicht dabei«, erwiderte einer der drei Besucher aus New York. Sie hatten einen heißen Vormittag lang zusammen mit dem Weisen von Claremont die Herausforderungen ihres neuen Unternehmens diskutiert. Der hatte sie gerade zum Schwimmen im Pool hinter dem Haus eingeladen. »Ich habe auch keine«, sagte Drucker. »Aber wir sind ja alle Männer.«

Sie vergnügten sich im Pool, als Doris Drucker nach Hause kam. »Doris?« rief Peter nach vorne. »Komm doch bitte, ich möchte Dir diese interessanten jungen Leute vorstellen.«

Beratungsgespräche mit Peter Drucker hinterlassen einen bleibenden Eindruck. Alle, die ihm zum erstenmal begegnen, sind wahrscheinlich gehemmt wegen seiner Bücher, seines Ruhms, seiner Klienten – er könnte seine Zeit genausogut mit dem Vorstandsvorsitzenden eines *Fortune*-500-Unternehmens verbringen. Doch der gütige Ausdruck seines faltenreichen Lächelns nimmt dem Besucher schnell seine Befangenheit. Drucker ist groß, wenngleich ein wenig gebeugt vom Alter, und schlank. Er hat ein sonnengebräuntes Gesicht und einen edlen Kahlkopf. Am imposantesten wirkt seine tiefe Stimme, mit der er dramatische Effekte erzielen kann. Das »Nein« zum Beispiel, wie in »Neiiin ... Sie ... haben ... unrecht«, sagt er mit einem komisch verzögerten Tonfall, der dem Urteil seinen Stachel nimmt. Er verfügt über genügend Charme der Alten Welt, um alle Klippen zu umschiffen. Peter Drucker ist von Europa geprägt: witzig und verbindlich, intelligent und kultiviert, trägt er in seiner Persönlichkeit das Funkeln und den Schwung eines Stücks von Johann Strauss, dessen Wurzeln wie die Druckers im österreichisch-ungarischen Kaiserreich liegen.

Nach übereinstimmenden Berichten seiner Klienten ist es bezeichnend für Drucker, daß er den Sachverhalt oder das Problem, mit dem der Klient zu ihm gekommen ist, in Gesprächsfäden auflöst, die scheinbar mit allem zu tun haben *außer* mit dem Problem. Gegen Ende des Tages reicht er es ihm dann zurück, ungelöst, aber verändert durch die Gesellschaft seiner Gedanken. »Am Ende sieht man die Probleme und Chancen ganz anders«, bemerkt einer. »Er denkt außerhalb üblicher Bahnen.« Ein anderer hatte diesen Eindruck: »Er zeigt einem das Warum der Probleme, und nicht nur die Antwort.« Drucker betrachtet seine Beratungsgespräche als eine Art von Unterricht. Was er lehrt, betrifft vielleicht die Organisation des Betreffenden, seine Funktion als Manager oder sogar seine menschlichen Eigenschaften. Und dieses »Was« ist eine Erkenntnis, eine Betrachtungsweise, doch keine faktenschwere Analyse. Ein Klient brauchte drei Jahre, um zu verstehen, was Drucker meinte mit der Aussage: »Sie wissen ja, Don, die Leute haben keine Phantasie.« Erst als er Druckers delphischen Code geknackt hatte, verstand er die Botschaft, die lautete: »Glauben Sie nicht, daß andere Ihre Dienste genauso selbstverständlich für wunderbar halten wie Sie.«

Natürlich braucht man nicht immer drei Jahre, um Druckers Rat zu verstehen – höchstens, um ihn *wirklich* zu verstehen. Die American Heart Association veränderte nach Aussage ihres früheren Präsidenten Dudley Hafner ihren gesamten Außenbetrieb, als Drucker ihm den Organisationsplan erklärte, mit dem die Briten mit nur tausend jungen Männern Indien regierten. »Wir haben uns neu definiert als Informationsorganisation«, erzählt Hafner. Er bezeichnet Drucker als »einen inspirierten Zeichner von Konzepten«. Bei ihrer ersten Begegnung erfuhr er zu seiner Überraschung, daß Drucker in seiner Nachbarschaft von Tür zu Tür gegangen war, um Geld für die American Heart Association zu sammeln.

Drucker meint, seine Honorare seien so hoch – angeblich zwischen 6 000 und 8 000 Dollar pro Tag –, daß seine Aussagen von Unternehmensklienten ernst genommen werden. »Es war sehr viel wert für uns, daß Peter Drucker begeistert über unsere Gründung war«, bezeugt ein zufriedener Kunde. Dem gleichen Prinzip folgend bittet Drucker seine Gratis-Klienten um einen Scheck über den vollen Betrag seines Honorars und schickt ihn dann umgehend mit der Post zurück.

Auf die Frage nach dem besten Rat, den er von Drucker bekommen hat, erzählt Bill Pollard, der Vorstandsvorsitzende eines weltweit operierenden Unternehmens für Gebäudeinstandhaltung, von einer zufälligen Begegnung mit Drucker in der Halle eines Hotels in Tokio. Drucker befand sich zu Vorträgen für seine japanischen Klienten in Tokio, und Pollard sollte ein ernsthaftes Problem mit seinem japanischen Partner bereinigen. Er war sehr ungehalten und stand kurz davor, die Geschäftsbeziehung völlig aufzugeben. »Ich bin nicht einmal bereit, nach Osaka zu fahren und mit ihm zu reden«, sagte er zu Drucker. »Das Schlimmste, was Sie machen könnten, Bill«, beschwor ihn Drucker in seinem breiten Wiener Akzent. »Sie setzen sich morgen ganz früh in diesen Zug und fahren da hin und kriechen ein wenig zu Kreuze.« Drucker stützte sich auf seine jahrzehntelange Japanerfahrung. (Er besitzt eine berühmte Sammlung japanischer Kunst und unterrichtete sogar fünf Jahre lang am Claremont College in diesem Fach.) Pollard wußte das und hielt sich an Druckers Rat. Er nahm den Zug. Er verlor sein Gesicht und ersparte dadurch seinem Partner eine Demütigung. Ihr Verhältnis wurde sehr schnell besser.

Drucker sammelt nicht nur japanische Kunst, er hat auch amerikanischen Institutionen und Museen geholfen, die sich japanischer Kunst widmen. Er machte Spenden für Lehrprogramme am Fogg Museum in Harvard und an der University of Michigan, und er bot dem Japan House in New York und dem Asian Art Museum in San Francisco seinen Rat an. Rand Castile, der frühere Direktor beider Institutionen, meint, Drucker habe das Asian Art Museum gerettet. Mitte der siebziger Jahre stand das Museum in San Francisco vor dem Aus. Bestürzt über den Niedergang einer kulturübergreifenden Institution in einer wachsenden globalen Zivilisation eilte Drucker zu Hilfe. »Peter inspirierte uns mit seiner Vision, wie solch ein Museum aussehen sollte, und wir konnten das auch unseren Spendern vermitteln«, erklärt Castile. Drucker ließ sich vom Bürgermeister von San Francisco in den Aufsichtsrat des Museums berufen. Sein Name auf dem Briefkopf des Museums, seine Bereitschaft zu kostenlosen Vorträgen für potentielle Spender aus Unternehmen und sein strategischer Rat zur Mittelbeschaffung erwiesen sich als entscheidend. Innerhalb von neun Jahren konnte das Museum seine Stiftungsgelder von 3 Millionen Dollar auf 40 Millionen Dollar erhöhen. Peter Drucker selbst steuerte eine »sehr große« Spende bei.

Eine ähnliche Ein-Mann-Rettungsaktion initiierte Drucker für die Hilfsorganisation CARE, als diese wegen eines Finanzskandals ins Schlingern geraten war. »Es gibt eine direkte Verbindung zwischen Peter Drucker und notleidenden Kindern in aller Welt«, sagt Bill Johnston, der frühere Präsident von CARE. Drucker nannte seine Autobiographie zwar *Zaungast der Zeit*, aber dies sind wohl kaum die Handlungen eines unbeteiligten Zuschauers.

Auch am anderen Ende des kulturellen Spektrums blieb Drucker nicht untätig und hat zum Beispiel führende Baseballteams der Major League beraten. Als Yogi Berra Manager der New York Mets war, wandte er sich mit einem heiklen Problem an Drucker, seinen damaligen Nachbarn in Montclair. »Peter«, sagte er, »mit den sportlichen Angelegenheiten komme ich klar, aber was soll ich mit den Huren machen?« Die jungen, reichen und vollkommen unerfahrenen Spieler lockten scharenweise Groupies an, die sie bis spät in die Nacht auf Trab hielten und sie um erhebliche Geldbeträge erleichterten. Drucker riet Berra, eine ehemalige Nonne oder einen Army-Sergeant im Ruhestand einzustellen, um die Groupies abzuwimmeln. Berra folgte Druckers Rat, und es funktionierte.

Im Scherz meint Drucker, er sei wohl eher ein »Insultant« (»Beleidiger«) als ein Consultant, und daß er »Klienten gegen Gebühr tadelt«. Aber die Klienten sehen das anders. Einhellig sprechen sie davon, wieviel Drucker nicht nur für ihr Unternehmen, sondern auch für ihr Leben bedeutet. »Er schafft es, daß man besser über sich selbst denkt«, erklärt Don Mitchell, ein kleiner Geschäftsmann, der sich dreimal im Jahr mit Drucker berät. Dies vermag er durch die ihm eigene Herzensgüte.

»Vor ungefähr sechs Jahren sah ich einen Artikel von Drucker über Marktforschung«, erzählt Vincent Barabba. »Ich arbeite in der Marktforschung, und Drucker hatte einen entscheidenden Punkt falsch dargestellt.« Barabba, der Leiter des Knowledge Network von General Motors, schrieb Drucker einen Brief, in dem er ihn auf seinen Fehler hinwies. Da Drucker weise genug war, Verbesserungen zu begrüßen, schrieb er einen herzlichen Antwortbrief und äußerte sein Interesse an einer Erneuerung seiner alten Bekanntschaft mit General Motors.

Barabba fand eine Ausgabe von *The Concept of the Corporation* aus dem Jahre 1972, in deren Einleitung Drucker berichtet, daß General Motors das Buch verschmäht hatte. »Offen gesagt, war ich verlegen«, sagt Barabba. »Ich brachte das Buch zu unserem Vorsitzenden«, der sich gerade auf einen Vortrag über die Geschichte von General Motors vorbereitete. Er fand Gefallen an der Idee, Drucker als Geste der Anerkennung nach Detroit einzuladen. Und so kam es, daß ein hauseigenes Flugzeug von General Motors die Druckers in Kalifornien abholte, Doris zum Wandern in den Rocky Mountains absetzte und mit Peter an Bord weiter nach Detroit flog.

Er blieb drei Tage, traf die leitenden Manager und den Aufsichtsrat von General Motors und diskutierte mit ihnen über die Herausforderungen der heutigen Automobilbranche. Als einer der Anwesenden eine vorsichtige Bemerkung über die Innovationserfolge von General Motors fallen ließ, wurde er von Drucker sanft zurechtgewiesen. »General Motors hat die amerikanische Geschäftswelt erneuert!« sagte er und zählte die Innovationen von General Motors in der Organisation, in der Strategie, in der Buchführung und in anderen Bereichen auf. Die Manager von General Motors müssen stolz gewesen sein, als Drucker die historischen Leistungen des Unternehmens in den höchsten Tönen lobte und über Donaldson Brown, Charles Wilson und Mr. Sloan erzählte.

Natürlich hatte Drucker auch Vorstellungen über die Zukunft von General Motors und wurde daher von Barabba gebeten, sich zu einem wichtigen internen Strategiepapier zu äußern. »Wir haben sehr viel von ihm gelernt«, sagt Barabba. »Die Tiefe seines Wissens ist einfach umwerfend.« Inzwischen holt General Motors regelmäßig Druckers Meinung zu neuen Ideen ein. Nach einer langen Unterbrechung ist er zu dem Unternehmen zurückgekehrt, dem er seine Karriere verdankt.

Peter Drucker bezeichnet die Entstehung der großen Pastoralkirche – der christlichen Bewegungen, die ohne festen Kirchensitz festivalähnliche Messen im Freien oder im Fernsehen veranstalten – als »das bedeutendste gesellschaftliche Ereignis im heutigen Amerika«. Er ist ihr geistiger Vater. Seit Jahren ist er durch die Vermittlung von Bob Buford für sie als Lehrer tätig. Buford ist ein erfolgreicher Fernsehmanager in Dallas und Gründer des Leadership Network. »Sein Leadership Network«, schreibt Drucker in seinem Vorwort zu Bufords 1994 erschienenem Buch *Half Time: Changing Your Game Plan from Success to Significance*, »hat als Katalysator bewirkt, daß die großen Pastoralkirchen effektiver arbeiten, daß sie ihre Hauptprobleme erkennen, daß sie ihren Fortbestand sichern können (wie dies keine Pastoralkirche vor ihr konnte) und daß sie sich auf ihre Mission als Apostel, Zeugen und zentrale Gemeinschaftsdienste konzentrieren.« Der bescheidene Buford sagt: »Ich bin die Beine zu seinem Gehirn.«

Vincent Barabba weist darauf hin, daß Drucker den Nutzen von Größe zu schätzen weiß. »Es gibt Dinge, die eine Maus nicht kann, aber ein Elefant schon«, sagt er. Durch ihre Größe – bis zu 10 000 Mitglieder pro Institution – kann die Megakirche soziale Dienste aller Art leisten. Die große Pastoralkirche haucht der von der Säure der Moderne angefressenen amerikanischen Gemeinschaft neues

Leben ein und verwirklicht damit Peter Druckers Traum einer neuen Gesellschaftsform, die nicht auf Anpassung, sondern auf Engagement beruht.

1981 besuchte Frances Hesselbein, National Executive Director der Girl Scouts, ein Diner in New York, zu dem Drucker als Redner geladen war. Sie kam zu früh und befand sich allein in dem großen Saal. Dann bemerkte sie jemanden hinter sich und drehte sich um. »Ich bin Pie-tah Druhker«, sagte er und streckte ihr die Hand entgegen.

Es war der Anfang einer fruchtbaren Zusammenarbeit, in deren Rahmen Drucker einen oder zwei Tage im Jahr den Pfadfinderinnen widmete. »Er half uns, unsere Mission neu zu definieren«, erklärt Hesselbein, »und vor allem, die Zahl der Mitglieder aus Minderheiten zu erhöhen.«

1990 beschlossen Hesselbein, Buford und einige andere Drucker-Schützlinge, dem Wissen Druckers den Rahmen einer Institution zu geben, damit auch andere gemeinnützige Organisationen von dieser einzigartigen Ressource profitieren konnten. Die Drucker Foundation sollte eine Anomalie werden – eine Stiftung, die keine Gelder spendet, sondern als Wissensbank für gemeinnützige Organisationen dient. Hesselbein und Buford legten Drucker ihren Plan zur Fortführung und Erinnerung seines Werks vor. Bei anderen Menschen seines Alters wäre dies vielleicht ein heikles Thema gewesen, aber Drucker, der sich dessen bewußt ist, daß »Gott keinen Unternehmensberater braucht«, ist kein gewöhnlicher Mensch. »Sie werden Präsidentin«, sagte er zu Hesselbein, die gerade in den Ruhestand gegangen war, »sonst funktioniert es nicht.« Seither ist sie Präsidentin der Stiftung.

Mit zwei Jahreskonferenzen, mit Büchern und Kassetten und der Vierteljahresschrift *From Leader to Leader* präsentiert die Drucker Foundation »die besten Denk- und Praxisansätze und ihre Anwendung auf den sozialen Sektor«. Drucker hat sein Honorar für *Managing the Non-Profit Organization*, bislang 250000 Dollar, in voller Höhe der Drucker Foundation gespendet, die jährlich einen mit 25 000 Dollar dotierten Drucker-Preis für Innovation in gemeinnützigen Organisationen vergibt. 1996 bewarben sich 293 Programme. Die Wahl fiel auf das Programm Second Family der Lutheran Church of Illinois. Es hilft AIDS-kranken Eltern, vor ihrem Tod ihre Kinder bei anderen Familien unterzubringen. Wenn eine Unterbringung bei einer Großfamilie nicht möglich ist, erlaubt es den leiblichen Eltern, aus einer Gruppe potentieller Adoptiveltern auszuwählen, die durch Schulungen darauf vorbereitet sind, »sich um die besonderen geistigen und körperlichen Bedürfnisse von Kindern in einer solchen Situation zu kümmern«. Diese Kinder werden immer etwas von Peter Drucker in sich tragen.

Am Neujahrstag 1950 fuhr Peter mit seinem Vater Adolph zu Besuch zu Joseph Schumpeter. Dieser befand sich im letzten Jahr seiner Lehrtätigkeit in Harvard, und sein Gesundheitszustand hatte sich rapide verschlechtert. (Acht Tage später starb er.) Schumpeter und Adolph Drucker ergingen sich in Erinnerungen an ihre Jugendzeit im Wien der verschwundenen Vorkriegszeit. Gespräche dieser Art hatten den jungen Peter Drucker zu seiner langen Reise angetrieben, die zu einem sehr erfüllten Leben geführt hatte. Die Unterhaltung nahm eine ernsthaftere Wendung, als Schumpeter auf eine Frage von Adolph antwortete: »Weißt du, Adolph, ich habe jetzt ein Alter erreicht, in dem ich weiß, daß es nicht reicht, wenn sich die Menschen an meine Bücher und Theorien erinnern. Man erzielt keine Wirkung, wenn es keine Wirkung auf das Leben der Menschen ist.« Drucker hat »diese Unterhaltung nie vergessen«. Sie wurde zum Maßstab seiner Arbeit und Leistung.

DANKSAGUNG

Mein hauptsächlicher Dank gilt Peter Drucker, der sich bereit erklärt hat, für dieses geistige Porträt Modell zu stehen, die Fragen eines Grünschnabels mit geduldigem Takt zu beantworten und das Manuskript auf seine sachliche Richtigkeit zu prüfen. Es sagt sehr viel über Mr. Druckers Charakter, daß die einzige von ihm angeregte inhaltliche Verbesserung die Genauigkeit statistischer Daten betraf – über meine Beurteilung seines Werks, und sei sie noch so kritisch, verlor er hingegen kein Wort. Peter und Doris Drucker haben sich trotz zahlreicher Verpflichtungen – Doris ist Unternehmerin, die ein neues Produkt auf den Markt bringen will, und Autorin eleganter und witziger Memoiren mit dem Titel »Invent Radium or I'll Pull Your Hair« – Zeit für mich genommen und mich mit großer Gastfreundlichkeit empfangen. Dafür bin ich ihnen sehr dankbar.

Dank schulde ich auch William Whitworth, dem Chefredakteur des *Atlantic Monthly*, für den ich arbeite. Ohne seine Hilfe hätte ich dieses Buch nicht schreiben können. Dank auch an meine Kollegen Cullen Murphy, Martha Spaulding, Barbara Wallraff, Corby Kummer und Michael Curtis dafür, daß sie viele meiner *Atlantic*-Pflichten mitübernommen haben.

Ein herzliches Dankeschön auch an Bob Buford, Don und Carol Mitchell, Bill Johnston, Rand Castile, Charles Ellis, Frances Hesselbein, Vincent Barabba, Michael Mufson und Charles Magraw. Matthew Dalleck nahm sich Zeit für Recherchen zu meinem Buch, obwohl er selbst gerade an einem Buch über die Ursprünge des modernen politischen Wahlkampfs arbeitet. Auch Chris Berdick, ein Praktikant beim *Atlantic Monthly*, half mir. Vielen Dank, Matt und Chris.

Besonderen Dank an meinen Agenten Rafe Sagalyn, dessen Glaube an dieses Projekt das Buch auf den Weg brachte, und an Bruce Nichols, meinen Lektor bei Free Press, dessen professionelles Urteilsvermögen es ermöglichte.

Meine Schwester Joan R. Bond verstarb plötzlich, als ich an dem Buch arbeitete. Sie war eine begeisterte und begabte Lehrerin, eine witzige und lebhafte Persönlichkeit, eine liebende Mutter und Großmutter. Sie wird von allen, die sie liebten, schmerzlich vermißt.

Mein Sohn Aaron hat seinen vielbeschäftigten Vater geduldig ertragen. Ich widme dieses Buch meiner Frau Lois, der ich alles verdanke.

Jack Beatty
21. August 1997

ANMERKUNGEN

Kapitel 1. Eine außergewöhnliche Erziehung

1 Drucker, *Die Chance des Unternehmers* (*The Frontiers of Management*, S. 15-16); Interview mit Drucker im April 1995; Brief von Drucker vom 19. März 1997.

2 Drucker, *Zaungast der Zeit* (*Adventures of a Bystander*, S. 35).

3 Ebd., S. 35.

4 James O' Toole, Besprechung von *The Leader of the Future*, hrsg. von Drucker, ASAP Conference Board 1996.

5 Ebd., S. 5; Drucker, *Landmarks of Tomorrow*, S. 269.

6 Die »Hoover-Mission« stammt aus einem persönlichen Brief Druckers an den Autor vom 27. August 1996; *Zaungast der Zeit* (*Adventures of a Bystander*, S. 3); Interview mit Drucker, Dezember 1995; Drucker, *Umbruch im Management: Was kommt nach dem Reengineering?* (*Managing in a Time of Great Change*, S. 344-345); zu »Großmutter« vgl. »The Memoirs of a Renaissance Man« in *Business Week*, 19. März 1997, S. 10.

7 Drucker, *Zaungast der Zeit* (*Adventures of a Bystander*, S. 89, 91).

8 Drucker, *Landmarks of Tomorrow*, S. 203; Drucker, *Umbruch im Management: Was kommt nach dem Reengineering* (*Managing in a Time of Great Change*, S. 220); Drucker, *Zaungast der Zeit* (*Adventures of a Bystander*, S. 53-54 und S. 101); zu »Gustav« vgl. John J. Tarrant, *Drucker: The Man Who Invented Corporate Society*, S. 101.

9 Drucker, *Drucker on Asia*, S. 105; Robert Lenzner und Stephan S. Johnson, »Seeing Things As They Really Are« in *Forbes*, März 1997; Drucker, *The Practice of Management*, S. 46; »Peter Drucker, Salvationist« in *The Economist*, Herbst 1997, S. 83; Drucker *Neue Realitäten* (*The New Realities*, S. 136).

10 Drucker, *Zaungast der Zeit* (*Adventures of a Bystander*, S. 68).

11 Ebd., S. 65, 62, 66.

12 Drucker, *Zaungast der Zeit* (*Adventures of a Bystander* S. 72, 24, 75); »The

Invention of Management« in *Directors & Boards*, Winter 1982, S. 14-21 (Warren Bennis interviewt Peter Drucker).

13 Drucker, *Weltwirtschaftswende: Tendenzen für die Zukunft* (*The Age of Discontinuity*, S. 360); Drucker, *The New Society*, S. 189; zur »Verdienstgesellschaft der Mandarine« vgl. Drucker, *Neue Realitäten* (*The New Realities*, S. 244); *Umbruch im Management: Was kommt nach dem Reengineering?* (*Managing in a Time of Great Change*, S. 8).

14 Drucker, *Zaungast der Zeit* (*Adventures of a Bystander*, S. 70); Drucker, *Landmarks of Tomorrow*, S. 148; Brief von Drucker an den Autor vom 28. August 1996.

15 Drucker, *Managing the Non-Profit Organization*, S. 201, 202.

16 Drucker, *Zaungast der Zeit* (*Adventures of a Bystander*, S. 15); Elizabeth Barker, *Austria: 1918-1972*, S. 4; A. J. P. Taylor, *From Napoleon to the Second International*, S. 388-389; Drucker, *Zaungast der Zeit* (*Adventures of a Bystander*, S. 105-107).

17 Drucker, *Drucker on Asia*, S. 102; Drucker, *Innovations-Management für Wirtschaft und Politik* (*Innovation and Entrepreneurship*, S. 46); Brief von Drucker an den Autor vom 28. August 1996.

18 Drucker, *Drucker on Asia*, S. 102, 104, 105.

19 Drucker, *Zaungast der Zeit* (*Adventures of a Bystander*, S. 123); Drucker, *The Ecological Vision*, S. 451.

20 Brief von Drucker an den Autor vom 28. August 1996; Interview des Autors mit Drucker in Claremont, Kalifornien, im November 1996; Drucker, *Drucker on Asia*, S. 106.

21 Interview des Autors mit Drucker in Claremont, Kalifornien, im Dezember 1995; Drucker, *Drucker on Asia*, S. 106; *Forbes*, März 1997; Drucker, *Managing the Non-Profit Organization*, S. 224; Drucker, »My Life as a Knowledge Worker« in *B. H. Business Book*, Februar 1997, S. 76-82.

22 Drucker, *Landmarks of Tomorrow*, S. 141-142; Drucker, *Die Chance des Unternehmers* (*The Frontiers of Management*, S. 227).

23 Brief von Drucker an den Autor vom 28. August 1996; Berthold Freyberg, »The Genesis of Drucker's Thought« in Tony Bonaparte und John E. Flaherty (Hrsg.), *Peter Drucker: Contributions to Business Enterprise*, S. 18.

24 Drucker, *The Ecological Vision*, S. 442.

25 Drucker, *Zaungast der Zeit* (*Adventures of a Bystander*, S. 160-161).

26 Drucker, *The End of Economic Man*, S. 13, 14, 23.

27 Drucker, *Zaungast der Zeit* (*Adventures of a Bystander*, S. 162).

28 Doris Drucker, »Invent Radium or I'll Pull Your Hair«, Memoiren, die 1998 in *Atlantic Monthly* veröffentlicht werden.

29 Drucker, *Zaungast der Zeit* (*Adventures of a Bystander*, S. 25).

30 Brief von Drucker an den Autor vom 28. August 1996; Drucker, *Zaungast der Zeit* (*Adventures of a Bystander*, S. 187).

31 Drucker, *The Ecological Vision*, S. 75-76; Drucker, *Die Chance des Unternehmers* (*The Frontiers of Management*, S. 14); »An Interview with Peter

Drucker« in Tony Bonaparte und John E. Flaherty (Hrsg.), *Peter Drucker: Contributions to Business Enterprise*, S. 324.

32 »Die Zukunft lösen« aus Drucker, *The Future of Industrial Man*, S. 181; B. Alterlund, »Peter F. Drucker« in *Wilson Library Bulletin*, Januar 1943, S. 368; Brief von Drucker an den Autor vom 28. August 1996.

Kapitel 2. »Ich schreibe«

1 Drucker, *The Ecological Vision*, S. 441; »fünf oder sechs«: Telefoninterview des Autors mit Drucker im Dezember 1997.

2 Der Überblick über Druckers Schaffen stammt aus einem Brief Druckers an den Autor vom 14. April 1997; »Ich schreibe« aus Drucker, *The Ecological Vision*, S. 441.

3 Zu Druckers Freizeit: Drucker, *Die Chance des Unternehmers* (*The Frontiers of Management*, S. 12).

4 Drucker, *Die ideale Führungskraft* (*The Effective Executive*, S. 25); John J. Tarrant, *The Man Who Invented Corporate Society*, S. 131.

5 Drucker, *The Ecological Vision*, S. 456.

6 Drucker, *The Practice of Management*, S. 193; zu Watson vgl. »IBM's Watson: Vision for Tomorrow« in Drucker, *Die Chance des Unternehmers* (*The Frontiers of Management*, S. 275).

7 Epitheta aus Drucker, *Weltwirtschaftswende: Tendenzen für die Zukunft* (*The Age of Discontinuity*, S. 192); Drucker, *Neue Realitäten* (*The New Realities*, S. 245); Drucker, *Landmarks of Tomorrow*, S. 93 und 156; Drucker, *Zaungast der Zeit* (*Adventures of a Bystander*, S. 249); Drucker, *The Ecological Vision*, S. 62; Drucker, *Neue Management-Praxis* (*Management: Tasks, Responsibilities, Practices*, S. 717); Drucker, *The Practice of Management*, S. 389.

8 Alan M. Kantrow, »Why Read Peter Drucker?« in *Harvard Business Review*, Januar-Februar 1980, S. 75; zu »Bauern« vgl. »Drucker's Supreme Folly« in *Los Angeles Times*, im Abschnitt Letters to the Editor, Business, 8. November 1987; zu »Einsichten« vgl. Drucker, *Neue Realitäten* (*The New Realities*, S. 264).

9 Drucker, *Umbruch im Management: Was kommt nach dem Reengineering?* (*Managing in a Time of Great Change*, S. 259).

10 Drucker, *The End of Economic Man*, S. 218.

11 Drucker, *Die Zukunft managen* (*Managing for the Future*, S. 208).

12 »Kein einziger« bzw. »niemand« aus Drucker, *The End of Economic Man*, S. 227 bzw. 142; »jede Stadtverwaltung« aus Drucker, *The New Society*, S. XII.

13 Drucker, *Die Zukunft managen* (*Managing for the Future*, S. 281); ebd., S. 265; Drucker, *Umbruch im Management: Was kommt nach dem Reengineering?* (*Managing in a Time of Great Change*, S. 45); »Drei populäre Erklärungen« aus Drucker, *Neue Management-Praxis* (*Management: Tasks, Responsibilities,*

Practices, S. 137); ebd., S. 694; Drucker, *Umbruch im Management: Was kommt nach dem Reengineering?* (*Managing in a Time of Great Change*, S. 257); Drucker, *Neue Management-Praxis* (*Management: Tasks, Responsibilities, Practices*, S. 568).

14 Drucker, *The Future of Industrial Man*, S. 88; Drucker, *Umbruch im Management: Was kommt nach dem Reengineering?* (*Managing in a Time of Great Change*, S. 89); Drucker, *Neue Realitäten* (*The New Realities*, S. 100); Drucker, *Future of Industrial Man*, S. 90.

15 Drucker, *Neue Management-Praxis* (*Management: Tasks, Responsibilities, Practices*, S. 280, 327, 369, 416, 476, 479).

16 Drucker, *Weltwirtschaftswende: Tendenzen für die Zukunft* (*The Age of Discontinuity*, S. 83).

17 John J. Tarrant, *Drucker: The Man Who Invented Corporate Society*, S. 157.

18 Drucker, *Die postkapitalistische Gesellschaft* (*Post-Capitalist Society*, S. 184).

19 John J. Tarrant, *Drucker: The Man Who Invented Corporate Society*, S. 197; Drucker, *Neue Realitäten* (*The New Realities*, S. 61); Drucker, *The Ecological Vision*, S. 449; ebd., S. 317; ebd., S. 361; ebd., S. 361; Drucker, *Landmarks of Tomorrow*, S. IX; Drucker, *The Ecological Vision*, S. 447; Drucker, *Landmarks of Tomorrow*, S. 4; Drucker, *Weltwirtschaftswende: Tendenzen für die Zukunft* (*The Age of Discontinuity*, S. X).

20 Alan M. Kantrow, »Why Read Peter Drucker?« in *Harvard Business Review*, Januar-Februar 1980, S. 76-77, 79; zu »nie etwas aus einem Buch gelernt« vgl. das Interview von Warren Bennis mit Drucker, »The Invention of Management« in *Directors & Boards*, Winter 1982, S. 15.

21 Drucker, *Die Chance des Unternehmers* (*The Frontiers of Management*, S. X).

Kapitel 3. Auf der Suche nach der neuen Gesellschaft

1 Drucker, *Zaungast der Zeit* (*Adventures of a Bystander*, S. 256, 308); zu »gescheitert« vgl. Druckers Nachwort zu *The Concept of the Corporation*, S. 305, in der auch das Thema Japan zur Sprache kommt.

2 Drucker, *The End of Economic Man*, S. IX, XXXVI.

3 Ebd., S. 7, 24, 25.

4 Drucker, *The Future of Industrial Man*, S. 47; Drucker, *The End of Economic Man*, S. 40, 50.

5 Drucker, *The Future of Industrial Man*, S. 25, 35; Drucker, *Zaungast der Zeit* (*Adventures of a Bystander*, S. 113).

6 »Germanicus«, *Germany – The Last Four Years*, S. 6, 27.

7 »Mugwump« aus einem Brief Druckers an den Autor vom 24. April 1997; zu »Bagehot« vgl. Drucker, *The Ecological Vision*, S. 442; Drucker, *Landmarks of Tomorrow*, S. 178; Drucker, »The Age of Social Transformation« in *Atlantic Monthly*, Dezember 1994.

8 Drucker, »Political Correctness and American Academe« in *Society*, November/Dezember 1994, S. 60.

9 Interview von Warren Bennis mit Drucker in *Directors & Boards*, Winter 1982, S. 14-21.

10 Interview des Autors mit Drucker im Dezember 1995.

11 Drucker, *The Future of Industrial Man*, S. 11, 95, 90.

12 Zu Barzun vgl. Umschlag von Drucker, *The Future of Industrial Man*; zu Hazlitt vgl. *The Yale Review*, Winter 1943, S. 380-382.

13 Drucker, *The End of Economic Man*, S. XXXVII; Drucker, *The Future of Industrial Man*, S. 23, 13.

14 Drucker, *The End of Economic Man*, S. 17, 236.

15 Drucker, *The Future of Industrial Man*, S. 10, 30, 32.

16 Ebd., S. 30.

17 Zu »Würde und Erfüllung« vgl. Drucker, *The Concept of the Corporation*, S. 140; zu Camus vgl. Drucker, *The Future of Industrial Man*, S. 34, 29, 60, 85, 95, 103; zu Marx vgl. C. Wright Mills (Hrsg.), *Images of Man: The Classical Tradition in Sociological Thinking*, S. 498; Drucker, *The Future of Industrial Man*, S. 498; ebd., S. 64.

18 Zu »Rechtfertigung durch Leistung« vgl. Drucker, *Weltwirtschaftswende: Tendenzen für die Zukunft* (*The Age of Discontinuity*, S. 211, 204); zu Beispielen vgl. Drucker, *The Concept of the Corporation*, S. 157; zu »Dosenöffnern« vgl. Drucker, *The New Society*, S. 181.

Kapitel 4. Bei General Motors

1 Interview von Warren Bennis mit Drucker, in »The Invention of Management« in *Directors & Boards*, Winter 1982, S. 17; Drucker, *Die Chance des Unternehmers* (*The Frontiers of Management*, S. 10).

2 Interview von Warren Bennis mit Drucker, »The Invention of Management« in *Directors & Boards*, Winter 1982, S. 17.

3 Zu politologischer Forschung vgl. Drucker, *Zaungast der Zeit* (*Adventures of a Bystander*, S. 257); zu Lewis Jones und zur New York Public Library vgl. Interview von Warren Bennis mit Drucker, »The Invention of Management« in *Directors & Boards*, Winter 1982, S. 20.

4 Zu Donaldson Brown vgl. ebd., S. 20-21; zu »ein Mann« vgl. Drucker, *The Concept of the Corporation*, S. 61; zu »gewaltsam« vgl. Nelson Lichtenstein, *The Most Dangerous Man in Detroit*, S. 78; zu »Gewerkschaftsspionen« vgl. Frances Fox Piven und Richard A. Cloward, *Poor People's Movements*, S. 135.

5 Druckers Darstellung von Alfred P. Sloan in *Fortune*, 23. April 1990.

6 Drucker, *Zaungast der Zeit* (*Adventures of a Bystander*, S. 279); Drucker, *Die ideale Führungskraft* (*The Effective Executive*, S. 135).

7 Drucker, *Zaungast der Zeit* (*Adventures of a Bystander*, S. 287).

8 Ebd., S. 280-281.

9 Drucker, *The Concept of the Corporation*, S. 46, 88, 71, 12, 222.

10 Zum Streik vgl. Drucker, *The Concept of the Corporation*, S. 199; zu Reuther vgl. Nelson Lichtenstein, *The Most Dangerous Man in Detroit*, S. 105.

11 John Micklethwait und Adrian Wooldridge, *The Witch Doctors*, S. 69.

12 Zu »95 Prozent« vgl. Drucker, *The Concept of the Corporation*, S. 56, 57; zu »Mittagessen« vgl. Drucker, *Zaungast der Zeit* (*Adventures of a Bystander*, S. 266).

13 Zu »Outsourcing« vgl. Drucker, *Die Zukunft managen* (*Managing for the Future*, Kapitel 36 und S. 275-279); Krankenhausbeispiel aus einem Gespräch Druckers mit dem Autor im Dezember 1995; zu »Chancen« vgl. Drucker, *Die postkapitalistische Gesellschaft* (*Post-Capitalist Society*, S. 95).

14 Die »Autoantennenfabrik« fiel in einem Gespräch des Autors mit Drucker.

15 Vgl. Drucker, *The Concept of the Corporation*, S. 142, 143, 147-148, 155; zu »Massenproduktion« vgl. Brief von Drucker an den Autor vom 14. Mai 1997.

16 Zu Coyle vgl. Drucker, *Zaungast der Zeit* (*Adventures of a Bystander*, S. 294); zu Sloan vgl. ebd., S. 288; zu Sloans Gespräch mit Drucker vgl. Drucker, *The Concept of the Corporation*, S. 307; zu »Ford« vgl. Interview von Warren Bennis mit Drucker, »The Invention of Management« in *Directors & Boards*, Winter 1982, S. 17.

17 Drucker, *The Concept of the Corporation*, S. 294-296.

18 Zu »Offenlegung« vgl. Nelson Lichtenstein, *The Most Dangerous Man in Detroit*, S. 234.

19 Drucker, *The Concept of the Corporation*, S. 300.

20 Ebd., S. 301-303; zu »Löhnen« vgl. Nelson Lichtenstein, *The Most Dangerous Man in Detroit*, S. 176; zu Heath vgl. James T. Patterson, *Grand Expectations*, S. 61.

21 Zu »Los Angeles« vgl. den General-Motors-Artikel im *Wall Street Journal* vom 27. März 1997; zu den verbitterten Arbeitern vgl. Ruth Milkman, *Farewell to the Factory: Auto Workers in the Late Twentieth Century*, S. 27, 110; zu Wilson-Drucker vgl. Drucker, *The Concept of the Corporation*, S. 319; zu »365 Millionen« vgl. Artikel im *Wall Street Journal*.

22 Drucker, *The Concept of the Corporation*, S. 302.

23 Ebd., S. 194.

24 Zu Japan vgl. Drucker, *Drucker on Asia*, S. 149.

25 Zu »brasilianischen Stahlarbeitern« vgl. William Greider, *One World: Ready or Not*, S. 64.

26 Karl Polanyi, *The Great Transformation*, vgl. »Danksagung«; Drucker, *Zaungast der Zeit* (*Adventures of a Bystander*, S. 140).

27 Ebd., vgl. Kapitel über die Polanyis.

Kapitel 5. Die Grundstörung des 20. Jahrhunderts

1 Drucker, *The Concept of the Corporation*, S. XIII.
2 Drucker, *The New Society*, S. XVI.
3 Daniel Bell, *The End of Ideology*, in dem Aufsatz »Work and its Discontents«, S. 233.
4 Interview des Autors mit Drucker im Dezember 1996 in Claremont, Kalifornien.
5 Drucker, *The New Society*, S. XI.
6 Zu 1914 vgl. Daniel Bell, *The End of Ideology*, S. 235; zu »allgemeines Prinzip« vgl. Drucker, *The New Society*, S. 3; zu Huxley vgl. Bell, *The End of Ideology*, S. 250.
7 Drucker, *Neue Realitäten* (*The New Realities*, S. 78-79); Drucker, *The New Society*, S. 22.
8 Ebd., S. 5.
9 Drucker, *The Concept of the Corporation*, S. 266.
10 Drucker, *The New Society*, S. 271.
11 Ebd., S. 16.
12 Ebd., S. 19.
13 Ebd., S. 28.
14 Ebd., S. 31, 36.
15 Ebd., S. 41.
16 Ebd.; zu »Bürger« vgl. S. 49; zu »Haltung eines Managers« vgl. S. 158; zu »Anreizen« vgl. S. 49.
17 Tom Frank, »Not So Fast«, in *The Boston Phoenix*, 6. September 1996, S. 23; zitiert nach *New York Times*.
18 Drucker, *The New Society*, S. 164; zu »falschem Job« vgl. Drucker, *Neue Management-Praxis* (*Management: Tasks, Responsibilities, Practices*, S. 285); zu »Manipulation« vgl. ebd., S. 424-425.
19 Drucker, *The New Society*, S. 71; zu »Verantwortlichkeit« vgl. Brief Druckers an den Autor vom Juni 1997.
20 Drucker, *The New Society*, S. 76.
21 Ebd., S. 79; zum »Kleingedruckten« vgl. S. 238.
22 Ebd., S. 93; Drucker, »The Delusion of Profits« in Drucker, *The Ecological Vision*, S. 101, 104; zu »Forbes« vgl. *Forbes*, 10. März 1997, S. 124.
23 Drucker, *The New Society*.
24 John J. Sweeney, *America Needs a Raise*, S. 40; Umfrage von *Business Week*, zitiert vom Kongreßabgeordneten David Bonior bei einer Rede vor dem Repräsentantenhaus, laut Berichterstattung von C-Span vom 29. April 1997; zu Max De Pree vgl. Jacqueline Mitchell, »Herman Miller Links Worker-CEO Pay« in *Wall Street Journal*, 7. Mai 1992, Sektion B, 1:4; zu J.P. Morgan vgl. »A Cantankerous Interview with Peter Drucker« in *Wired*, August 1996, S. 120.

25 Ebd.

26 Drucker, *The New Society*, S. 95; zu »Kapitalrendite« vgl. Lawrence Mishel, »Capital's Gain«, in *The American Prospect* 33, Juli-August 1997, S. 71, 73.

27 Zu »Packer« vgl. Drucker, *The New Society*, S. 180-181.

28 Drucker, *The Concept of the Corporation*, S. 207.

29 Robert L. Heilbroner, »When Tomorrow Comes« in *New York Times Book Review*, 24. März 1957.

30 Drucker, *America's Next Twenty Years*, S. 3.

31 Robert L. Heilbroner, »When Tomorrow Comes« in *New York Times Book Review*, 24. März 1957.

32 Drucker, *America's Next Twenty Years*, S. 28.

33 Ebd., S. 18-19.

34 Ebd., S. 28-29.

35 Manuel Castells, *The Rise of the Network Society*, S. 257, 273, 272.

36 Robert L. Heilbroner, »When Tomorrow Comes« in *New York Times Book Review*, 24. März 1957.

37 Drucker, *America's Next Twenty Years*, S. 113.

38 Ebd., S. 12; zu Thurow vgl. Louis Uchitelle, »Like Oil and Water: A Tale of Two Economists« in *New York Times*, Business Section, 16. Februar 1997, S. 1; zu Löhnen und Produktivität vgl. John J. Sweeney, *America Needs a Raise*, S. 37.

39 Drucker, *America's Next Twenty Years*, S. 62.

40 Ebd., S. 102-103.

41 Drucker, »The Age of Social Transformation« in *Atlantic Monthly*, November 1994, S. 55.

42 E. J. Dionne, *They Only Look Dead*, S. 312.

43 Drucker, *Landmarks of Tomorrow*, S. XVI.

44 Ebd.

45 Drucker, *The New Society*, S. 328, 331; zu »Kommunismus« vgl. S. 248; zu »Militarisierung« vgl. S. 222; zu »der erste Schritt« vgl. S. 262.

46 Drucker, *Landmarks of Tomorrow*, S. XV, XVI.

47 Ebd., S. 4, 5.

48 Ebd., S. 22-23.

49 Ebd., S. 68, 105.

50 Ebd., S. 115.

51 Ebd., S. 121.

52 Drucker, *Landmarks of Tomorrow*, S. 265.

53 Drucker, *The Ecological Vision*, S. 425.

54 Ebd., S. 434.

55 Ebd., S. 437.

Kapitel 6. Die Erfindung des Managements

1 Interview von Warren Bennis mit Drucker, »The Invention of Management« in *Directors & Boards*, Winter 1982, S. 17.
2 Zu »Wurzeln des Managements« vgl. Drucker, *The Ecological Vision*, S. 153; Alfred D. Chandler, Jr., *The Visible Hand*, S. 43.
3 Ebd., S. 204.
4 Drucker, *The Practice of Management*, S. IX.
5 Ebd., S. XI.
6 Alexander R. Heron, »Institutional Bosses« in *Saturday Review* 38, 22. Januar 1955, S. 56; »Study of a Costly Resource« in *Business Week*, 18. Dezember 1954, S. 70; Drucker, *Die Chance des Unternehmers* (*The Frontiers of Management*, S. 9).
7 Drucker, *The Practice of Management*, S. 3.
8 Ebd., S. 3, 4, 12, 34.
9 Ebd., S. 146, 341, 349.
10 Alan M. Kantrow, »Why Read Peter Drucker?« in *Harvard Business Review*, Januar-Februar 1980, S. 81; zu »dunklen Kräften« vgl. Drucker, *Weltwirtschaftswende: Tendenzen für die Zukunft* (*The Age of Discontinuity*, S. XXIV).
11 Drucker, *The Practice of Management*, S. 6.
12 Ebd., S. 7.
13 Ebd., S. 12.
14 Ebd., S. 37; zu »sich bewegender Teil« vgl. »Drucker and the Art of Studied Simplicity« in *Financial Times*, S. 12.
15 Drucker, *The Practice of Management*, S. 382.
16 Ebd., S. 383; Drucker, *The Ecological Vision*, S. 389; Drucker, *Neue Management-Praxis* (*Management: Tasks, Responsibilities, Practices*, S. 40).
17 Drucker, *The Practice of Management*, S. 392.
18 *American Banker*, 28. Dezember 1979; Drucker, *The Practice of Management*, S. 49, 50.
19 Ebd., S. 49.
20 Ebd., S. 50, 115.
21 Ebd., S. 51.
22 Interview des Autors mit Drucker im Dezember 1995.
23 Drucker, *The Practice of Management*, S. 114, 116, 117.
24 Zu »gängige Theorie« vgl. »Management Theorists: Peter Drucker, Salvationist« in *The Economist*, 1. Oktober 1994, S. 83; Drucker, *The Practice of Management*, S. 114; zu Tarrant vgl. John J. Tarrant, *Drucker: The Man Who Invented Corporate Society*, S. 77; Drucker, *Neue Management-Praxis* (*Management: Tasks, Responsibilities, Practices*, S. 384); Drucker, *The Practice of Management*, S. 141.

25 Zu Deming vgl. Andrea Gabor, *The Man Who Discovered Quality*, S. 21-22; John J. Tarrant, *Drucker: The Man Who Invented Corporate Society*, S. 157, 147.

26 Drucker, *The Practice of Management*, S. 144.

27 Ebd., S. 261.

28 Ebd., S. 264.

29 Ebd., S. 265; Drucker, *Die ideale Führungskraft* (*The Effective Executive*, S. 174); Drucker, *Neue Management-Praxis* (*Management: Tasks, Responsibilities, Practices*, S. 421).

30 Drucker, *The Practice of Management*, S. 269.

31 Ebd., S. 272.

32 Ebd., S. 278, 279; Daniel Bell, *The End of Ideology*, S. 251.

33 Ebd., S. 232.

34 Drucker, *The Practice of Management*, S. 281; Drucker, *Die postkapitalistische Gesellschaft* (*Post-Capitalist Society*, S. 33, 35, 292); Drucker, *The Practice of Management*, S. 284.

35 Ebd., S. 293.

36 Ebd., S. 293.

37 Drucker, *Neue Management-Praxis* (*Management: Tasks, Responsibilities, Practices*, S. 269); Abraham H. Maslow, *Eupsychian Management*, S. 27.

38 Richard H. Pells, *The Liberal Mind in a Conservative Age*, S. 187; William H. Whyte, *The Organization Man*, S. 235.

39 Drucker, *Die ideale Führungskraft* (*The Effective Executive*, S. 75); Drucker, *Neue Management-Praxis* (*Management: Tasks, Responsibilities, Practices*, S. 433).

40 Emile Durkheim, »On Anomie« in Mills, C. Wright (Hrsg.), *Images of Man: The Classical Tradition in Sociological Thinking*, S. 477; Drucker, *The Practice of Management*, S. 267.

41 Drucker, *Managing for Results*, S. VII.

42 Ebd., S. 5, 6, 7.

43 Ebd., S. 63, 66; Interview des Autors mit Glen Urban, dem Dekan der Sloan School of Management am Massachusetts Institute of Technology; David J. Collis und Cynthia Montgomery, *Corporate Strategy*, S. 17.

44 Drucker, *Die ideale Führungskraft* (*The Effective Executive*, S. 44).

45 Ebd., S. 1.

46 Ebd., S. 23-24.

47 Drucker, *Die ideale Führungskraft* (*The Effective Executive*, S. 9. 25).

48 Ebd., S. 52.

49 Ebd., S. 24, 75.

50 Ebd., S. 24, 108, 109.

51 Zu »Jazz« vgl. »A Cantankerous Interview with Peter Drucker« in *Wired*, August 1996, S. 119; Drucker, *Die ideale Führungskraft* (*The Effective Executive*, S. 52, 159); zum Interview im nächsten Absatz vgl. Drucker, *Umbruch im Management: Was kommt nach dem Reengineering?* (*Managing in a Time of*

Great Change, S. 351); zu Sloan vgl. seine Darstellung durch Drucker in *Forbes*, 10. März 1997, S. 125.

52 Drucker, *Neue Management-Praxis* (*Management: Tasks, Responsibilities, Practices*, S. 15, 419).

53 Ebd., S. 12, 13.

54 Ebd., S. 16.

55 Ebd., S. 9, 10, 13.

56 Ebd., S. 28.

57 Ebd., S. 176; Drucker, *Neue Realitäten* (*The New Realities*, S. 188); zu »Fabrikarbeiter« vgl. Dudley Buffa und Michael Hais, »How Knowledge Workers Vote« in *Fast Company*, Oktober-November 1996, S. 70.

58 Zu »Löhnen für männliche Beschäftigte seit 1979« vgl. Richard D. Freeman, »Toward an Apartheid Economy« in *Harvard Business Review*, September-Oktober 1996, S. 116.

59 Zu »Seifenfabrik« vgl. Drucker, *Die ideale Führungskraft* (*The Effective Executive*, S. 4); Drucker, *Neue Management-Praxis* (*Management: Tasks, Responsibilities, Practices*, S. 33).

60 Ebd., S. 407, 408, 409.

61 Ebd., S. 809, 810.

Kapitel 7. Das Zeitalter der Diskontinuität

1 Drucker, *Weltwirtschaftswende: Tendenzen für die Zukunft* (*The Age of Discontinuity*, S. XI).

2 Ebd., S. XXVII.

3 Ebd., S. 4, 10.

4 Ebd., S. 7, 2, 24.

5 Ebd., S. 29.

6 Ebd., S. XXVI.

7 Ebd., S. 36; Drucker, *Die Zukunft managen* (*Managing for the Future*, S. 19); die Dallas-Geschichte verdanke ich Dudley Hafner, dem früheren Präsidenten der American Heart Association.

8 Drucker, *Weltwirtschaftswende: Tendenzen für die Zukunft* (*The Age of Discontinuity*, S. 38).

9 Jeremy Rifkin, *The End of Work*, S. 103; zu »50 000 Dollar am Tag« vgl. Joseph B. White, »Re-Engineering Gurus Take Steps to Remodel Their Stalling Vehicles« in *Wall Street Journal*, 26. November 1996, S. 1.

10 Drucker, *Weltwirtschaftswende: Tendenzen für die Zukunft* (*The Age of Discontinuity*, S. 291, 292, 293, 295, 296).

11 Mary Harrington Hall, »A Conversation with Peter F. Drucker« in *Psychology Today*, Mai 1968, S. 71; Drucker, *Weltwirtschaftswende: Tendenzen für die Zukunft* (*The Age of Discontinuity*, S. 296).

12　Jeremy Rifkin, *The End of Work*, S. 223.

13　David Riesman, *Individualism Reconsidered*, S. 312; Daniel Bell, *The End of Ideology*, S. 258.

14　Drucker, *Die Chance des Unternehmers* (*The Frontiers of Management*, S. 5).

15　Drucker, *Weltwirtschaftswende: Tendenzen für die Zukunft* (*The Age of Discontinuity*, S. 81, 156).

16　Ebd., S. 158.

17　Ebd., S. 81.

18　Ebd., S. 101.

19　Ebd., S. 213.

20　Ebd., S. 215.

21　Ebd., S. 225.

22　Ebd., S. 226, 229, 230.

23　Ebd., S. 233; zur GI-Bill vgl. Michael J. Bennett, *When Dreams Came Through*.

24　Drucker, *Weltwirtschaftswende: Tendenzen für die Zukunft* (*The Age of Discontinuity*, S. 236).

25　Ebd., S. 241.

26　Ebd., S. 225.

27　Ebd., S. 321; Derek Bok, *The State of the Nation*, S. 425; zu »Wachstumsbranche« vgl. Interview in Drucker, *Umbruch im Management: Was kommt nach dem Reengineering?* (*Managing in a Time of Great Change*, S. 343).

28　Drucker, *Weltwirtschaftswende: Tendenzen für die Zukunft* (*The Age of Discontinuity*, S. 332).

29　Drucker, *Die Zukunft managen* (*Managing for the Future*, S. 11).

30　Drucker, *Neue Realitäten* (*The New Realities*, S. 19-23).

31　Drucker, *Die unsichtbare Revolution* (*The Pension Fund Revolution*, S. 6).

32　Drucker, *The Ecological Vision*, S. 265.

33　Drucker, *Die Chance des Unternehmers* (*The Frontiers of Management*, S. 209).

34　Ebd., S. 215.

35　Drucker, *Die unsichtbare Revolution* (*The Pension Fund Revolution*, S. 3).

36　Ebd., S. 58, 71.

37　Ebd., S. 164, 165.

38　Vgl. Jason Epstein, »Capitalism and Socialism: Declining Returns« in *New York Review of Books*, 17. Februar 1977, S. 36.

Kapitel 8. Deine Machete mußt du selbst mitbringen

1　Zu diesem Absatz vgl. »The Hostile Takeover and Its Discontents« in Drucker, *The Ecological Vision*, S. 249-271.

2　Drucker, *The Ecological Vision*, S. 251; zu »Schätzung« vgl. David J. Collis und Cynthia A. Montgomery, *Corporate Strategy*, S. 2.

3　Drucker, *The Ecological Vision*, S. 250.

4 Ebd., S. 258, 259; Drucker, *Die unsichtbare Revolution* (*The Pension Fund Revolution*, S. 213).

5 Drucker, *The Ecological Vision*, S. 260.

6 Drucker, *Die postkapitalistische Gesellschaft* (*Post-Capitalist Society*, S. 80); Drucker, *The Ecological Vision*, S. 254.

7 *Industry Week*, 18. April 1988, S. 26.

8 Drucker, *The Ecological Vision*, S. 254.

9 Drucker, *Innovations-Management für Wirtschaft und Politik* (*Innovation and Entrepreneurship*, S. VII).

10 Drucker, *Die Chance des Unternehmers* (*The Frontiers of Management*, S. 9).

11 Drucker, *Innovations-Management für Wirtschaft und Politik* (*Innovation and Entrepreneurship*, S. 2, 3).

12 Ebd., S. 24.

13 Ebd., S. 139; Drucker, *Drucker on Asia*, S. 109; zu »Manager« vgl. Drucker, *Umbruch im Management: Was kommt nach dem Reengineering?* (*Managing in a Time of Great Change*, S. 17).

14 Drucker, *The Ecological Vision*, S. 107.

15 Ebd., S. 111-113.

16 Ebd., S. 111.

17 Drucker, *Innovations-Management für Wirtschaft und Politik* (*Innovation and Entrepreneurship*, S. 1-13).

18 Manuel Castells, *The Rise of the Network Society*, S. 61.

19 Das Zitat aus dem *Wall Street Journal* stammt von einem undatierten Ausschnitt; zum Zitat aus der *New York Times* vgl. Peter T. Kilborn, »Illness Is Turning Into Financial Catastrophe«, 1. August 1997, S. A10; zu »kleinen Firmen« vgl. Robert Z. Lawrence, »Is It the Economy, Stupid?« in *Why People Don't Trust Government*, S. 118; Richard D. Freeman, »Toward an Apartheid Economy« in *Harvard Business Review*, September-Oktober 1996, S. 119-126.

20 Drucker, *The End of Economic Man*, S. 134.

21 Drucker, *Umbruch im Management: Was kommt nach dem Reengineering?* (*Managing in a Time of Great Change*, S. 236).

22 Ebd., S. 252.

23 Aus einem Interview mit Peter Drucker; »den Menschen verändern« aus Drucker, *Umbruch im Management: Was kommt nach dem Reengineering?* (*Managing in a Time of Great Change*, S. 256); Nicolaus Mills, *The Triumph of Meanness*, S. 80-83.

24 Ebd., S. 257; Drucker, »What Business Can Learn from Nonprofits« in *Harvard Business Review*, Juli/August 1989, S. 1.

25 Drucker, *Umbruch im Management: Was kommt nach dem Reengineering?* (*Managing in a Time of Great Change*, S. 228); vgl. Theda Skocpols Besprechung von Blanks Buch, »The Next Liberalism« in *Atlantic Monthly*, April 1997, S. 119.

26 Drucker, *Managing the Non-Profit Organization*, S. XIV; Drucker, *Neue Realitäten* (*The New Realities*, S. 200).

27 Peter Baida, »Doing Good Well« in *New York Times Book Review*, 28. Oktober 1990, S. 21.

28 Drucker, *Managing the Non-Profit Organization*, S. 58, 71, 120, 148, 193, 197, 277, 278.

29 Ebd., S. 19.

30 Drucker, *Die postkapitalistische Gesellschaft* (*The Post-Capitalist Society*, S. 45).

31 Ebd., S. 3, 42, 44.

32 Drucker, *Umbruch im Management: Was kommt nach dem Reengineering?* (*Managing in a Time of Great Change*, S. 236).

33 Ebd., S. 351-352.

BIBLIOGRAPHIE

Bücher von Peter Drucker
(deutsche Ausgaben, falls vorhanden, in Klammern)

Drucker, Peter, *Adventures of a Bystander*, New Jersey 1994 (Ersterscheinung 1979).
   (*Zaungast der Zeit: ungewöhnliche Erinnerungen an das 20. Jahrhundert*, Wien 1981.)
Drucker, Peter, *America's Next Twenty Years*, New York 1957.
Drucker, Peter, *Drucker on Asia*, London 1997.
Drucker, Peter, *Innovation and Entrepreneurship*, New York 1993 (Ersterscheinung 1985).
   (*Innovations-Management für Wirtschaft und Politik*, Düsseldorf 1986.)
Drucker, Peter, *Landmarks of Tomorrow: A Report on the »Post-Modern« World*, New Jersey 1996 (Ersterscheinung 1959).
Drucker, Peter, *Management: Tasks, Responsibilities, Practices*, New York 1993 (Ersterscheinung 1974).
   (*Neue Management-Praxis*, 2 Bände, Düsseldorf 1974.)
Drucker, Peter, *Managing for Results*, New York 1993 (Ersterscheinung 1964).
Drucker, Peter, *Managing for the Future: The 1990's and and Beyond*, New York 1993 (Ersterscheinung 1992).
   (*Die Zukunft managen*, Düsseldorf 1992.)
Drucker, Peter, *Managing in a Time of Great Change*, New York 1995.
   (*Umbruch im Management: Was kommt nach dem Reengineering?*, Düsseldorf 1996.)
Drucker, Peter, *Managing the Non-Profit Organization*, New York 1990.
Drucker, Peter, *Post-Capitalist Society*, New York 1993.
   (*Die postkapitalistische Gesellschaft*, Düsseldorf 1993.)

Drucker, Peter, *The Age of Discontinuity*, New Brunswick, New Jersey, 1994 (Ersterscheinung 1969).
(*Weltwirtschaftswende: Tendenzen für die Zukunft*, München 1984.)
Drucker, Peter, *The Concept of the Corporation*, New Brunswick, New Jersey, 1993 (Ersterscheinung 1945).
Drucker, Peter, *The Ecological Vision*, New Brunswick, New Jersey, 1993.
Drucker, Peter, *The Effective Executive*, New York 1985 (Ersterscheinung 1966).
(*Die ideale Führungskraft: die hohe Schule des Managers*, Düsseldorf 1995.)
Drucker, Peter, *The End of Economic Man: The Origins of Totalitarianism*, New Brunswick, New Jersey, 1995 (Ersterscheinung 1939).
Drucker, Peter, *The Frontiers of Management*, New York 1986.
(*Die Chance des Unternehmers*, Düsseldorf 1987.)
Drucker, Peter, *The Future of Industrial Man*, New Brunswick, New Jersey, 1995 (Ersterscheinung 1942).
Drucker, Peter, *The New Realities*, New York 1989.
(*Neue Realitäten*, Düsseldorf 1989.)
Drucker, Peter, *The New Society*, New Brunswick, New Jersey, 1993 (Ersterscheinung 1950).
Drucker, Peter, *The Pension Fund Revolution*, New Brunswick, New Jersey, 1996 (Ersterscheinung 1976; – Neuausgabe von *The Unseen Revolution*.)
(*Die unsichtbare Revolution: Aspekte der Alterversorgung*, München 1979.)
Drucker, Peter, *The Practice of Management*, New York 1993 (Ersterscheinung 1954).
»Germanicus«, *Germany – The Last Four Years*, Boston 1937.

Bücher von anderen Autoren und Herausgebern
(*deutsche Ausgaben, falls vorhanden, in Klammern*)

Barker, Elizabeth, *Austria: 1918-1972*, Miami 1973.
Bell, Daniel, *The End of Ideology*, New York 1962.
Bennett, Michael J., *When Dreams Came Through*, Washington 1993.
Bok, Derek, *The State of the Nation*, TK.
Bonaparte, Tony und John E. Flaherty (Hrsg.), *Peter Drucker: Contributions to Business Enterprise*, New York 1970.
Castells, Manuel, *The Rise of the Network Society*, Oxford 1996.
Chandler, Jr., Alfred D., *The Visible Hand*, New Jersey 1993.
Collis, David J., und Cynthia A. Montgomery, *Corporate Strategy*, Chicago 1997.
Dionne, E. J., *They Only Look Dead*, New York 1996.
Fox Piven, Frances und Richard A. Cloward, *Poor People's Movements*, New York 1979. (*Aufstand der Armen*, Frankfurt/Main 1986.)
Gabor, Andrea, *The Man Who Discovered Quality*, New York 1990.

Greider, William, *One World: Ready or Not*, New York 1997.

Lawrence, Robert Z., *Why People Don't Trust Government,* Cambridge, MA. 1997.

Lichtenstein, Nelson, *The Most Dangerous Man in Detroit*, New York 1995.

Maslow, Abraham H., *Eupsychian Management*, Homewood, Illinois, 1965.

Micklethwait, John und Adrian Wooldridge, *The Witch Doctors*, New York 1996.

Milkman Ruth, *Farewell to the Factory: Auto Workers in the Late Twentieth Century*, Berkeley 1997.

Mills, C. Wright (Hrsg.), *Images of Man: The Classical Tradition in Sociological Thinking*, New York 1960.

Mills, Nicolaus, *The Triumph of Meanness,* Boston 1997.

Patterson, James T., *Grand Expectations*, New York 1996.

Pells, Richard H., *The Liberal Mind in a Conservative Age*, New York.

Polanyi, Karl, *The Great Transformation*, Boston 1957.
    (*The Great Transformation: politische und ökonomische Ursprünge von Gesellschaften und Wirtschaftssystemen*, Wien 1977.)

Riesman, David, *Individualism Reconsidered*, New York 1964.

Rifkin, Jeremy, *The End of Work*, New York 1995.
    (*Das Ende der Arbeit und ihre Zukunft*, Frankfurt/New York 1995.)

Sweeney, John J., *America Needs a Raise*, New York 1996.

Tarrant, John J., *Drucker: The Man Who Invented Corporate Society*, Boston 1976.

Taylor, A. J. P., *From Napoleon to the Second International* New York, 1994.

Whyte, William H., *The Organization Man*, New York 1956.

WERKREGISTER

Bücher und Aufsätze von Peter Drucker

SACH- UND PERSONENREGISTER

Campus Wirtschaft

Stuart Crainer
Das Tom Peters Phänomen
Der Aufstieg eines Management-Gurus
1998. 371 Seiten, gebunden
DM 58,–/sFr 55,–/öS 423
ISBN 3-593-36023-3

Am Beispiel Tom Peters beschreibt Stuart Crainer das Phänomen des Management-Gurus. Er entmystifiziert die Management-Guru-Industrie und zeigt, warum Manager einer kleinen Gruppe von Leuten so viel Vertrauen und Geld schenken.

Stuart Crainer
Die ultimative Managementbibliothek
50 Bücher, die Sie kennen müssen
Vorwort und Kommentare von Gary Hamel
1998. 2. Auflage, 347 Seiten, gebunden
DM 78,–/sFr 73,–/öS 569
ISBN 3-593-35789-5

Zusammenfassungen der wichtigsten Autoren, z. B.: Warren Bennis, James Champy und Michael Hammer, Dale Carnegie, Peter F. Drucker, Henry Ford, Frederick Herzberg, Philip Kotler, Nicolo Machiavelli, Abraham Maslow, Henry Mintzberg, Kenichi Ohmae, C. Northcote Parkinson, Tom Peters und Robert Waterman, Michael Porter, Peter Senge, Adam Smith, Frederick W. Taylor, Max Weber.

Campus Verlag · Frankfurt/New York